第 2 卷

纪德君　曾大兴◎主编

广府文化
——第2届广府文化论坛文集

中山大学出版社
SUN YAT-SEN UNIVERSITY PRESS
·广州·

版权所有 翻印必究

图书在版编目（CIP）数据

广府文化·第2卷/纪德君，曾大兴主编.—广州：中山大学出版社，2016.2

ISBN 978-7-306-05589-7

Ⅰ.①广… Ⅱ.①纪… ②曾… Ⅲ.①文化史—研究—广东省 Ⅳ.①K296.5

中国版本图书馆CIP数据核字（2016）第006057号

出 版 人：	徐　劲
策划编辑：	曾一达
责任编辑：	曾一达
封面设计：	林绵华
责任校对：	王　璞
责任技编：	何雅涛
出版发行：	中山大学出版社
电　　话：	编辑部 020-84110283，84113349，84111997，84110779
	发行部 020-84111998，84111981，84111160
地　　址：	广州市新港西路135号
邮　　编：	510275　　传　真：020-84036565
网　　址：	http://www.zsup.com.cn　E-mail：zdcbs@mail.sysu.edu.cn
印 刷 者：	广东省农垦总局印刷厂
规　　格：	787mm×1092mm　1/16　18.25印张　350千字
版次印次：	2016年2月第1版　2017年4月第2次印刷
定　　价：	48.00元

如发现本书因印装质量影响阅读，请与出版社发行部联系调换。

《广府文化》编委会

主任

徐俊忠

副主任

顾涧清　陈晓丹

编委（以姓氏笔画为序）

马　达　李　黎　纪德君

陈晓丹　邹崎发　汪晓曙

张其学　杨长明　顾涧清

徐俊忠　徐　柳　曾大兴

主编

纪德君　曾大兴

目 录

招子庸及《粤讴》研究

论招子庸的《粤讴》 ………………………………… 梁鉴江 / 2
《粤讴》的思想艺术特色及其对后世文学的影响 …… 叶春生 / 10
粤讴生成之人文生态 ………………………………… 陈　方 / 20
文学地理学视域下的《粤讴》研究 ………………… 曾大兴 / 23
横沙花放岭南香
　——从招子庸说到粤讴的发展 …………………… 龚伯洪 / 37
珠江、韩江花舫与清中期文人的风月之情 ………… 耿淑艳 / 47
珠江水上醉风流
　——招子庸与19世纪初的广州文人生活 ………… 黎丽明 / 53
现代著名作家许地山与粤讴 ………………………… 周文萍 / 66
招子庸：出入于文人画之间 ………………………… 杨汤琛 / 71
论招子庸及其文人画精神 …………………………… 徐燕琳 / 74
《粤讴》的话语构成形态试探 ……………………… 陶原珂 / 80
招子庸《粤讴》与粤方言词研究 …………………… 曾昭聪 / 86
《粤讴》中的"总系" ………………………………… 杨敬宇 / 95
说粤方言词"向" …………………………………… 黄小娅 / 101
招子庸《粤讴》研究文献综述 ……………………… 金　琼 / 105

广府文史研究

孙中山与太平天国的宣传及其影响
　——以《太平天国战史》《洪秀全演义》为例 …… 纪德君 / 116
一座城市的诗歌风景
　——广州当代诗歌文化概观 ……………………… 李俏梅 / 126
自然诗歌中的格拉斯米尔与岭南地域景观
　——威廉·华兹华斯与华海创作之比较 ………… 龙其林 / 142
岭南文化三论 ………………………………………… 曾大兴 / 151
清末民国岭南方言辞书及其研究意义 ……………… 曾昭聪 / 167

广府民俗研究

广府民俗艺术的民间审美 …………………………… 刘介民　刘小晨 / 176

关于非物质文化遗产项目从化水族舞更名的思考 ……… 王　瑾 / 189

波罗诞：从国家祭祀到民间庆典 …………………………… 徐燕琳 / 192

波罗诞的文化渊源及其世俗化倾向 ………………………… 蒋艳萍 / 197

广东三祖庙：广府祭祀文化的城乡社会学意涵 …………… 文一峰 / 206

广府狮舞的地域特色研究 ………………………… 刘庆华　文庭学 / 217

广府艺术研究

1929年的广州公演与南国社的左翼转向
　　——广州公演与田汉的"转向" ………………………… 康建兵 / 226

粤剧在世界各地的传播及其文化意义 ……………………… 余　勇 / 236

活色生香的粤式美学
　　——论电影《雅马哈鱼档》的文化书写 ………………… 袁　瑾 / 246

广东沙湾何氏典雅派音乐研究综述 ………………………… 黄　卉 / 252

文化生态与文化变迁
　　——20世纪二三十年代广东音乐在上海的兴盛现象考察
　　　　　　　　　　　　　　　　　　　　　　　　 刘　瑾 / 261

文化随笔

屈大均的岭南"山海经" ……………………………………… 王美怡 / 274

广州，那些渐次呈现的历史文化景深 ……………………… 肖　木 / 284

招子庸及《粤讴》研究

论招子庸的《粤讴》

梁鉴江

一

招子庸，字铭山，号明珊居士。广东南海县横沙乡（今广州市白云区横沙村）人，清嘉庆举人，曾任潍县知县，有政声，后坐事落职。精通音律，工画兰竹，又以新意画蟹，独具一格。

跟咸水歌、摸鱼歌一样，粤讴是一种用粤语方言写成的民间说唱文学。它始创于民间，很可能始创于妓寨，不可能是某一个人的发明。陈寂先生认为粤讴的创始人是招子庸，《吊秋喜》是粤讴的处女作[①]。这固然可以作为一说，但此说既拿不出根据，也不符合文学发展的规律。招子庸可能是最早搜集、研究粤讴并大量地创作粤讴的文人。《粤讴》的作品，有许多语句十分典雅，肯定出于文人之手。既出于文人之手，而且风格统一，全书又只标招子庸的姓名，则招氏是《粤讴》的作者一说比较可信（一说他是辑录者，一说他是编著者）。

《粤讴》原书弁言虽有"请以此一卷书，普度世间一切沉迷欲海者"一句。书中也间或出现"悟破色空，方正是乐境""长迷花柳，就会堕落愁城"一类的警世之语。但从《粤讴》的绝大多数作品来看，它的目的实际不在于警人"悟破色空"，而在于为被侮辱、被损害的妓女诉悲痛和不幸，起码客观效果是这样。

娼妓多出身良家妇女，她们或因生活所迫，卖身作娼；或由社会变乱，沦落为妓。南宋亡后，许多妇女为了逃避异族的污辱而入籍青楼，以致苏州虎丘、桃坞之间，一时名妓云集。这些名妓当中，有些还是名门官宦的妻妾。如曹大娘原为某县令之妻，沈二娘本是某州郡长官的寡妾。因此，娼妓之中，也有真挚的爱情、高尚的品格。妇女一旦沦落风尘，便身处火海，成为出卖欢笑和肉体的奴隶。年轻时，她们是狎客的玩物、鸨母

[①] ［清］招子庸撰，陈寂评注：《粤讴》，前言2页，广东人民出版社，1986。

的摇钱树；一朝年老色衰，便被弃如敝屣，死无葬身之地。她们唯一的希望是脱籍从良，过上人妇的生活。柳师尹《王幼玉传》："（幼玉）曰：'今之或工或商或农或贾或僧，皆足以自养。唯我侪涂脂抹粉，巧言令色，以取其材。倘从良人，留事舅姑，主祭祀，俾人回指曰："彼人妇也。死有埋骨之所。"'"王幼玉的话，道出了历代风尘女子的心声。但是脱籍从良又谈何容易，许多娼妓为此耗尽多年的积蓄，最终为薄幸男子所弃，落得个悲惨的结局。

清代珠江两岸是粤中娼妓云集之所，从清人王韬《淞滨琐话》的一段描写当中，可以看到当时珠江妓艇之盛：

粤中艳迹，以珠江为最。风月繁华，尤聚于谷埠。有上中下三档之分。紫洞艇排如雁齿，密若鱼鳞，栉比蝉联，几成衢市，可以信足往来。别有数船，储货出鬻，如或有所缺乏，取携甚便。至夜，月明风清，波平若镜，琉璃灯火，皎洁如昼，所有珠娘，成群结队，晚妆初罢，妖态万方。客至开筵，陈设华焕。先之以弦管嘈嘈，笙箫喧沸，诸校书各逞珠喉，互赓迭唱，脆堪裂帛，响可遏云。歌声既阕，然后入席。珍错杂陈，烹调尽善，即鸭臛鱼羹，亦复别有风味。席撤再唱，绮兴愈浓，往往至星坠月斜，重复入席。斯时侑酒拇战，钏动钗飞，击鼓摧花，传觞醉月，倍极其乐。游客至此，无不色授神眩，魂销心死。缠头一掷，动至不赀。两情既稔，三生遂订。鲜有不为丁娘之十索，而能守汉法之三章者。然则紫洞艇中，亦不殊于迷香洞耳！况乎玳梁栖燕，翠盖藏鸳，所以便双宿双飞者，又有因缘艇焉。诚所谓升平之乐事，花月之新闻也。

这里虽然只写出妓艇"弦管嘈嘈，笙箫喧沸"的盛况和狎客"传觞醉月"的场面，但透过这幅"几成衢市"的"珠江妓艇图"，我们可以想见清代珠江妓女之众。

招子庸生性风流，早年出入于画舫妓院，对妓女的生活和思想感情本来就十分熟悉。相传他还与珠江艇妓秋喜相恋，后来秋喜迫于钱债，投入珠江自尽。个人的落拓，引起他对不幸的妓女同病相怜；秋喜的惨死，使得他对摧残妓女的人无比痛恨。这是他创作《粤讴》，为广大妓女歌唱的原因。

二

收入《粤讴》的一百二十二首（其中《别意》与《还花债》文字大同小异，故实得一百二十一首），绝大多数写妓女的自诉和自怨。明显不是写妓女的，不过十首左右。十首之中，或警人"悟破色空"，或写闺中念远，或是男子的自叹、自警。写妓女的一百一十二篇作品，内容大致可以归纳为以下几个方面。

一、申述为妓的痛苦和不幸。这群风月场中的女子，生活在茫茫的苦海之中，有无法解脱的痛苦。她们有如风雨中的花，无人庇护，无所依靠，任凭狂风骤雨的摧残。虽然集中描写妓女痛苦的篇章不多，但大多数的篇章都或多或少地写及她们的痛苦和不幸。在《花有泪》中，抒情主人公以花自况，对月伤怀，悲怆无限。花开花落，容易凋零，何况有狂风骤雨的侵袭，更何况有采花人无情的攀折！在茫茫人海之中，这些无主之"花"却没有人怜悯。她想求助于"有影无痕"的月；但月"在九霄云外，纵有心相印，总系东西寻逐"；难顾得这些在狂风骤雨中的"花""堕溷飘茵"；她唯有悲叹云路迢迢，相托无份了。《想前因》是写为妓之痛的典型作品：

烦过一阵，想起吓前因。此生何事堕落红尘。我想托世做到女流，原系可悯。况且青楼女子，又试断梗无根。好极繁华，不过系陪酒个阵（那阵子）。等到客散灯寒，又试自己断魂。有客就叫做姑娘，无客就下等。一时冷淡，把我作贱三分。或者遇着人客有情，都重还有的倚凭。鬼怕个的（那些）无情醉汉，就系捋命灾瘟。大抵个日（那天）落到青楼，就从个日种恨。唉，总系由得我着紧。啫总要捱到泪尽花残，就算做过一世人。

在封建社会里，女子已是可怜；"断梗无根"的青楼女子，更是苦不堪言。有客之时他们强颜欢笑，为客侍酒侍夜；客散灯寒，她们独个儿在那里落泪伤心。这种生活，日复一日，年复一年，直到"泪尽花残"，方可终结。这首粤讴描绘出一幅娼妓的生活图景，全面而深刻地表现为妓的惨痛。

二、表达妓女脱籍从良的愿望。这类作品，为数较多。如《烟花地》描写一位中年妓女的自叹。她对烟花场中的生活，早已心灰意冷。她年轻时未能脱籍从良，中年感到无限的彷徨与悲哀。她希望趁"花"在开之时，抓紧这最后的时机，觅一个真正相爱的人，免得老来"花"谢，无所依凭。但细想"年少未得登科，到老难以及第"，于是自叹："命铸定为花"，唯有让这不幸之"花""开落过世"。又如《嗟怨薄命》五首之五：

嗟怨薄命，对住寒梅。点能学得你独占花魁。冰肌玉骨堪人爱，虽然傲骨到处能栽。高插你在胆瓶我羞作对，晶莹玉质问你几世修来？独抱芳心沉在孽海，亦都系柳丝莲性碧梧胎。我想名花未必终肯被游蜂采。须忍耐,留得青山在,还清花债,依旧可以到得蓬莱。

这是一位对自己充满信心的妓女的自慰之语。她羞对晶莹玉质的寒梅,却又觉得自己虽身在孽海,但能独抱芳心。她有美好的品质和美丽的容貌,只要"留得青山在",就"依旧可以到得蓬莱",重返人间,过着真正的妇人生活。这是同一类作品中比较乐观的一首。

三、表现妓女复杂的爱情心理。这一类作品的数量比较多。风月场中的女子,不乏真挚、热烈的爱情。她们不轻易许人以真心,然而一旦相爱,即一往情深。这类女子在前人的作品中屡见不鲜。如南京妓女张少三,与商人杨玉偕合,张欲随之还家。杨以妻妒不敢轻许,约半载为期。张守志不渝。后杨破产失明,张扁舟下江,直造杨庐,出资为杨嫁二女,又为杨二子纳室,然后留侍杨汤药,直至杨死。连善妒的杨妻也为之感动(见冯梦龙《情史类略》)。但是,由于她们身在青楼,自分非冰清玉洁,爱情心理又较一般的女子更为复杂。试看《薄命多情》所写的一位多情妓女的心态:

天呀!你生得我咁薄命,乜事又生得我咁多情?"情"字重起番来,万事都尽轻。我想人世但得一面相逢,都系前世铸定。况且几年共你相好,点舍一吓就分清。人地见我待得你咁长情,都重愁我会短命。我想情长就系命短,亦分所当应。呢吓万样可以放心,单怕郎冇定性。怕你累我终身零落,好似水面浮萍。点得(怎能)撇却呢处烟花,寻一个乐境。个阵你纵然把我亏负,我都誓愿唔声(不作声)。想我女子有咁真心,做乜月你唔共我照应。重要多烦你撮合呢变,免得使我咁零丁。我两个痴梦痴得咁交关(程度深),未知何日正醒!唉!真正臂(音庆,痛切之意)!在过(浪费)共你同交颈。做乜望长望短,大事总唔成。

她自分薄命,却又天生多情——"'情'字重起番来,万事都尽轻"。只要爱情长久,就是命短也在所不惜。她热烈地爱着一位男子,与他相好数年,却总是放心不下。一者怕他爱不专一,累得自己"终身零落,好似水面浮萍";再者,"望长望短,大事总唔成",猜不透他是否有心跟自己结为夫妻。这是青楼女子特有的恋爱心理。《留客》则写出妓女恋爱时内心特有的矛盾:

你如果要去,呢回唔使你开嚟(到妓艇来)!索性共你分离,免得耐耐又试惨凄。人话我地野花好极唔多矜贵。做乜贪花人仔,偏向个的野花迷?我郎好极都系人地夫婿,青楼情重,是必怨恨在深闺。不若割断情丝,免使郎你挂系;但得我郎唔见面,任得我日夜悲啼。

相思两地实在难禁抵。久别相逢叫我点舍得你去归！千一个唔系住埋，千一个唔得到底。唉！真正累世，凑着你我都有人拘制。生不得共你同衿，死都要共埋。

一位妓女热恋着一位有妻室的男子，他们同住了一阵子，现在又不得不分离。她舍不得分手，但一想到"青楼情重，是必怨恨在深闺"，又觉得非分手不可；而一旦分手，她就会悲伤得"日夜悲啼"，何况这回是久别重逢，更舍不得他归去。无奈双方都身不由己，因而陷入极度的矛盾与悲痛之中。最后表示生不得同衿，死亦共埋的决心。

四、抒写妓女的离愁别恨。这类作品，数量不少。妓女与狎客建立了感情，便将脱籍从良的希望寄托在他的身上。他们相处数天，便匆匆而别，狎客多是薄情的男子，往往一去便渺无踪影。这就使得一些痴情的妓女受尽相思之苦。由于妓女的特殊身份，这种相思之情又较之闺中之怨更为悲切。如《同心草》：

同心草，种在回栏。只望移根伴住牡丹。点想花事系咁阑珊，春事又咁懒慢，好似我共郎两地隔断关山。丢奴一去好似孤零雁。雁嚛雁！你在地北天南，重辛苦惯；我在青楼飘泊，自见心烦。天寒袖薄倚凭阑干盼，西风帘卷自怨孤单。君呀！你在欢处不知奴咁切惨，我为你眼穿肠断又废寝忘餐。往日劝你在家唔好拆散，点估你江湖飘荡不肯归还。想起人地吘情哥咁听妹谏，亏我谏哥唔听，敢就十指偷弹。今日人远在天涯，相见有限，时常珠泪湿透春衫。累得我多愁多病，抱住琵琶叹。唉！天又欲晚，夕照花容减。君呀！你摘花系咁容易，要想吓种花难。

这个薄情的男子"江湖飘荡不肯归还"，令她"眼穿肠断又废寝忘餐"。她明知对方在别处寻欢作乐，把她丢在一边，仍然苦苦地思念着他，语中有怨有爱，表现出一片痴心。在这一类作品中，有些则倾诉临别情怀。这些作品除包含惜别之情，还包含别后被弃的忧虑，因而较之一般惜别之作更为感人。如《分别泪》三首之三写一位妓女怕别后孤单，故"别期未了，就把归期望想"。她意欲忍泪暂欢，却忍不住"泪流不断"，她怕对方别后变心，故叮嘱他不要把自己忘记。心理比一般的儿女之别复杂得多。

此外，还有写对薄情男子的怨愤的，还有写"错在当初"的悔恨的，这里就不再赘述了。

在历代笔记小说中，不乏写妓女之作。如唐白行简《李娃传》、唐房千里《杨昌传》、宋秦醇《谭意歌传》、宋柳师尹《王幼玉传》等，就是以妓女为题材的著名作品。明梅鼎祚《青泥莲花记》、明冯梦龙《情史类略》、清余怀《板桥杂记》等，都写有许多名妓的事迹，与娼妓有关的诗词作品，数量也相当可观。但是，集中而大量地描写妓女的心态，《粤讴》还是首创。翻开一部《粤讴》，我们可以看到古代风尘女子深切的悲痛、深深的忧虑；可以看到她们热烈而诚挚的爱情、刻骨铭心的相思、咬牙切齿的怨愤……总之，《粤讴》为我们打开古代妓女心灵的窗子，使我们能从更深的层次去了解她们，这无疑是招子庸的一个贡献。但是，应该指出，招子庸未能很好地将妓女放在特定的社会环境中去描写。因此，《粤讴》的社会认识价值不能不受到限制。而且，《粤讴》大多数作品都只是在"情"字上着笔，未能表现她们内心的全部痛苦和忧患。即便从揭露妓女内心世界的这一点来看，也是不够全面的，这不能不说是《粤讴》在思想内容方面的局限。

三

《粤讴》刊行以后，一再翻印，广为流传，"即不懂粤语者读之，也为之神移"（郑振铎《中国俗文学史》）。连外国人也被它深深吸引，不独撰文推荐，还把它译成英文、葡文。清光绪三十年（1904）英国金文泰爵士（Cecil Clementi）（曾任香港总督）出版的英文《粤讴》译本，名曰《广州情歌》。他在序文里说："此书后为人所传诵，无论上下流皆乐讴之。卖玩具者唱之，花舫中人唱之，瞽女唱之，卑田院中人亦唱之，唯庄严之道学家及达官贵人乃冷眼视之耳。"又说："《粤讴》体裁，直接而浅易。其难处不在于解释，而在于历史之暗示，及饶有神话、小说意味之文学，此非饱学者不能领会。"

《粤讴》之所以受人喜爱和重视，一方面是因为它在思想内容方面有相当的价值，另一方面是因为它在艺术形式方面有独到之处。

语言雅俗相兼，句式用韵自由，好语如珠，琅琅上口，是《粤讴》艺术上最显著的特点。《粤讴》在语言方面，既有南北说唱文学的通俗，又有诗词作品的典雅。它熔通俗、典雅于一炉，因而雅俗共赏。《粤讴》用粤方言写成，字音、词汇都是地地道道的广州话，其中又自然而巧妙地使用了诗词的语言。如《听春莺》的"莺语撩人更易断魂""春光一到，已自撩人恨""语向春阴"。《嗟怨薄命》五首之一的"名花遭际总是凋零""杨妃玉骨埋山径""昭君留墓草青青""沦落小青愁吊影""悲秋桐叶飘金井"。《真正掗命》六首之一的"风中弱絮飞无定""烟花丛里筑起愁城"……都是诗词的语言。例子俯拾即是，不胜枚举。《粤讴》的句子可长可短，因思想内容表达的需要而定。句子不拘平仄，用韵也十分自由：可单句押韵，可双句押韵，可连句押韵，同一篇作品平韵、仄韵并用。这种形式读起来自然、婉转、动听，便于充分表达思想，抒发感情。

将人比物，把物拟人，托物言情，人物合一，也是《粤讴》的一个显著的特点。在《粤讴》的许多作品中，妓女把自己比作花或柳，将自己的思想感情倾注进花柳之中，把花柳作为自身来写，借花柳表达自己的思想感情，人与物浑然一体。如《对垂杨》一篇，先将垂杨拟人，后以垂杨自比，最后又埋怨垂杨惹起自己的离愁别恨。又如《心把定》一篇，抒情主人公将自己比作仙花，将所爱之人比作仙蝶；而野花则喻品行不端的妓女，野蝶喻平凡庸俗的狎客。同时，又将它们一一拟人。通过对仙花、仙蝶、野花、野蝶的描写，表现她既有所钟爱，又有所猜忌、有所警惕的异常复杂的内心世界。再如《花易落》：

花易落，花又易开。咁好花颜问你看得几回。好花慌久开唔耐，想到花残，我都愿佢莫开。好极花容终会变改。你睇枝头花落，点得再上枝来。大抵种得情根，花就可爱。总怕并头花好，又要分栽。鲜花咁好，又怕游蜂采。落花无主，自见痴呆。记得花前发誓，都话同恩爱。点想倚花沉醉，有个薄行王魁。点得寻着个个花神，拉住佢问句：唉！花在镜内，究竟真情，还是假爱？到底桃花个种薄命，问佢点样子生来。

本篇抒情主人公与花合二为一，通过写花开、花残、花落，表现她在爱情方面的追求、忧虑，并感叹自己薄命。

《粤讴》的另一个特点是心理描写宛曲而细腻。如《传书雁》写一位妓女对一别渺然的男子的思念和怨恨。她嘱托鸿雁将爱人的书信捎来。归雁无书，知道他"心事都有限"；但转念一想，或许不是他无心，而是雁儿把书信"失落在乡关"。接着，她又否定了这个想法：或许他愁苦至极，懒于写信吧。即便如此，也该捎给她一封空函——他的一张白纸，抵得上千言万语；因为"二人心照，尽在不言间"。最后她决定，"照样不回书信"，以惩罚那个薄情男子。心理描写层折细腻，读起来情味盎然。又如《嗟怨薄命》五首之四，写一位妓女对着梧桐自叹。她先是埋怨秋风中的梧桐，惹起她闲愁万种，故对她无功可言；然后又觉得它似乎怜香惜玉，"把信音通"；最后又说错用心思，因为她这朵薄命的"花"，抵挡不住秋霜的欺凌。思想一变再变，情绪一起一落，将一个身在火坑的妓女的复杂心理，刻画得生动而细腻。

《粤讴》还有一个值得注意的特点，就是丰富的想象。《粤讴》许多作品中的抒情主人公，往往都是抓住眼前的景物，通过丰富的想象，去表现自己的思想感情。如《花本快活》一篇，以花月相怜，喻两情相好。月无长圆，花有开落，因此抒情主人公便以月夜夜长圆，"花又开个不透"的想象来表达常得对方怜爱的愿望。最后又以"世世为花，种在月里头"的奇想，表示希望与所爱之人长相厮守。又如《听春莺》写一个被抛弃的妓女的怨恨。她希望自己的梦魂化作飞鸟，同春莺一起去寻找薄幸的情人，诉说被遗弃的痛苦，想象也十分丰富。

　　《粤讴》是招子庸留给我们的一份珍贵的遗产，值得继承和研究。本人仅做初步的探讨，以就教于方家。

（梁鉴江：广东人民出版社编审）

《粤讴》的思想艺术特色及其对后世文学的影响

叶春生

　　一部跨世纪的说唱文学名著,在珠三角以至欧美各国广为传唱,并为许多中外名家交口称赞,直至近些年还衍为流行歌曲席卷全国的"广州情歌"的老祖宗,"出口转内销"后又回到了故园。一些人还演以为时尚,扭着屁股、声嘶力竭地在那儿吼叫,真是又可喜又可悲呀!殊不知那就是出自我们本土文学的佳作,南海才子(今广州市白云区横沙村人士)招子庸的手笔。对不起我们的先贤,愧对这笔文化财富了。有感于此,改革开放初期,我曾撰文呼吁,加强对乡土文学的研究,给它在文学史上找个适当的位置,可是人小言微,无足轻重。陈方学兄扎扎实实继承他先父的遗志,完成了陈寂先生(中大资深教授)未竟的校著工作,1986年出版了陈寂评注本;但有关部门推广的力度还是远远不够的。现在好了,企业有识之士来共同开发,广州城西横沙企业集团公司、招子庸之乡师,一起来擦亮了这块品牌,这是很有意义的盛事。

　　粤讴是清代中叶流传于珠江三角洲的一种民间音乐曲艺,是由招子庸等人在木鱼、南音的基础上创制的。1904年,香港总督金文泰把它翻译成英文,题名为《广州情歌》;葡萄牙人庇山曾把它译成葡文,介绍到欧美,引起了外国读者的注意。后省港各报,纷纷开辟专栏,聘定专人写作,使之风行一时。著名文学史家郑振铎先生在《中国俗文学史》中称他是"把民歌作为自己新型创作"的人,是"最早的大胆的从事把民歌输入文坛的工作者"。他所创作的《粤讴》是最早的粤讴专集,其中"好语如珠,即不懂粤语者读之,也为之神移"①。许地山先生也说:粤讴是"广东民众诗歌中最好的那一种",并"盼望广东人能够把这种地方文学保存起来,发扬起来,使他能在文学上占更重要的位置"。②该书自清道光八年(1828)问世以来,书家多有刊刻,20世纪30年代上海华通书局列入"春草丛

---

①郑振铎:《中国俗文学史》,453页,上海书店出版,1984。
②许地山:《粤讴在文学上的地位》,载《民铎杂志》,第三卷第三号,1922。

书",1986年广东人民出版社列入"广东地方文献丛书",在近代讲唱文学史上留下了可贵的一页。近百年来,引起了不少名家的注意。郑振铎、许地山、朱自清、冼玉清、胡怀琛、容肇祖等先生,都曾著文论及。

从艺术风格探究其渊源

关于粤讴的起源,历来有两种说法。

一种意见认为:"粤讴的来源,其体制起于珠江的疍户。"主要根据是清代学者赖学海在《雪庐诗话》中的一段话:"粤之摸鱼歌,盲词之类,其调长。其曰解心,摸鱼之变调,其声短,珠娘(指疍户)喜歌之以道意。先生(指冯询)以其语多俚鄙,变其调为讴使歌。……好事者采其缠绵绮丽,集而刻之,曰:粤讴。与招铭山(子庸)大令辈所作,同时擅场。然粤讴中凡善转相关者,皆先生作也。"这段论述包含两层意思:一是粤讴从摸鱼歌、南音发展而来,二是摸鱼歌源起于珠江疍户。推而导之,则得出粤讴起源于珠江疍户的结论,这恐怕根据不足。有关摸鱼歌的记载,最早见于清李调元编选的《粤风》(1784年版),在这以前轰动文坛的《粤风续九》,只有疍歌而无摸鱼歌。李调元在《粤风·自序》中记述了他两度至粤,亲听摸鱼歌的情况,并写下了诗句:"粤中乐府定何如,黄木湾前画舫多。谁使珠娘隔珠水,月明空叫摸鱼歌。"[《奉和顾星桥舍人题(粤东皇华集)元韵》] 在他编选的《粤风》中,又将摸鱼歌和疍歌明确标题,分别列于卷中。可见摸鱼歌和疍歌是两种不同的民歌。又,清代广东著名风俗学家屈大均在谈到摸鱼歌时也只是说:"其歌之长调者,如唐人连唱宫词,琵琶行等,至数百言,数千言……名曰摸鱼歌。"① 都没有说及摸鱼歌起源于珠江疍户的,此所谓起源于珠江疍户之说,恐怕是一种附会。因疍户长年泛舟水上,多以捕鱼为生,望文生义,以为摸鱼歌就是疍户之歌。考摸鱼歌之得名,乃是从"木敔"转化而来。"木敔"是一种乐器,"形如伏虎,……用木栎之发声"。(《尔雅·释乐》注)广州方言"敔"、"鱼"同音,因"敔"字生僻,使用"鱼"字代替,遂称"木敔"为"木鱼"或"摸鱼",这是合乎情理的。

关于粤讴起源的第二种意见认为,粤讴本是一种民间说唱形式,其唱

---

① 屈大均:《广东新语·诗语》,359页,北京,中华书局,1985。

词句格、音乐旋律颇似木鱼、南音；后经过一些文人的加工提高，形成了一种新的格调，在市井中传唱，风行一时，即招子庸辈所编著的《粤讴》。《百越先贤志》卷一还记载了这么一个事实：西汉时南海人张买"能为粤讴"。可知"粤讴"在招子庸之前已经存在。但现在一般人的观念中，"粤讴"则专指招子庸的《粤讴》。那是招氏学习民间创作的杰出成果，对于这个问题，瞿秋白同志有过精辟的论述，他指出："这种市民文学或者叫作平民文学，不是什么劳动阶级的艺术，而是消费者的艺术。"①

再从作品本身来考察。一部《粤讴》，其思想和风格都是比较统一的。粗略看来，有的题目相似，内容相近，故有人怀疑它是集前人大成之作；但仔细分析，这些题目的编排，作品的构思，都是经过一番斟酌的。如第二十四题是《多情月》，紧接着就有《无情月》《天边月》《楼头月》；第二十八题《孤飞雁》，紧接着就是《传书雁》《多情雁》，前边还有《潇湘雁》；第五十三题《相思索》，下面就有《相思树》《相思结》《相思缆》《相思病》。每组题目不但环绕一个中心，而且句式整齐，有的篇章起句手法都是统一安排的。如《多情月》一组，每首第一句手法相似："多情月，挂在画楼边""无情月，挂在奈何天""天边月，似帘钩"……有的同一题目下有几首，但内容并不重复。如第十二题《嗟怨薄命》凡五首，除第一首外，其余四首均以"嗟怨薄命"起句，一对垂杨，二对荷花，三对梧桐，四对寒梅，因物起情，自然贴切。第十三题《真正掯命》凡六首，手法和《嗟怨薄命》相似，也是除第一首外，其余五首均以"真正掯命"开头，第二句又都以"却被情"为引，非常工整。从这统一的笔法看，这部作品非但要出自一人之手，还要经过悉心的安排，才能如此周密。

关于这部作品的编著年代，过去很少有人考究，只知该书最初刻于道光八年（1828），书首有香山道人黄培芳、南海谭莹等人作的序，这是没有异议的。但也有不少文章提到，招子庸是"罢官后，寄情诗画，借描述男女恋情，官场世态，发为粤讴，以抒愤懑"②的。又："作者招子庸，清代戏曲家，兼通武术，南海人……嘉庆年间考取举人，官至潍县知县，后引退，专力粤讴创作，有《粤讴》四卷行世。"③

据传招子庸在上京会试前在珠江上结识妓女秋喜，两心相爱，并有山

---

① 瞿秋白：《瞿秋白文集》，976 页，北京，人民出版社，1998。
② 蔡衍芬：《木鱼·龙舟·南音·粤讴史话》，见《珠江艺苑》，广州，广东人民出版社，1985。
③ 《广州日报》，1980 - 6 - 27。

盟海誓，但他走后秋喜因债务所迫，投江自溺。招子庸回来后，无限感伤，因作《吊秋喜》以表怀。这些传说也是后人根据歌曲的内容所进行的推想，并无史实可考。如果这一推想合理，《吊秋喜》的创作时间也应该是他中举回乡候班时，而绝非他罢官归里之后。从这一曲子的文辞看来，艺术上已相当成熟，不像是处女作。此曲在卷中排列第四十七题，并无首创之意。至于他罢官之后，专力于粤讴创作，这是可能的。

涉黄而非黄的情缘

《粤讴》的内容，大多出于秦楼楚馆，故一向给人的印象是："粤讴十之八九是描写妓女的可怜生活。"① 认为它是写"儿女情长"、"荡妇伤情"的作品，说它"写出了性的苦闷"，替妓女作歌词，为自己消遣。这些言论，也都只看到了它的表面现象。

不错，从招氏《粤讴》的内容上看，多是反映妓女生活或以妓女生活抒发自己情怀的作品。全书凡九十八题，一百二十二首（有些版本末有《别意》一曲，文辞与《还花债》基本相同，故不少版本没有收入），除被郑振铎先生称为"格言诗"的第一首《解心事》外，其余一百多首，几乎都离不开"花"字和"情"字。但他并不是醉心于花柳情场不能自拔的人，而是借寻花问柳，揭发官场的世态炎凉；借描述男女的恋情，抒发作者的愤懑之情的。他打破了当时士大夫文学单纯娱乐性情的倾向，特别是小市民通俗歌曲中那种情意绵绵的格调，甚至是赤裸裸的性的描写。如《烟花地》《缘悭》《容乜易》等曲，写的虽是儿女私情，却通过反映这些沦落女子的生活，控诉了黑暗的社会，具有浓烈的反抗性："烟花地，苦海茫茫。从来难稳个有情郎。迎新送旧，不过还花账。有谁惜玉与及怜香？"（《烟花地》之二）她们"夜夜虽则成双，我实在见单"。因为"世上惜花人亦有限"。（《缘悭》）这些沦落女子，大多数是正直善良的。她们希望得到忠贞的爱情，幸福的生活。每当明月高挂画楼边，她们就凭栏冥思："万里情思，两地挂牵。我日日望君，君呀，唔见你转……愿郎你心事莫变，到底能相见。个阵花底同君，再看过月圆。"（《多情月》）她们痴心等待，甚至决心到九泉下与他相会，或"死在离恨天堂等他再世"（《思想起》），"但得早一日逢君，自愿命短一年。"（《楼头月》）可见她们

---

① 许地山：《粤讴在文学上的地位》，载《民铎杂志》，第三卷第三号，1922。

的自我牺牲精神。她们的心地是何等纯真、何等洁白！是谁使她们沦落为娼？又是谁使她们沦落之后"有翼都难飞出这个烟花地"？（《孤飞雁》）难道不是这个黑暗的封建社会么！难怪她们"真真正不忿，要把花神问"；花神若唔肯保佑，"我就话你系邪神！"（《桄榔树》）这些任人摆布的纤弱女子，终于发出了反抗的呼声。这在当时同类题材的作品中，是十分罕见的。这就是招氏《粤讴》首先值得我们肯定的地方。

清朝乾隆末年，政治已日趋腐败，贪污成风，统治集团生活糜烂。招子庸出生于乾隆五十四年（1789），正是这个时候，统治者对文人实行高压政策，文字狱达到了顶峰。一些文人为了逃避现实，专力考据，形式主义的诗风充斥文坛。一些有见地的作家，则想从民间文学中找出路，大量搜集民间通俗歌曲，仅《中国俗曲总目稿》所录，就有六千多种。然观其内容，亦多为男女相思之作，间有《霓裳续谱》《白雪遗音》中的一些篇章，较为清新俊雅，已属难得。招子庸在这个基础上，另辟新径，创为粤讴，那朴素清丽的文辞，情真义切的呼喊，是当时"怨而不怒"（清台阁体诗人主张）的诗人所不能为的。历来为大家所称道的佳作《吊秋喜》，情词恳切，叙事抒情，融为一体。字字句句，出自肺腑，一腔衷情，溢于言表。请看：

> 听见你话死，实在见思疑。何苦轻生得咁痴！你系为人客死心，唔怪得你。死因钱债，叫我怎不伤悲！你平日当我系知心，亦该同我讲句。做乜交情三两个月，都冇句言词。往日个种恩情，丢了落水，纵有金银烧尽，带不到阴司。可惜飘泊在青楼，孤负你一世。烟花场上冇日开眉。你名叫做秋喜，只望等到秋来还有喜意，做乜才过冬至后，就被雪霜欺。今日无力春风，唔共你争得啖气。落花无主，敢就葬在春泥。此后情思有梦，你便频须寄。或者尽我呢点穷心，慰吓故知。泉路茫茫，你双脚又咁细。黄泉无客店，问你向乜谁栖。青山白骨，唔知凭谁祭。衰杨残月，空听个只杜鹃啼。未必有个知心，来共你掷纸。清明空恨个页纸钱飞。罢咯！不若当作你系义妻，来送你入寺。等你孤魂无主，仗吓佛力扶持。你便哀恳个位慈云施吓佛偈。等你转过来生，誓不做客妻。若系冤债未偿，再罚你落花粉地。你便拣过一个多情，早早见机。我若共你未断情缘，重有相会日子。须紧记，念吓前恩义。讲到"销魂"两个字，共你死过都唔迟。

文章直抒胸臆，没有当时盛行的士大夫笔下祭文的虚饰之词。他感叹自己无力相助，更想到黄泉路上这位弱女子可能遇到的种种困难，最后还为她祈祷，来生不再落在这个花粉地，并愿有缘和她重逢，两人共生死！

对于薄情的郎君,这是个极好的鞭策;对于沦落的女子,这是个极大的安慰。难怪它一经创作,便广为流传,名动京师,连当时著名的学者黄遵宪也说:"唱到招郎《吊秋喜》,桃花间竹最魂消。"郑振铎先生也认为:"像《吊秋喜》这样温厚多情的情诗,在从前很少见到。"① 而类似的文辞,在招氏《粤讴》中是不乏其例的。你听:

  世间难揾一条心。得你一条心事,我死亦要追寻。(《拣心》)

  月呀,做乜照人离别,偏要自己团圆。……大抵久别相逢,重好过在前。虽则我心事系咁丢开,总系情实在恶断。第一夜来重难禁得梦魂颠。我想死别共生离,亦唔差得几远。但得早一日逢君,自愿命短一年。(《楼头月》)

  君呀,你发梦便约定共我一齐,方正有用,切莫我梦里去寻君,你又不在梦中。(《长发梦》)

  乜得你咁瘦,实在可人怜。想必你为着多情,惹起恨牵。见你弱不胜衣,容貌渐变。劝你把"风流"两个字睇破吓,切勿咁痴缠。(《乜得咁瘦》)

这些恳切的言辞,如诉如泣。如果不是作者亲身的经历,并对其中的人和事有深切的感受,是写不出来的。白居易在他著名的诗论《策林》中说:"大凡人之感于事,则必动于情,然后兴于嗟叹,发于吟咏,而形于歌诗矣。"他认为,像《诗经》和汉代童谣中许多好的篇章,都是由于"感于事"、"动于情"而产生的。我觉得,《粤讴》也正是这样,感事寄意,即物抒怀,充满了对这些被侮辱、被损害的女子的怜爱之情。从字里行间,我们不仅感受到他个人情场失意的愤怨情怀,更多的是体味到他为这些沦落女子发出的呼声,这就是诗家们所说的"美刺"精神吧!当然,这一点,我想在今天"扫黄"中还是值得借鉴的。你看那《烟花地》《真正恶做》等曲,写的虽然是儿女私情,却通过反映这些沦落女子的生活,控诉了社会黑暗。"烟花地,苦海茫茫。从来难稳个有情郎。迎新送旧,不过还花账。有谁惜玉与及怜香?"(《烟花地》)《粤讴》中亦流露出一些感伤、消极、及时行乐的思想,在某种程度上迎合了小市民的需要,这是应该指出的。但是瑕不掩瑜,它的思想价值是应该肯定的!

---

① 郑振铎:《中国俗文学史》,454页,上海书店出版,1984。

流行曲,明白如话流行万邦

招子庸《粤讴》的艺术成就,很大程度上依赖于他成功的艺术语言。而这些艺术语言的巨大魅力,主要是通俗、生动、明了,富于表现力和乡土色彩,因此能够广泛流传。俗话说:"话须通俗方传远,语必关风始动人。"就是这个道理。我国著名民间文艺学家钟敬文先生早年就号召过人们:要使作品达到真正的通俗化,就必须学习人民口头创作。他引用了高尔基在《论主题》一文中的一段话意,说明文章风格的单纯和明了不是由降低文学素质而得到的,却是真正熟练的结果。① 这话是值得我们很好地体味的。

《粤讴》全部是用广州方言写的,使用了大量的方言俗字,除卷首方言释例外,还有许多没加注释的。但正如郑振铎先生所说的那样,"即不懂粤语者读之,也为之神移"。"几乎没有一个广东人不会哼几句《粤讴》的,其势力是那末的大!"② 试看《船头浪》一曲:

> 船头浪,合吓又分开。相思如水,涌上心来。君呀,你生在情天,奴长在欲海。碧天连水,水与天挨。我地红粉,点似得青山长冇变改。你睇吓水面个的残花,事就可哀。似水流年,又唔知流得几耐。须要自爱。许你死后做到成佛成仙,亦未必真正自在。罢咯,不若及时行乐,共你倚遍,月榭风台。

《船头浪》一曲,更是把妓艇上烟花女子的心境,写得活灵活现:"船头浪,合吓又分开"比喻露水夫妻。因船头水涌,而唤起对君的思念;又因水天相接,而悲叹自身陷于情天欲海;再因水面残花想起青春的短暂,流水易逝想起了年华光阴;处处言水而又处处道情,实非此类疍妇所不能言!

粤讴全部是用广州方言写的。上引《船头浪》一曲,共110个字,俗语俗字占了十多个;但除了"冇"(无)、"几耐"(多久)、"睇"(看)等少数几个字外,其余无须加注,外省人也能看得懂。因其俗而不僻,风韵自然,正表现了粤讴问字挏腔的特点。有的曲子不单字、词,整个句法都是广州方言的习惯语法,读者依然感到文辞流畅,明白易懂。如第一首《解心事》最后几句:"若系解到唔解得通,就讲过阴鹭个便。唉!凡事检

---

① 钟敬文:《学习人民的语言及口头创作——达到真正通俗化的一条有效途径》,载《语文学习》第22期,1952。
② 郑振铎:《中国俗文学史》,453页,上海书店出版,1984。

点，积善心唔险。你睇远报在来生，近报在目前。"由于选用了典型的地方词汇，南音北韵分明，使作品妙趣横生，本地人听了倍感亲切，外地人亦可以从中领略其独特的风味。一曲《结丝萝》："清水灯芯煲白果，果然青白，怕也你心多。……圆眼沙梨包几个，眼底共你离开，暂且放疏。……"更是明白如话，清新如洗，绘出了一幅广州生活的风情画，真是叫人拍案叫绝！这大概就是许地山先生所说的"粤讴用典也不怕俗，凡众人知道底街谈巷语，或小说、传言都可以用"。① 这就是粤讴的文学价值。粤讴不但选用了许多典型的方言词汇，使人倍感亲切；而且融会了岭南水乡的花草风物，使作品更富于地方色彩。你看那单心直干的桄榔树，使人一见就销魂；那断茎飘蓬的莲花，无所依系；还有那白云山麓的百花冢（明末名妓张丽人的葬地），河南花田的素馨坟（南汉名姬墓地），皆历历在目。春帆秋影，情景依依；珠娘花艇，讴声连连。把当时广州这个花花世界，写得有声有色，既深沉，又活然。故"粤讴一卷，虽巴人下里之曲，而饶有情韵。……虽羌笛春风，渭城朝雨，未能或先也"。②

《粤讴》成功地运用了民歌的比兴手法，巧妙地抓住眼前的景物，托物起兴，即景生情，使作品情景交融，刻画深入。在《嗟怨薄命》一题五首中，作者巧借垂杨、荷花、梧桐、寒梅，来隐喻年华已过的妓女，哀其不幸。在《桄榔树》《扇》《鸳鸯》《销魂柳》中，又巧借桄榔树的"单心"，比喻人世亦要有这样的"情根"；借扇的夏念秋弃，想到"扇有丢抛，人有厌贱"；借鸳鸯的成双成对，寄托她们向往幸福生活的心愿；借阳关赠柳的离情，想起关山迢递书难寄，叮嘱对方，"要情同金石，永不更移"。真是随手拈来，贴切自然。夜深人静，"孤飞雁"惊醒了"独眠人"。她"起来愁对月三更。担头细把征鸿问：你欲往何方得咁夜深？雌雄有伴你便跟应紧，呢阵影只形单，问你点样子去寻？"真是设身处地，想得多么周到呵！没有深入的了解、深切的同情是不可能的。至此笔锋一转，自然而然地想到了自己："我地天涯人远难亲近，有翼都难飞去爪得佢亲。"（《孤飞雁》）比"孤飞雁"还要可怜呀！

《粤讴》中还有许多出人意料的联想，也是十分巧妙的。如《心》一曲，开宗明义："心只一个，点俾得过咁多人。"但他确是把一颗"心"分给了许多沦落女子，像贾宝玉一样。这些爱情的种子，单方是不会萌发的。我有"情种"，还需要有"情根"，"方种得稳"（《心》）。把抽象的东

---

① 许地山：《粤讴在文学上的地位》，载《民铎杂志》，第三卷第三号，1922。
② [清] 同治《南海县志·招子庸传》，转引自《世说招子庸》，招煊编撰，2012。

西具体化了，把死的东西写活了。在自然物中这"种"和"根"本是一体的，这里用以比喻双方的爱情，一要有"种"，二要有"根"。不但把情思写活了，比喻也超脱了原来的范围。这样的比喻，粗读觉平易，细想确高超。又《花本快活》中，这女子自愿"世世为花"。这没有什么出奇，但她并不是想做一般的平平常常的花，而是"种在月里头"，免得"被蝶蜂欺"，这就不一般了。扑火灯蛾，一般取其玩火自焚之意。这里作者用以比喻爱情，劝人"不作灯蛾"，否则知错时"爱飞唔得起，问你叫乜谁拖"，这又是另一番意境。这里灯蛾不是自焚，而是扑进了油盏，掉进了情海，不能自拔了。作者劝人不要陷足太深，做一只清醒的飞蛾，"飞去任我！就俾你花花世界，都奈我唔何"。在这尔虞我诈的社会中，这又是何等清醒的认识！用意又是何等的新奇！再看《相思树》："相思树，种在愁城。无枝无叶冷青青。相思本是花为命，每到低头只为卿。"一开始便为读者展现了一幅孤寂幽静的画面：一棵无枝无叶的相思树，种在冷冷清清的"愁城"之中，"愁城"一词，又是一处好语！末了，又劝世间蝴蝶，莫去穿花径，因为"花冇定性，就系蝶亦终难醒。究竟相思无树，春梦亦无凭"。回到了"相思树"的本题。这"相思无树""春梦亦无凭"，又是一句出人意料的好语！

粤讴可以徒唱，也可以合乐，多以琵琶、洞箫、扬琴伴奏，旋律悲凉沉郁，节奏舒缓，很适宜表现伤春怨梦、别绪离愁的情调。粤讴的唱词，像木鱼、南音一样，以七字句为主，间以十字句。从每一句的格律要求来说，粤讴比木鱼、南音要严些，若有一字拗口，平仄韵脚不符，便不成讴。但从一个正文小段来说，则不如前两者严格，它可以突破第一个下句必须押上平声脚韵，第二个下句必须押下平声脚韵的限制。通常以词韵为准，但俗语俗字有顺音者，亦可以押上。每段末了，常用些感叹词或代名词作呼格，加强感情色彩。但是由于它行腔滞板，变化不多，演唱起来容易产生沉闷的感觉，所以现在很少作单独传唱的，只在粤剧或粤曲中作为一种曲牌使用。

招子庸的《粤讴》，后来仿作者不少，如《岭南即事》所录。另外还有专辑如《再粤讴》《新粤讴解心》等。题材方面还不断扩展，如鸦片战争期间，劝人戒烟的《鸦片烟》："好食你唔食，食到鸦片烟，问你近来上瘾，抑或系从前。……呢阵官府日日都话禁烟，虽则系法子唔曾得善。但系你地人人肯戒咯，唔到佢话迁延。"表面像是说个人决心不大，实际是怪官府无能。还有反对封建迷信的《风气最盛》："风气最盛，就系迷信神权。求神拜佛，几咁多端。你睇庙宇咁多难以数遍。装成一个个系几咁新鲜。佢话可以保佑人民灾难免，做乜火烧大庙亦是一样同煎？……"不但把广州当时迷信风气之盛反映出来，还把泥菩萨自身难保的欺骗揭露无遗。1905年前后，我国曾开展过一个抵制花旗货的爱国运动，广州地处沿海，尤为敏感。当年中秋月饼用什么面粉，就发生一场争论。有一讴《中秋饼》实在难得："……自古话世界想捞，须要随吓众意。唉！唔系小事，为国来争气，呢阵我地饼行唔用美面咯，不愧个爱国男儿。"（《有所谓报》）

　　这些粤讴，不再限于描写男女之情，更赋予了革命的内容。19世纪末的《中国旬报》上还开辟专栏，用以宣传革命道理，使粤讴的内容、形式更臻完善，成为了广东民间曲艺的宝贵遗产。

　　如今各地都在发掘本土文化的瑰宝，以增强文化的软实力，彰显一个地区的文化特色，提升其品位，从而推动经济的全面发展。南海传统文化底蕴丰厚，广东九个状元南海就占了三个，最著名的神童状元伦文叙即是。现在区域归属变化，招子庸的故乡划归广州白云区了，大家想做大做强它，是好事，起码要让它实至名归。除了文学方面的成就之外，招子庸还是个清官，在山东潍坊当过知县。现潍坊风筝上了全国非遗名录，阳江的风筝也上了省非遗名录，这一南一北怎么联系起来，和招子庸有无关系？白云区，特别是金沙街还有哪些项目？白云诞想做大，路在何方？广府文化还有许多亮点、品牌，值得我们好好经营。

　　　　　　　　　　　　　　　　　（叶春生：中山大学中文系教授）

粤讴生成之人文生态

陈 方

珠江流域水网密布，水产丰富，历来生活着以水为食的疍家族群。《隋书·南蛮列传》记载的五类百越人中，首类即为"蜒"人。"蜒"或作"蜑"，后又写成"蛋"或"疍"，皆指依水而生之民。清顾炎武《天下郡国利病书》说："蜑户者，以舟楫为宅，捕鱼为业，或编篷濒水而居，谓之水栏。"蜑户又称疍家，所谓户、家，乃是庞大的水居族群，广泛分布于南方水域，珠江三角洲尤为众多。不过，疍户之间并无严密的社会组织关系，也不是一个单一族裔。他们或聚族而居，定点而食；或各谋其食，漂泊不定。他们以船为宅，捕鱼为食；由于长期"与华人错居"（《隋书》），他们的居所也就亦船亦栏了，他们的饮食也改为稻谷和鸡豚了。当然，水产品仍然是他们的主要副食品，更是他们换取生活用品的唯一商品。清屈大均《蜑户》一诗生动展现了他们的生活："蜑户纷无数，为生傍水村。食鱼多子女，在艇有鸡豚。罾布时能作，渔歌亦未喧。夜来西潦发，笭箵满江门。"（笭箵：竹编渔具）

疍家"渔歌"乃是疍家生活的一个信号。疍家人日常劳作、吃饭睡觉都漂浮在辽阔的水域，唱歌成了消除劳累、休闲娱乐的最好方式，这与陕北高原飘荡于黄土高坡的信天游情状十分相似。疍家渔歌统称"摸鱼歌"，又称"木鱼歌"（因用木鱼拍唱而名），珠三角一带叫"咸水歌"。疍家人社会地位卑微，自然没有机会接受教育，不懂什么音韵平仄，咬文嚼字，只求顺口成音、顺音成调。土音土语，有声无字；即兴编唱，长短不拘；声调婉转，朗朗上口。因此，疍家人男女老少都会唱。既有劳动歌、节庆歌、情歌，又有拜神歌、婚嫁歌、丧葬歌。可以说，凡有疍家处，无不唱摸鱼。这种情状常见于文人士大夫的吟咏，试举清初两位文坛巨擘——查慎行曾有珠江之行："一生活计水边多，不唱樵歌唱棹歌。疍子裹头长泛宅，珠娘赤脚自凌波。"（《珠江棹歌词》）王士祯也有广州之见："潮来濠畔接江波，鱼藻门边净绮罗。两岸画栏红照水，疍船争唱木鱼歌。"（《广州竹枝词》）

或许，王士禛见到的是遍布羊城江上濠畔的画船花艇，多少透露出疍家女（或称珠娘，咸水妹，琵琶仔）花艇生涯的信息。疍家人原无社会地位，生为"贱民"，不仅遭受官府欺压，还受陆人歧视，迫使疍家女别无选择，操持迎送生计不免成了她们的定命。疍家艇原承载着疍家人的全部生计——衣食住行：衣，贩换衣物；食，捕鱼为生；住，船艇为家；行，交通运货。疍家艇一旦成为花艇，衣则成为画帘罗绮，食则成为画舫宴席，住则成为画洞花房，行则成为画栏迎送。清代诗人赵翼的"画舫凌波映晓波，盈盈十五似芙蓉。侬家生长胭脂水，不要牵舟岸上居"。（《疍船曲》）岭南名家陈恭尹的"云敛空江月满汀，方舟行处众声停。新歌一曲清无敌，小妓生来十五龄"。（《东湖曲》）广东学者邓尔雅的"倾都倾市珠娘小，冲雨冲烟艇子多。九里花田风日美，有人低唱疍家歌"。（《河南杂诗》）都是珠娘歌女的寻常写照。其实花艇生涯未必如此诗情画意，须知，旧社会有所谓"下九流"，即优、娼、皂、卒、批、捶、奴、疍、剃，而疍家女九兼其二，其卑贱辛酸可知。

对花艇生涯描述最真切最细致者，无过于清代乾嘉文人沈复了。沈氏苏人，游幕经商，来过羊城。嘉庆年间撰成自传《浮生六记》，将其目睹亲历一一展现：

> 正月既望，有署中同乡三友拉余游河观妓，名曰"打水围"，妓名"老举"。于是同出靖海门，下小艇，如剖分之半蛋而加篷焉。先至沙面，妓船名"花艇"，皆对头分排，中留水巷，以通小艇往来。每帮约一二十号，横木绑定，以防海风。两船之间，钉以木桩，套以藤圈，以便随潮长落。鸨儿呼为"梳头婆"，……登其艇，即躬身笑迎，寨帏入舱。旁列椅杌，中设大炕，一门通艄后。妇呼有客，即闻履声杂沓而出。有挽髻者，有盘辫者。……又至军工厂，妆束亦相等，惟长幼皆能琵琶而已。……一友曰："潮帮妆束如仙，可往一游。"至其帮，排舟亦如沙面。……秀峰曰："靖海门对渡有扬帮，皆吴妆。君往，必有合意者。"……因至扬帮，对面两排仅十余艇。其中人物皆云鬟雾鬓，脂粉薄施，阔袖长裙，语音了了。所谓邵寡妇者，殷勤相接。遂有一友另换酒船，大者曰"恒艗"，小者曰"沙姑艇"，……放艇中流，开怀畅饮。……一轮明月，水阔天空。纵横如乱叶浮水者，酒船也；闪烁如繁星列天者，酒船之灯也；更有小艇梭织往来，笙歌弦索之声，杂以长潮之沸，令人情为之移。

于此可见珠江花艇之盛况，庶不减桨声灯影之秦淮与舞台歌榭之苏州。

就在沈氏冶游的二三十年间，粤地名士冯询、招子庸同样走进了珠江花艇，获得了真切的人文体验。就歌唱艺术而言，他们深谙乐调，娴熟词曲，自然与珠娘歌女切磋歌艺。可以想象，他们会给花艇歌曲带来怎样的崭新效果。花艇广州帮的粤调、潮州帮的潮曲、扬州帮的吴声，经他们调适融会，原本单调的"木鱼"、"龙舟"、"叹情"，渗透了粤东延绵悠长的潮乐，融进了江南说唱柔曼的南词，还混搭北地词曲华美的子弟书，再加进琵琶弦乐的伴奏……就这样，"南音"扬起，"粤讴"生成，新声别创，流遍珠江。

（陈方：中山大学资讯管理学院副教授）

文学地理学视域下的《粤讴》研究

曾大兴

《粤讴》是清代文学家招子庸的代表作,是中国文学中的一部非常重要的粤语文学作品。著名学者郑振铎先生曾经指出:"《粤讴》为招子庸所作;只有一卷,而好语如珠,即不懂粤语者读之,也为之神移。"① 招子庸(1789—1846),字铭山,号明珊居士,南海横沙(今广州市白云区金沙街横沙村)人。其《粤讴》一书自清道光八年(1828)九月刊行之后,在文坛影响很大,评价很高。"拟《粤讴》而作的诗篇,在广东各日报上竟时时有之。几乎没有一个广东人不会哼几句《粤讴》的,其势力是那末的大!"② 原岭南大学已故著名学者冼玉清教授指出:"近日言民俗文学者,多推重《粤讴》,以推重《粤讴》,因而推重《粤讴》之作者招子庸。甚者以为诗之后有词,词之后有曲,曲之后有《粤讴》。毕竟《粤讴》在文学史上能否占有此重要地位,余不敢必。然其宛转达意,惆怅切情,荡气回肠,销魂动魄。当筵低唱,欲往仍回,声音之凄恻动人,确有其特别擅场者。"③

1904年,人称"中国通"的英国学者金文泰爵士(此人尝于1925年至1930年任香港总督)把招子庸的《粤讴》译成英文,以《广州情歌》为名出版。他对这本书的评价很高,谓"各讴内容,多美丽如画";又谓《粤讴》可与希伯来诗相比,指出"《粤讴》以宗教影响及环境影响,其情感多幽沉郁闷,无极快乐相联系之爱情。故以比希腊诗,无其活泼气象。以比希伯来诗,无其放荡荒佚之叙述",因而"乃觉其有不刊之价值也"。然金氏又认为:"'讴'之弱点,在于单调,其言情题目,各'讴'皆同。翻来覆去,同一意思,同一情感。故每易生厌。"④ 金氏对《粤讴》的批评,不能说没有他的道理。我相信不少人读《粤讴》时也会有这种"单调"的感受,即如我本人初读《粤讴》时,也曾有过这种感受。

---

①②郑振铎:《中国俗文学史》,453 页,上海书店出版,1984。
③④冼玉清:《招子庸研究》,载《岭南学报》,第 8 卷第 1 期,1947(12)。

但是，在我第二次读《粤讴》时，我换了一个角度，即从文学地理学的角度来读它。我先给它来一个空间定位。当然这个空间不是指抽象的空间，而是指具体的空间，即地理空间。我发现，《粤讴》各篇所写之内容与所抒发之情感，实际上均可归置于两个地理空间：一个是以珠江为背景的水上空间，一个是以京师为背景的陆上空间。这样一归置，它们就不再是一些零散的作品了，而是彼此之间有了一种逻辑联系，有了一种时空关系。它们也不再是那种"翻来覆去，同一意思，同一情感"，读来"令人生厌"的"单调"作品，而是用活色生香的粤语讲述的一个催人泪下、令人深思的爱情故事。

用文学地理学的方法或眼光来解读《粤讴》，让我获得了一种全新的审美体验，于是我又进一步思考了这样两个与文学地理学有关的问题：第一，招子庸何以能创作出《粤讴》这样的作品？或者说，是什么样的地理环境促成了《粤讴》的产生？第二，《粤讴》这个作品，在中国的地域文学中属于哪一种类型，居于什么地位？本文即是这种阅读和思考的一个小结，未当之处，敬祈方家批评指正。

《粤讴》所建构的地理空间

文学作品的地理空间，是存在于文学作品中的以地理形象、地理意象、地理景观为基础的空间形态，如乡村空间、都市空间、山地空间、大海空间、高原空间、盆地空间等等。这种空间从本质上来讲是一种艺术空间或审美空间，是作家艺术创造的产物，但也不是凭空虚构，而是与现实存在的自然地理空间或人文地理空间有一定的关系。在文学作品里，特别是在叙事性的长篇文学作品如小说、戏剧里，特有的地理空间建构对文学作品的主题表达、人物塑造、艺术结构与审美方式的实现，往往发挥着基础性的作用。在抒情性的短篇文学作品如诗、词、歌、赋里，也有或隐或显的地理空间，它们对文学作品的情感表达也有着重要的价值和意义。

《粤讴》是一种篇幅短小的抒情歌词，它不可能像长篇叙事文学那样来建构地理空间，因此就其单个的作品来看，它的地理空间是不够完整和清晰的，但是整体地看，也就是把121首作品综合起来看，《粤讴》所建构的地理空间还是比较完整和清晰的。总体来讲，《粤讴》建构了两个地理空间，一个是以珠江为背景的水上空间，一个是以京都为背景的陆上空间。这两个空间都是以具体的地理形象、地理景观和民俗物象为基础而构建的，因而空间轮廓相当清晰，识别度也相当高。先看关于水上空间的：

莫话珠江尽是无情地，今日为"情"字牵缠所以正得咁痴。（《人实首恶做》）

近日见汝熟客推完，新客又不到。两头唔到岸，好似水共油捞。……劝汝的起心肝，寻过个好佬。共汝还通钱债，免使到处受上期租。河底下虽则系繁华，汝见边一个长好得到老。究竟清茶淡饭，都要拣个上岸正为高。况且近日火烛咁多，寮口又咁恶做。河厅差役，终日系咁嗌嘈嘈。……唔怕冇路，回头须及早。好过露面抛头，在水上蒲。（《真正恶做》）

容乜易放，柳边船？木兰双桨载住神仙。（《容乜易》之四）

容乜易散，彩云飞。春帆顷刻就要分离。（《容乜易》之五）

相思缆，带我郎来。带得郎来，莫个又替我搅开。（《相思缆》）

水会退，又会番流。水呀，你既退，又试番流，见你日夜不休。（《水会退》）

分别泪，转眼又番场。……亏我泪流不断，好似九曲湘江！点得眼泪送君，好似河水一样；水送得到个方时，我泪亦到得个方。君呀，你见水好似见奴，心莫异向。须念吓我地枕边流泪到天光。（《分别泪》之三）

爱了又憎，憎了又爱，爱憎无定，我自见心呆。好似大海撑船撑到半海，两头唔到岸，点得埋堆。（《相思结》）

唉！你妹愁都未了，衷情谁为表。点得夜夜逢君，学个的有信海潮。（《春花秋月·月》）

虽则你似野鹤我似闲鸥无乜俗态。总系鸳鸯云水两两相挨。我只话淡淡啫共你相交，把情付与大海。（《三生债》）

想起吓从前个种风月哩，好似梦断魂迷。起首共你相交你妹年纪尚细。个阵顷谈心事，怕听见海上鸣鸡。（《别意》）

满怀愁绪，对住蒹葭。人话秋风萧瑟堪人怕，我爱盈盈秋水浸住红霞。（《春花秋月·秋》）

再看关于陆上空间的：

点算好，君呀，你家贫亲又咁老。八千条路，敢就冇一点功劳？亏我留落呢处天涯，家信又不到。君归南岭，我苦住京都。长剑虽则有灵，今日光气未吐。新篁落箨，或者有日插天高。孙山名落朱颜槁。绿柳撩人，重惨过利刀。金尽床头，清酒懒做，无物可报，珠泪穿成素。君呀，你去归条路，替我带得到家无。（《点算好》之二）

整个《粤讴》中，有关陆上空间的地理形象、地理景观和民俗物象并不多，虽然也比较典型，其空间轮廓也比较清晰，识别度也较高。这种差异表明，《粤讴》所建构的地理空间主要是以珠江为背景的水上空间，而不是以京都为背景的陆上空间。

然而，正是以珠江为背景的水上空间和以京都为背景的陆上空间，容纳或承载了两个内涵不同而又彼此关联的情感世界，体现了两种人生和两种价值观，从而构成了《粤讴》丰富的情感内容与较强的艺术张力。请看下面这两首歌词：

  船头浪，合吓又分开。相思如水，涌上心来。君呀，你生在情天，奴长在欲海。碧天连水，水与天挨。我地红粉，点似得青山长冇变改。你睇吓水面个的残花，事就可哀。似水流年，又唔知流得几耐。须要自爱。许你死后做到成佛成仙，亦未必真正自在。罢咯，不若及时行乐，共你倚遍，月榭风台。（《船头浪》）

  唔好咁热，热极就会难丢。一旦离开，实在见寂寥。好极未得上街，缘分未了。况且干柴凭火也曾烧。叫我等汝三年，我年尚少。总怕长成无倚，我就错在今朝。此后莺俦燕侣心堪表。独惜执盏传杯，罪未肯饶。自怨我薄命如花，人又不肖。舍得我好命如今，重使乜住寮。保祐汝一朝衣锦还乡耀。汝书债还完，我花债亦消。总系呢阵旅舍孤寒魂梦绕。唉！音信渺。灯花何日兆？汝睇京华万里，一水迢迢。（《寄远》）

这两首歌词就呈现了两个地理空间，一个是"碧天连水，水与天挨"的珠江，另一个是万里之外的"京华"。前一个地理空间的主角是沦落风尘的歌女，后一个地理空间的主角是追求功名的士子。士子为了求功名，为了有朝一日"雁塔题名"而"衣锦还乡"，不得不与所爱的歌女分离，这就给深爱他的歌女带来离别之痛：

  无情眼，送不得君车。泪花如雨，懒倚门间。一片真心，如似白水，织不尽回文，写不尽血书。临行致嘱无多语。君呀，好极京华，都要念吓故居。今日水酒一杯，和共眼泪。君你拚醉，你便放欢心共我谈笑两句。重要转生来世，共你做对比目双鱼。（《无情眼》）

  无情曲，对不住君歌。绿波春水奈愁何！好鸟有心怜悯我，替我声声啼唤"舍不得哥哥"。今日留春不住，未必系王孙错。雁塔题名，你便趁早一科。我想再世李仙，无乜几个。休要放过。今日孤单，谁识你系郑元和。（《无情曲》）

由于功名之路并不顺利，士子最后"名落孙山"，"床头金尽"，因此长期"天涯流落"。歌女也成了"水面飘蓬"，"凄凉"不尽，"花容"憔

悴,只能"偷抱琵琶"以寄相思:

> 劝你唔好发梦,恐怕梦里相逢,梦后醒来,事事都化空。"分离"两个字,岂有心唔痛。君呀,你在天涯流落,你妹在水面飘蓬。怀人偷抱琵琶弄,多少凄凉,尽在指中。舍得你唔系敢样子死心,君呀,你又唔累得我咁重。睇我瘦成敢样子,重讲乜花容。今日恩情好极,都系唔中用。唉,愁万种!累得我相思无主,血泪啼红。(《唔好发梦》)

更为不幸的是,长时间的离别还造成了某些误会,使得歌女在饱受离别之苦与相思之痛,好不容易等到士子"失意还乡"之后,还要经受流言的中伤,以及士子的怀疑与冷漠。地理上的距离导致了心理上的距离:

> 打乜主意,重使乜思疑。你唔带得奴奴,你便早日话过妹知。我只估话等郎,至此落在呢处烟花地。舍得我肯跟人去上岸,乜天时,只望共你叙吓悲欢谈吓往事;点想你失意还乡事尽非。一定唆搅有人将我出气,话我好似水性杨花逐浪飞。呢阵讲极冰清你亦唔多在意;万般愁绪只有天知,况且远近尽知奴系等你;今日半途丢手,敢就冇的挨依。枉费我往日待你个副心肠,今日凭在你处置。漫道你问心难过,就系死亦难欺。唔见面讲透苦心,死亦唔得眼闭。君呀!你有心怜我,你便早日开嚟。见面讲透苦心,死亦无乜挂意。唉!休阻滞,但得早一刻逢君,我就算早一刻别离。(《奴等你》)

由于真心付出得不到真心回报,歌女便有了无限的悔恨。这种悔恨在《粤讴》一书里几乎随处可见:

> 烟花地,想起就心慈。中年情事点讲得过人知。好命铸定,仙花亦都唔种在此地。纵然误种,亦指望有的更移。今日花柳风波,我都尝到透味。况且欢场逝水,更易老花枝。既系命薄如花,亦都偷怨吓自己。想到老来花谢,总要稳的挨依。唉,我想花谢正望到人地葬花,亦都系稀罕事。总要花开佢怜悯我,正叫做不负佳期。细想年少未得登科,到老难以及第。况且秋来花事总总全非。今日我命铸定为花,就算开落过世。你试问花:"花呀!谁爱你?"佢都冇的偏私。花若有情,就要情到底。风云月露,正系我地情痴。至到人地赏花憎爱我都不理。仙种子,休为凡心死。我为偶还花债,故此暂别吓瑶池。(《烟花地》之一)

> 烟花地,苦海茫茫。从来难稳个有情郎。迎新送旧,不过还花账。有谁惜玉与及怜香?我在风流阵上系咁从头想。有个知心人仔,害我纵死难忘。有阵丢疏,外面似极无心向。独系心中怀念你,我暗

地凄凉。今晚寂寥，空对住烟花上。唉，休要乱想。共你有心，都是恶讲。我断唔孤负你个一点情长。(《烟花地》之二)

歌女的最大梦想，就是"早日还完花债，共你从良"(《花本一样》之一)，也就是"上岸"，离开这种屈辱的水上世界，过一种自由人的生活。为此，她们非常看重"人客"的人品，希望能够遇到一个真心爱自己的人：

> 世间难揾一条心。得你一条心事，我死亦要追寻。一面试佢真心，一面防到佢嗦，试到果实真情，正好共佢酌斟。嗦嗦吓嗦到我地心虚，个个都防到薄行；就俾佢真心来待我，我都要试过佢两三匀。我想人客万千，真吟都有一分。个的真情撒散，重惨过大海捞针。况且你会揾真心，人地亦都会揾。真心人客你话够几个人分。细想缘分各自相投，唔到你着紧。安一吓本分；各有来因，你都切勿羡人。(《拣心》)

想到真情难遇，于是就有了怨恨。事实上，歌女是没有错的，错的是士子。他先是为了求功名而给歌女带来离别之痛，"失意还乡"之后又因为"耳软"(听信流言)而深深地刺伤了歌女的心。好在士子毕竟是一个富有同情心的人，他后来也意识到了自己的错误，于是也有了悔恨：

> 实在我都唔过得意，算我薄情亏负嘅你。等我掉转呢副心肠共你好过都未迟。人地话好酒饮落半坛，正知道吓味。因为从前耳软，所以正得咁迷痴。今日河水虽则系咁深，都要共你撑到底。唉，将近半世，唔共你住埋唔系计。细想你从前个一点心事待我，叫我点舍得把你难为。(《自悔》)

遗憾的是，这种悔恨来得晚了一点。歌女已经绝望了。她在被人逼债而无力偿还时，最终选择了自杀。她的自杀，使悔恨中的士子几乎痛不欲生，于是就有了这种撕心裂肺哀伤欲绝的歌唱：

> 听见你话死，实在见思疑。何苦轻生得咁痴！你系为人客死心，唔怪得你。死因钱债，叫我怎不伤悲！你平日当我系知心，亦该同我讲句。做乜交情三两个月，都冇句言词。往日个种恩情，丢了落水。纵有金银烧尽，带不到阴司。可惜漂泊在青楼，孤负你一世。烟花场上冇日开眉。你名叫做秋喜，只望等到秋来还有喜意。做乜才过冬至后，就被雪霜欺。今日无力春风，唔共你争得啖气。落花无主，敢就葬在春泥。此后情思有梦，你便频须寄，或者尽我呢点穷心，慰吓故知。泉路茫茫，你双脚又咁细。黄泉无客店，问你向乜谁栖。青山白骨，唔知凭谁祭。衰杨残月，空听个只杜鹃啼。未必有个知心，来共

你掷纸。清明空恨个页纸钱飞。罢咯！不若当你系义妻，来送你入寺。等你孤魂无主，仗吓佛力扶持。你便哀恳个位慈云施吓佛偈。等你转过来生，誓不做客妻。若系冤债未偿，再罚你落花粉地。你便拣过一个多情，早早见机。我若共你未断情缘，重有相会日子。须紧记，念吓前恩义。讲到"销魂"两个字，共你死过都唔迟。

《粤讴》中的士子，其实就是作者自己。冼玉清教授根据有关诗文记载和民间传说，考证秋喜就是招子庸所恋之歌妓："秋喜，珠江歌妓也，与子庸昵。而服用甚奢，负债累累。鸨母必令其偿所负始得遣行。秋喜愤甚，不忍告子庸。债主逼之急，无可为计，遂投水死。子庸惊悼，不知所措。遂援笔而成《吊秋喜》一阕。沉痛独绝，非他人所能强记，一时远近传诵。"①

《吊秋喜》一阕为何如此"沉痛欲绝"？因为这里边除了悲伤，还有愧疚和悔恨，因此他要为她做些补偿：不仅为她烧"纸钱"，还要把她当作"义妻"送入佛寺，甚至表示如果有来世，"共你死过都唔迟"。

正是因为内心的悲痛、愧疚和悔恨太沉重了，所以作者希望有解脱，于是便有了《解心事》一阕：

心各有事，总要解脱为先。心事唔安，解得就了然。苦海茫茫，多半是命蹇。但向苦中寻乐，便是神仙。若系愁苦到不堪，真系恶算。总好过官门地狱，更重哀怜。退一步海阔天空，就唔使自怨。心能自解，真正系乐境无边。若系解到唔解得通，就讲过阴鸷个便。唉！凡事检点，积善心唔险。你睇远报在来生，近报在目前。

作者特意把《解心事》一阕置于篇首，无疑表明了《粤讴》一书的写作目的，就是寻求心里的解脱。全书一共97题121首作品，都可以说是用回忆的口吻和视角写成的。回忆中包含了与歌妓的离别，包含了歌妓在离别之后的相思、愁苦、牵挂、猜测、怨恨、后悔、辩白与绝望，也包含了自己的失意、纠结、自悔、悲伤与解脱。这样看来，金文泰所谓"各'讴'皆同，翻来覆去，同一意思，同一情感"的说法就有些站不住脚了。因为作品所包含的意思和情感是丰富而有变化的，其所写离别，以及一方在别后的相思、愁苦、牵挂、猜测、怨恨、后悔、辩白与绝望，一方在别后的失意、纠结、自悔、悲伤与解脱，实际上也有一个内在的逻辑。如果我们按照作品内在的逻辑以及人类心理活动的一般规律，把全书各"讴"

---

①冼玉清：《招子庸研究》，载《岭南学报》，第8卷第1期，1947（12）。

重新加以编排，无疑就是一首跌宕起伏、首尾呼应而又哀感顽艳、凄恻动人的爱情长诗。

文学地理学认为，文学作品的创作与接受过程，包含了三组时空关系。一是作品所赖以产生的时空条件，二是作品本身所建构的时空坐标，三是作品在接受过程中形成的时空联想。就《粤讴》来讲，它有其赖以产生的时空条件（这一点我们将在下文予以讨论），它本身也有自己的时空坐标，尤其是空间这一维度，它的轮廓是清晰的，这就是以珠江为背景的水上空间和以京华为背景的陆上空间；它的时间维度看似不太清晰，但逻辑上是存在着的，需要读者去发现，去梳理。因此，解读《粤讴》过程中的时空联想就很重要了。如果我们不能首先找到它的空间位置，我们就没法找到它的时间线索。如果我们既不能找到它的空间位置又不能找到它的时间线索，那么呈现在我们面前的《粤讴》，就会像金文泰所说的那样："各'讴'皆同。翻来覆去，同一意思，同一情感。故每易生厌。"

事实上，《粤讴》这部作品不仅呈现了一个跌宕起伏、首尾呼应而又哀感顽艳、凄恻动人的爱情故事，有一个潜在的时间线索，更建构了两个具有典型意义的地理空间。这个故事就是在这两个具有典型意义的地理空间上展开的，一个是以珠江为背景的水上空间，另一个是以京华为背景的陆上空间。从内涵上讲，水上空间乃是一个情感的空间，而陆上空间则是一个功名的空间。爱情与功名虽然有联系，但是在本质上是难以兼容的，于是心理的、情感的冲突与纠结就不可避免了，这样就使作品有了思想的厚度、文化的底蕴与艺术的张力。这一切都有待于进一步的探讨，但是这种探讨有赖于解读过程中的时空联想，尤其是空间定位。

《粤讴》赖以产生的地理环境

如上所述，一部文学作品的产生，离不开特定的时空条件。时是指作家所处的时代背景，空是指作家所处的地理环境。地理环境包括自然环境和人文环境。人文环境又包括家庭人文环境和社会文化环境。《粤讴》所写的是珠江花舫上的歌妓与久客京华的士子之间的爱情故事。作品的主题是常见的，作品的题材则富有地域性。如果作者本人没有久客京华的亲身经历，如果不熟悉珠江及其周围的自然和人文地理环境，这样的题材是很难得心应手出口成章的。

清同治《南海县志·招子庸传》："招子庸，字铭山，横沙人。"南海横沙，即今广州市白云区金沙街之横沙村，这是广州城西珠江边上的一个古老村落。"前临珠海，后拥茂林"，① "有峰峦秀耸，溪流环抱，景物清旷，可钓可游"。② 据冼玉清教授介绍，"子庸家有橘天园，为其父茂章游息之所。园广约半亩，旧植杂树及桃竹，复有菜圃瓜棚，今已荒圮。茂章有《橘天园即事》七律云：'闲缀纱囊护熟桃，妻孥营画也风骚。送红每弄波中瓣，爱绿时浇石上毛。新竹笋扶依槛直，嫩瓜藤教上棚高。田园半亩甘肥遁，独立何须耻敝袍。'"冼教授指出："子庸生此半农半儒之家，可游可钓之乡，有能诗能文之父，故先天与环境，皆足以影响其一生。"③

这种"半农半儒"的家庭人文环境与"前临珠江"的自然和社会文化环境对招子庸的影响主要体现在两个方面：

一是强烈的功名意识。子庸之父"茂章少年孤恃，支持家计，不能得一第以显亲，终身引为憾事。故欲教子成名。其《生朝二子叩祝率成四十字以志余痛》诗有'何时光乃祖，盖父此生愆'之语，可知其念念不忘兹事也。子庸以乃父期望心切，故苦志读书。方十余岁，随从兄健生、香浦背诵五经传注，累累如走珠盘。苦读而至生病"。④ 子庸于嘉庆二十一年丙子（1816）中举人。据其《粤讴》一书中的有关篇什来看，他后来曾经多次赴京参加会试，并且久居京华，可惜屡举不第，最终"失意还乡"。直到道光九年（1829）才因"大挑一等以知县用，分发山东"。先后任峄县、朝城、临朐和潍县知县。据同治《南海县志》记载，子庸"有干济材，勤于吏职，其任潍县也，相验下乡，只身单骑，仆从不过数人，不饮民间一勺水，颂声大作"。⑤ 遗憾的是，在道光十九年（1839），竟"以收纳亡命被议"而落职。这是一个冤案，对他的打击是很大的。"子庸于潍县被议后，郁郁寡欢。遂以道光二十四年甲辰（1844），挟琵琶徒步走四川，欲访其亲家番禺陈仲良筹款谋复官。"⑥ 由此可见，子庸作为封建时代的一位读书人，尤其是作为功名未遂而遗憾终身的诗人招茂章之子，其功名意识原是很强烈的。功名意识强烈不一定都是坏事，尤其是像子庸这样做官之后能够勤政为民、清廉为官，因而被老百姓称为"民之父母，不愧青天"的人，其功名意识强烈，不仅可以促使他完成父亲的夙愿，实现自己的社

---

①冼玉清：《招子庸故乡游记》，载《妇女生活》，第3期，1948。
②廖亮祖：《东岸草堂文钞》，22页。
③④冼玉清：《招子庸研究》，载《岭南学报》，第8卷第1期，1947（12）。
⑤[清] 同治：《南海县志·招子庸传》。
⑥冼玉清：《招子庸研究》，载《岭南学报》，第8卷第1期，1947（12）。

会价值，也可以促使他为朝廷和老百姓多做一些好事。我们这里所要强调的，是他这种由来已久的强烈的功名意识，对其早年的情感生活、对其《粤讴》一书的编撰所产生的作用，无疑是相当重要的。

二是浪漫的人生态度。招茂章一生谨言慎行，其诗"多饬纪敦伦、诒谋燕翼之言，无词人风云月露之派"（钱林《五十寿序》），而子庸则不修边幅，跌宕不羁。这种人生态度的形成，与家庭文化环境似无关系，应从社会文化环境方面来考察。据其同学徐荣介绍，子庸负绝世聪明，而其浪漫狂放之态亦为世俗所惊骇。端午赛龙舟时，子庸头簪石榴花，袒胸跣足立于船头，左手执旗，右手摇鼓，旁若无人。又喜为粤讴，流连珠江花舫，故颇有江湖薄行之名。又曾挟琵琶卖画至四川，携五美女归，其风流放诞可想而知。冼玉清教授认为："子庸抱绝世之才，少年科第，本欲名列清班，无奈屡举进士不第，故郁郁无以自聊，遂发而为此狂态也。"① 从行为心理学的角度来看，这种分析是有道理的，但还不够全面。还应该从环境心理学的角度来看。也就是说，子庸这种浪漫的人生态度的形成，既与他在科场上屡试屡败的心理有关，更与珠江文化环境的影响有关。

珠江是一条浪漫的河。尤其是它的下游，也就是广州河段，可以说是浪漫到了极致。清乾隆二十一年（1757）至鸦片战争前的83年间，广州作为全国唯一的对外通商口岸，城市经济达到空前的繁荣。随着城市经济的空前繁荣，城市人口也为之剧增。随着城市经济的繁荣与城市人口的剧增，城市声妓（花事）也达到鼎盛。招子庸的生活及其《粤讴》的写作就处在这个特定的时空环境里。

张心泰《粤游小志》载：

……娼家……广州称最。广之最著名者，莫如谷埠，在省城西南……河下紫洞艇，悉女伺也。艇有两层，谓之横楼。下层窗嵌玻璃，舱中陈设洋灯洋镜，入夜张灯，远望如万点明星，照耀江面。纨绔子弟，选色征歌，不啻身到广寒，无后知有人间事，……土人云，此艇本泊沙面，近年始移谷埠，今又迁至南渡头，较三十年前，仅十之一矣。②

《粤游小志》写于光绪前期，由此上推30年，即招子庸时代的后期。光绪前期的广州声妓（花事）尚且如此兴盛，30年前即招子庸时代的超兴盛就可想而知了。

---

① 冼玉清：《招子庸研究》，载《岭南学报》，第8卷第1期，1947（12）。
② 张心泰：《粤游小志》卷三，清光绪十七年（1891）上海著易堂铅印本。

又据杜展鹏先生介绍,"广州花事之兴盛,初以谷埠为最为早。谷埠位于油栏门城外珠江河畔,即今仁济路口对开去之堤边。此地烟花,远在清代道光年间已有。江上湾泊花舫、楼船、沙艇等。""谷埠西边接连白鹅潭、沙面、沙基等处,是省、港、澳、沪各市镇来往船航湾泊上落所经之地方。……又与城内及东南关、西关、河南区各铺户相接,平均路途不甚远,具此水陆利便,故谷埠'烟花'得以旺盛。"① 招子庸的家乡横沙,就在离谷埠很近的省城西北地区。因此他就很自然地接受了这种浪漫文化的影响。

赖学海《雪庐诗话》云:"粤之《摸鱼歌》,盲词之类,其调长。其曰《解心》,《摸鱼儿》之变调,其声短,珠娘喜歌之以道其意。先生(按即冯询)以其语多俚鄙,变其调为讴使歌。其慧者随口授即能合拍上弦。于是同调诸公,互相则效,竞为新唱以相夸。薰花浴月,即景生情,杯酒未终,新歌又起。或并舫中流,互为嘲谑,此歌彼答,余响萦波。珠江游船以百数,皆倚棹停桡,围而听之,此亦平生第一乐事也。好事者采其缠绵绮丽,集而刊之,曰《粤讴》。与招铭山大令辈所作,同时擅场。"② 招子庸的《粤讴》就是在这样的自然和人文环境中产生的。

石道人《粤讴序》云:

戊子之秋,八月既望,蟋蟀在户,凉风振帏,明珊居士惠然诣我,悄然不乐,曰:"此秋声也,增人忉怛,请为吾子解之。"余曰:"唯唯"。居士曰:"子不揽夫珠江乎?素馨为田,紫檀作屋。香海十里,珠户千家。每当白日西逝,红灯夕张。衣声绰绰,杂以佩环;花气氤氲,荡为烟雾。秾纤异致,仪态万方。珠女珠儿,雅善赵瑟;酒酣耳热,遂变秦声。于子乐乎?"余曰:"豪则豪矣,非余所愿闻也。"居士曰:"龙户潮落,鼍更夜午。游舫渐疏,凉月已静。于是雏鬟雪藕,纤手分橙,荡涤滞怀,抒发妍唱。吴歙甫奏,明灯转华;楚竹乍吹,人声忽定。于子乐乎?"余曰:"丽则丽矣,非余所心许也。"居士曰:"三星在天,万籁如水。华妆已解,芗泽微闻。抚冉冉之流年,惜厌厌之长夜。事往追昔,情来感今。乃复舒彼南音,写伊孤绪。引吭按节,欲往仍回。幽咽含怨,将断复续。时则海月欲堕,江云不流。辄唤奈何,谁能遣此?"余曰:"南讴感人声则然矣,词可得而征

---

① 杜展鹏:《广州陈塘东堤"烟花"史话》,载《广州文史》,第4期,2010。
② 赖学海:《雪庐诗话》,引自梁培炽著:《南音与粤讴之研究》,137页,广州,广东人民出版社,2012。

乎?"居士乃出所录,曼声长哦。其音悲以柔,其词婉而挚。此繁钦所谓凄入肝脾,哀感顽艳者。不待河满一声,固已青衫尽湿矣。

这一段话,对《粤讴》赖以产生的自然和人文地理环境,可以说是做了绘声绘色的描绘。如果没有这样的自然和人文地理环境,或者说,如果作者不熟悉这样的自然和人文地理环境,《粤讴》的产生是难以想象的。随着时间的流逝与社会的变迁,珠江的自然和人文环境发生了巨变,尤其是当年的人文环境不复存在了,因此同类题材的《粤讴》也不可能产生了。

总之,"半农半儒"的家庭人文环境,使招子庸受到良好的教育,积累了深厚的人文底蕴,培养了卓越的写作才能,更形成了强烈的功名意识;"可游可钓"的自然和社会人文环境,则培养了他的浪漫情怀,丰富了他那独特的人生体验。正是这样的环境,使《粤讴》的写作成为可能。

《粤讴》在中国地域文学中的地位

《粤讴》是用粤语即广府语言写作的文学,属于广府文学的范畴。广府文学作为一种地域文学,实际上包含两种样态:一是普通的广府文学,二是典型的广府文学。所谓普通的广府文学,是指由广府作家或外地作家创作的、以广府生活为题材的文学。也就是说,无论创作主体是广府本地作家还是生活在广府的外地作家,抑或生活在外地的广府籍作家,只要其作品是以广府生活为题材的,就是普通的广府文学。所谓典型的广府文学,则是指广府本地作家和生活在外地的广府籍作家用广府语言创作的、以广府生活为题材的文学。生活在广府的外地作家虽然也有少数人能用广府语言来写广府生活,但是没有广府本地作家和生活在外地的广府籍作家写的那么本色当行。典型的广府文学与普通的广府文学,其共同点在于以广府生活为题材,其差异则在于前者能够熟练地用广府语言写广府生活,后者则不能。从这个意义上讲,招子庸的《粤讴》就是一部典型的广府文学。第一,招子庸是广府本地人;第二,《粤讴》是用广府语言创作的文学;第三,《粤讴》的题材是广府生活。

事实上,所有的地域文学都包含了这两种样态,一种是普通的地域文学,一种是典型的地域文学。判断一种地域文学是属于前者还是属于后者,关键在于它是否熟练地使用了本地方言。以这个标准来衡量,《诗经》中的"十五国风"并不属于典型的地域文学,而只是普通的地域文学,因为这些原本使用了各地方言的民歌被收集拢来之后，都由乐师（太师）们用"雅言"也就是周代的共同语加工润色过了。① 但《楚辞》可以称为典型的地域文学。黄伯思《翼骚序》云：《楚辞》"皆书楚语，作楚声，纪楚地，名楚物，故可名之楚辞"。如果《楚辞》仅仅是"纪楚地，名楚物"，那还只是普通的地域文学；但由于它能够"书楚语，作楚声"，即使用楚地语言来"纪楚地，名楚物"，因此就成了典型的地域文学。以这个标准来衡量，刘向《说苑》所载的《越人歌》，汉乐府中的"代、赵、秦、楚之讴"，六朝民歌中的《西曲歌》与《吴声歌曲》，明代冯梦龙所辑《山歌》《挂枝儿》，清代招子庸创作的《粤讴》，还有各种地方戏的戏文，明清以来少数用方言创作的小说如韩邦庆的《海上花列传》、邵彬儒的《俗话倾谈》、黄谷柳的《虾球传》等，即可称为典型的地域文学。

典型的地域文学所承载、所反映、所描绘的是典型的地域文化。典型的地域文化至少包含三个要素：一是方言，二是风土人情，三是价值观念。从这个意义上讲，典型的地域文学是弥足珍贵的，它是地域文化的一个标本，是人们感受和认识地域文化的一个最好的艺术载体。

在招子庸的《粤讴》问世之前，广府文学中已有一些典型的地域文学，例如木鱼歌、龙舟歌、南音等，但是这些都是民间说唱艺人的创作，文学价值并不高。刘向《说苑·善说》载有一首由楚语翻译的《越人歌》，这是一个文学价值很高的作品，但是未必就是南越人的创作。因为先秦时期的越人分布很广，"自交趾至会稽七八千里，百越杂处，各有种姓"（《汉书·地理志》注）；仅仅是见于史籍的就有句吴、于越、扬越、东越、闽越、瓯越、南越、骆越、西瓯、山越、夷越、夔越等，故称"百越"。也就是说，在今江苏、浙江、福建、台湾、江西、湖南、广东、广西诸省和越南北部皆有越人，而分布在两广一带的只有南越，因此很难说这个越人就是南越人。另据屈大均《广东新语·诗语》载，汉"孝惠时，南海人张买侍游苑池，鼓棹为越讴，时切讽谏"。"越讴"就是"粤讴"。古代"粤""越"相通，因此也有人把《粤讴》写成《越讴》。南海人张买就是汉代的广府人，也就是讲粤语的人，他所作的《越讴》就是最早的《粤讴》。但是这个《越讴》并没有保存下来，它究竟属于典型的广府文学还是普通的广府文学，我们无法知晓。招子庸创作《粤讴》时，冯询、邱梦旗、温汝遂、李长荣等文人也都创作过《粤讴》，但是都没有作品保留下

---

① 向熹：《论〈诗经〉语言的性质》，载《中国韵文学刊》，第1期，1998。

来。因此招子庸的《粤讴》作为历史上流传下来的一部典型的广府文学作品，其文化价值与文学价值都是弥足珍贵的。

传统的广府文学包括诗、文、词、戏曲、小说五大类，其中诗、文、词是用官话写作的，小说的绝大部分也是用官话写作的（例如庚岭劳人的《蜃楼志》就是一部用官话写作的小说，真正像邵彬儒的《俗话倾谈》、黄谷柳的《虾球传》那样较多地使用广府方言写作的小说并不多见），真正用广府方言即粤语写作的只有戏曲（包括粤剧、粤曲、木鱼歌、龙舟歌、南音、粤讴等）。如上所述，木鱼歌、龙舟歌、南音多是民间艺人的创作，其文学价值并不高。粤剧、粤曲中有一些文人的创作，但是其文学价值也不能和招子庸的《粤讴》相比。因此我们可以这样讲：要认识真正有文学价值的、典型的广府文学，必须以招子庸的《粤讴》为范本。

结　　语

从文学地理学的角度解读《粤讴》，其实还有不少工作可以做。例如作品所描写的广府地区的风土人情，作品所使用的大量的广府方言等，都有研究的必要。另外还可以把作为粤语歌词的《粤讴》与作为吴语歌词的《山歌》《挂枝儿》等作一个横向的比较，等等。这种研究无论是就广府文学研究来讲，还是就文学地理学研究来讲，都具有方法论的意义。这里限于篇幅，暂且打住，留待他日再作进一步的探讨。

（曾大兴：广州大学广府文化研究中心常务副主任，教授）

横沙花放岭南香
——从招子庸说到粤讴的发展

龚伯洪

清朝道光年间横沙招子庸的《粤讴》出版，是广府文化的亮点之一，此书是国内外均有影响的民间文学作品集。当代文学研究名家郑振铎在《中国俗文学史》中说："其最早的大胆的从事于把民歌输入文坛的工作者，……在道光间仅有招子庸而已。……《粤讴》为招子庸所作，只有一卷，而好语如珠，即不懂粤语者读之，也为之神移。"

粤讴，也称越讴，又因招子庸的名作《解心事》而别称"解心"，是清中晚期到民国初期盛行于广府民系地区的一种曲艺、民间文学。粤讴在中外通俗文学史上均有影响，从它各个时期的作品及发展历程，可以看到广州民间文学艺术的特性。

招子庸《粤讴》的流传

粤俗好歌，古已扬名。粤歌载于古籍有"越讴"一种。记载最早的越讴作者是西汉孝惠帝时的张买。明末清初学者屈大均也在《广东新语·诗语》中记及："而孝惠时，南海人张买侍游苑池，鼓棹为越讴，时切讽谏。"张买唱的越讴是怎样的曲调？古籍中未记载。不过，张买的越讴能上达皇帝，大概在广东文人心中留下深刻的印象，至清代嘉庆道光年间文人创制独特的曲种便想到以粤讴为名（古代"粤""越"相通，故也有人写越讴）。一般说粤讴起源于民间，扬名则起自仿作的文人。

最早创作出粤讴作品的是冯询、招子庸，邱梦旗、温汝遂、李长荣等文士亦有创作。嘉庆末至道光初，这一班文士常游于珠江，在花艇上听曲饮酒、谈诗论文。偶然听到珠娘（艇上歌女）将旧曲变调演唱，颇有新意，但词多俚鄙。冯询、招子庸遂在民间演唱变调的基础上加以点正，并创作新曲词，命歌女演唱，果然令听众赞赏，于是定名为粤讴。以后，粤讴逐渐在粤方言区流行起来。这些粤讴，从其音调看，是从明末清初盛行的咸水歌、木鱼歌、龙舟歌、南音等说唱曲艺基础上，融合了北方民间说唱"子弟歌"和"南词"之长，创制出的新曲艺品种；从其文辞看，是在韵文的基础上，大量使用粤方言，加上感叹衬字、音韵押尾，形成地方特色浓郁、通俗易懂的民间方言文学新品种。起初艺人演唱粤讴，用琵琶和音，后来以扬琴或二胡伴奏。粤讴节拍独特，一小节有一板七叮（眼），节奏缓慢，旋律沉郁，长于抒情。

冯询（1792—1867），世居广州，少年时随著名诗人张维屏学诗，青年时是有名的西园诗社中的新秀，嘉庆二十四年（1819）中举人，次年中进士，后当官。晚清文士赖学海（虚舟）在《雪庐诗话》中介绍过冯询创粤讴之事。邱炜萲在《客云庐小说话》也有相同的记述。①

粤讴当时只是"流行歌"的地位，正统文人、道学先生是对之不屑的。因此，粤讴创始人之一的诗人冯询，后来当官时便把自己创作的粤讴全部销毁，不留一字。这一来，倒让大胆朝通俗文学路子走的招子庸扬名中外了——冯询没有留下作品，故当代一些介绍粤讴的书籍只提招子庸。

招子庸（1789—1846），字铭山，广东南海县横沙乡（今广州市白云区横沙村）人。嘉庆二十一年（1816）中举，之后三次应考均中不了进士，经官府挑选（大挑一等）踏入官场，先后在山东朝城、临朐、潍县等地做过几任知县，在任清廉勤政。道光二十一年（1841），因曾收用逃犯被指控致罢官，回乡后以卖画为生。②

招子庸长于诗画，精通音律，创作粤讴是他当官前的事，他保留了作品。道光八年（1828），广州西关澄天阁刻印出版招子庸的《粤讴》，全书有序及11篇题词，收有粤讴作品98题、122首。书中多写男女之情，尤偏重描写歌妓的不幸。正如篆江居士在该书的题词所咏："莫上销魂旧板桥，桥头秋柳半飘萧。无人解唱烟花地，苦海茫茫日夜潮。"清末《续修南海县志》记及此书的影响。此书流行于广府民系地区，书中作品在歌坛广为传唱。曾任香港总督的金文泰（Sir Cecil Clementi，一译克里门蒂）在1904年把《粤讴》译成英文，改名《广州情歌》，介绍到欧洲。他认为《粤讴》与古代希伯来情歌具有同样不朽的价值。后来葡萄牙人庇山也氏把它译为葡萄牙文，介绍到欧美各国。③

《粤讴》书中第一首为《解心事》，流传甚广，故粤讴又称"解心"，

---

① 黎田，谢伟国：《粤曲》，16～17页，广州，广东人民出版社，2008。
② 广东省地方史志编纂委员会编：《广东省志·人物志》，111页，广州，广东人民出版社，2002。此书及上注的《粤曲》以及《岭南文学史》记及招子庸的生卒年均有误。
③ 李默，徐巍选笺：《多情曲》，4页，广州，花城出版社，1990。

当代粤曲以粤讴曲调作曲牌也称为"解心腔"。此曲被郑振铎先生称为"格言诗"①，当中确有一些警世之句，敢把"官门"比作"地狱"。曲云：

  心各有事，总要解脱为先。心事唔（不）安，解得就了然。苦海茫茫，多半是命蹇。但向苦中寻乐，便是神仙。若系愁苦到不堪，真系恶算。总好过官门地狱，更重哀怜。退一步海阔天空，就唔使（不用）自怨。心能自解，真正系乐境无边。若系解到唔（不）解得通，就讲过阴骘（德）个便（那方面）。唉！凡事检点，积善心唔（不）险。你睇（看）远报在来生，近报在目前。

这些曲化劝世文虽然并不新鲜，却能使不少小市民在精神上得到安慰，暂解愁怀，故大受民众欢迎，成了粤讴的早期代表作。

招子庸另一首粤讴代表作《吊秋喜》，则以情动人，且看其中几句悼妓女秋喜的：

  泉路茫茫，你双脚又咁（这样）细。黄泉无客店，问你向乜谁（谁人）栖。青山白骨，唔（不）知凭谁祭。衰杨残月，空听个（那）只杜鹃啼。未必有个知心，来共（为）你掷纸（意为祭奠）。清明空恨个（那）页纸钱飞。

由于此曲语浅情深，故广为传唱。清末著名诗人黄遵宪有诗云："唱到招郎吊秋喜，桃花间竹最魂销。"当代郑振铎评道："《吊秋喜》是一篇凄楚的抒情的东西。据说秋喜实有其人，是一个妓女，子庸曾眷恋之。像《吊秋喜》这样温厚多情的情诗，在从前很少见到。"

招子庸笔下的粤讴多是风花雪月、缠缠哀婉之词，题材范围比较狭窄。这与粤讴从民间来到民间去大有关系。粤讴最初流传于歌坛时社会矛盾尚不尖锐，平民喜听情爱之曲，故粤讴多有此作。清末《续修南海县志》记粤讴的流传时道："一时平康百里，谱入笙歌，虽'羌笛春风'、'渭城朝雨'，未能或先也。"也许，这是广府文化商业性的反映吧。只要文化市场需要，讴歌情爱的粤讴便越来越多。

但是，更应该看到，招子庸的粤讴作品主流有着反封建正统的特点。替妓女鸣冤叫屈，是儒家正统思想所不齿的，而这些作品能在广府民系地区广为流传，也可见广府文化的大众性。

---

① 陈永正主编：《岭南文学史》，923 页，广州，广东高等教育出版社，1993。

粤讴内容的变化

　　当社会矛盾尤其是民族矛盾激烈的时候，广府文化的创新性、斗争性也在粤讴中反映出来了。1840年鸦片战争爆发后，便有人利用粤讴这种群众喜闻乐见的形式，来反映现实斗争。粤讴开始跳出个人情爱的天地介入社会、直面人生，产生创新性的作品。

　　鸦片战争时期留存下来的粤讴作品，有燕喜堂抄本《新解心》。这虽是残存的手抄本，仅有20余页，作者燕喜堂也未知是何许人，但有《颠地鬼》《义律鬼》等作品揭露了外国侵略者的丑态，表现了中国人民反侵略的英雄气概。另一首《颂林制军》以幽默的笔调歌颂林则徐，入木三分地鞭挞官场中的投降派。而《盲怨》《人会死》《人话怕死》等作品，则反映了当时百姓陷于水深火热之中。①

　　此外，还有一本1901年出版的、署名香迷子（真实姓名及事迹无可查考）编撰的《再粤讴》，收有作品68首。从燕喜堂的《新解心》来看，晚清的粤讴已开始以慷慨悲壮之情代替早期的缠绵悱恻了。晚清起，唱粤讴者多是失明艺人。光绪年间报刊渐多，粤讴作品不断出现于报刊的谐部（副刊）上。报刊成了粤讴流传的媒体，反映了广府文化的创新性。文人们以粤讴的旧形式写进新内容，使粤讴从多以口头传唱变作多以文字流传。晚清反封建专制皇朝的民主革命运动兴起后，革命者利用粤讴这个民间方言文学的形式，大力鼓吹革命，向群众宣传革命的道理，使粤讴出现一个崭新的面貌。同盟会机关报《中国日报》及其特刊《中国旬报》，首辟"鼓吹录"专栏，刊登反帝反封建的粤讴，使这种过去为正统文人鄙视的方言文学登上了政治舞台。以后各进步报刊，如《新小说》《时事画报》《广东日报》等，亦刊登了不少粤讴作品。知名作者有廖恩焘（下文介绍）、黄鲁逸、郑贯公、杨肖欧、陈诗仲、黄轩胄、何剑士、潘泽民、宋季缉、卫沧海等。此时的粤讴作品战斗性之高、数量之多，是前所未有的，也可以说其内容已起了质的变化，具有积极的进步意义。请看一曲《血》（作者不详，刊于1904年农历十月初六某报上）：

　　　　血一个字，提起就心愁；亏我热血盈腔，唱粤讴。你试睇吓（看一下）凉血物（指没有民族血性之人）既系咁（这么）多，好似牛

---

① 李默，徐巍选笺：《多情曲》，4页，广州，花城出版社，1990。

马走。任佢（它，指清朝统治者）敲煎膏血，不以为仇。眼见得满族咁（这么）肥，皇汉又咁瘦；地皮刮尽，血满神州。有等（人，指爱国志士）想得把血来流，将国救。都话（说）誓掷头颅，换自由。点估（怎料）血既流了咁多，天总不就（助）。唉，真正丑，泪珠常满袖。血呀，做乜（为什么）你怦怦欲动呢。在我心头！

同盟会会员、知名报人郑贯公在香港创办《有所谓报》时，以"仍旧"为笔名写了不少新粤讴。如《真正系苦》《多情曲》《须要顶硬》《好孩儿》等，在反对朝廷与美国续签苛待华工条约的运动（惯称拒约运动）中，起了振聋发聩的作用。如郑贯公的《中秋饼》，反映了在支持拒约运动而抵制美货时广州饼食业拒用美国面粉的义举（刊于1905年农历八月十一日）：

中秋饼，委实系行时。佢（它）要用油糖面粉，边（哪）一个唔（不）知。制造虽出自唐人（中国人），材料有来自异地。睇吓（看一下）饼皮面粉，就系货办花旗（美国）。近日传播抵制嘅（的）风声，何处不是。我地（们）饼行用货，总要知机。若系照旧日咁（这）样做来，销售恐怕唔（不）易。齐声话系（说是）美货，我就冇（没有）乜（什么）言词。个阵（那时）月饼虽系合时，亦怕到会唔发市（没人购买）。人人上了抵制嘅瘾，有药能医。我索性美面丢埋（掉），帮衬别处。或者用回土货，更觉相宜。自古话世界想捞（指做生意），需要随吓（顺从一下）众意。唉！唔系（不是）小事，为国来争气，呢阵（现在）我地（们）饼行唔（不）用美面咯（啦），不愧个爱国男儿。

著名革命者黄鲁逸也以"老逸"、"鲁一"为笔名写过不少粤讴，他的作品较含蓄，较有文采。如一曲《踏青》揭发统治者铲光地皮（贪污敛财）、含蓄地宣传革命：

△茫茫一片地

△春去又春还

△既有春风到

△因何草不生

四周坐下，草都冇（没有）多条。君呀！踏青呢（这）件事，乜（为什么）你重（还）把我相邀？凡事要实行，唔好（不要）白叫（空喊）；况且我近来心事，又至（最）怕俾个的嘢（给那些东西）来撩。见着草都唔（不）生，就怜到自己不肖。如今眼泪，重（还）有几多飘？只有你一个在我身边，唔（不）够把我照料。点（怎么）

得了？罢咯（了），我都情愿春闺长日，独坐无聊。

此期间的粤讴，还有一批鞭挞迷信风俗、宣传办新学、赞颂新思想、提倡民主自由的作品，如《剪辫》《观音诞》《唔好去赌》《哭科学》《办报》《演说》《郎既爱国》《自由钟》《复民权》等。这些作品皆有强烈的时代气息、启发民智的政治特点，起了宣传群众、鼓舞人民斗争的作用。

敢讽刺统治者的粤讴

清末，一些佚名作者写的粤讴更具战斗性。这些作品直刺官府，乃至最高统治者清太后慈禧。如1904年农历五月廿日某报刊登的《买古琴》，讽刺慈禧借贺寿之机搜刮民脂民膏、两广总督岑春煊为邀宠而献古琴。曲云：

佢（她）有佢嘅（的）拜寿，使乜（用不着）你咁（这么）担心。民膏浪掷，买得一架古时琴。你献媚朝家（指慈禧）都唔使咁甚（不用这么过分），未必古时音乐，胜过于今。况且庆典一场，来请客饮，唔通（难道）锣鼓都要到广东寻？此事自有廷臣，来认责任。做乜（为什么）你别样唔（不）忧，只记得八音？或者你想用亡国之音，嚟（来）搅吓（捣乱一下）佢（她）个（那）昼寝，等佢（她）留心时事，知道吓（一下）大祸将临。你地（们）用意咁（这样）深，真系（是）恶审（意为难判断是非）。唉，唔在（不用）问，大抵见我汉人独立期将近，想着他日空城弄假（以诸葛亮摆空城计退司马懿之典喻清王朝末日将临而故作镇定），吓退个的（那些）弹雨枪林（指革命党起义）。

而1905年农历六月初八发表的《相只一个》，更是直斥慈禧。此曲有感于慈禧请荷兰画师画像，唱道：

相只一个，点（怎）好画咁（这么）多回？笔下无情（暗指阎王点生死簿之笔），会把你命催！画画吓（连续画）呢（这个）个颜容，就唔（便不）见得可爱。分明在纸上，会老起番来（老了起来）。大抵人到晚年，心就晓悔，想吓（一下）十年前事，有几件唔（不）该。似箭光阴，你话（说）留得几耐（多久）！生满一头白发，令得人呆。想到无聊，唯有下泪。唉，愁系（是）似海，重（还）慌（怕）佢（它）添写入内，带住（着）几分憔悴呀，就系（是）死咯（了）亦冇（无）人陪。

粤讴作者对慈禧尚敢不敬，更遑论讽刺官府了。《放胆去做》《郁吓话查办》《有势唔好恃尽》等一批粤讴，更是把官府骂得狗血淋头。

此外，还有歌颂民主革命起义的《黄花影》《女英雄》《英雄泪》《舒泪眼》等。这些锋芒毕露的粤讴登于报上，当然令封建统治者暴跳如雷，这也是当时进步报刊被官府勒令停刊的原因之一。只是进步报人在报刊被封后，随即换一个报刊名再办，泼辣的粤讴照登。虽然这些如匕首投枪的粤讴的作者真实姓名没有留下来，但却可见广府文化斗争性的一斑。

从口头演唱转到文字传播

从民国初年起，粤讴由于腔调缓慢简单，在歌坛传唱已风光不再（被粤曲取而代之）。但它作为民间通俗文学，地位却不断上升。民国成立后，报刊上刊登粤讴仍有增无减，可见粤讴这种文学形式仍有生命力。1919年，五四运动爆发，革命潮流也促进了粤讴的发展。当时省港澳有报刊副刊均不断刊登粤讴，内容也继承了反帝反封建的优良传统。如《偷声叹》《唔肯就罢》等一批作品皆有锋芒。20 世纪 20 年代初，廖恩焘又写了不少有影响的粤讴，还结集出版。

廖恩焘（1865—1953），字凤舒，号忏庵，惠阳人，廖仲恺胞兄。曾任清朝及民国北洋政府驻古巴、朝鲜、日本及美国的使节。他是民国时期著名教育家许崇清的岳父。廖恩焘工于诗词，喜写粤语方言诗，所作的粤讴也脍炙人口。早在清末时，他就以珠海梦余生为笔名，写了 20 多首名为"新解心"的粤讴，刊于梁启超主办的《新小说》上。梁启超十分赞赏他的粤讴，誉之为"绝世妙文"。廖的粤讴融入新思想、新知识，褒正义，贬邪恶，颇有影响。如一曲《珠江月》，既写了作者撰粤讴的初衷，也抒发了爱国情怀，曲云：

珠江月，照住船头。你坐在船头，听我唱句粤讴。人地唱个的（那些）粤讴，都唔（不）系旧。我就把新名词谱出，替你散吓（一下）个的（那些）蝶怨蜂愁。你听到个阵（那时）款款深情，就算你系铁石心肠，亦都会仰着天嚟搔吓首。舍得我铜琶铁笛，重怕唔（还怕不）唤得起你敌忾同仇。只为我中国沦亡，四万万同胞问边（哪）一个来救？等到瓜分时候，个阵（那时）就任你边个（谁）都要作佢（他，指帝国主义）嘅（的）马扑。你睇（看）我咁（这么）好河山如锦绣，做乜（为什么）都无（没有）个英雄独立撑一吓（下）钟嚟（来）唱一吓自由？我百粤雄图自来都称富有，论起天然形势就有苍梧西首，更环带着碧海东流。云贵汀漳都连接在左右，就系长江一带亦系天然画就嘅鸿沟。只恨无人把乾坤嚟重新结构，趁呢阵（此时）群龙世界便成个战国春秋。唉！咪（不要）守旧，睇一下人地欧洲与及美洲。亏我心血常如斗，莫只望新亭泣楚囚。硬要把虎啸龙吟，换一片婆心佛口。口头禅语，便唱出一串珠喉。等到你钧天醉梦醒来后，好共（和）你唾壶击碎咯，细话从头。

1924年，广州出版了珠海梦余生（廖恩焘）的《新粤讴解心》，收入作者1921—1923年写的103篇作品。此书由政要唐绍仪题写书名，有廖仲恺等多位名人的题词。廖仲恺题的是赞颂粤讴的词《金缕曲》：

讽世依盲瞽。一声声、街谈巷话，浑然成趣。香草美人知何托？歌哭凭君听取。问覆瓿、文章几许？瓦缶繁弦齐竟响，绕梁间、三日犹难去。聆粤调，胜金缕。　曲终奚必周郎顾？且传来、蛮音缺舌，痴儿呆女。廿四桥箫吹明月，那抵低吟清赋？怕莫解、天涯凄苦。手抱琵琶遮半面，触伤心、岂独商人妇？珠海夜，漫如故。

《新粤讴解心》的作品特点是较多运用方言、引用地方谚语，有浓烈的乡土气息，颇有艺术感染力。如写于1921年的、劝人戒鸦片烟毒瘾的《鸦片烟》，以形象传神的文辞警戒世人，颇有教育作用。同年写的《杜鹃啼》，用曲折隐喻的手法，召唤人们觉醒奋斗，可以说情真意切而又艺术气息浓；另一首《人真正系恶做》，则以幽默的文笔直刺军阀给人民带来的灾难。1923年写的《走马灯》，讽刺军阀上台如走马灯般儿戏，《洋货咁贵》则揭露北洋政府在帝国主义面前奴颜婢膝……

廖恩焘的《新粤讴解心》是继招子庸《粤讴》后，至今仅见的一部正式出版的、完整的个人作品专集。正如蔡琦的题词所咏："百年格调纫铭山（招子庸字铭山），几历红羊劫未残。好是广陵遗散后，再留妙曲在人间。"此书的出版，标志着粤讴从口头演唱转向文字传播的变化。粤讴曲调节奏缓慢，演唱已难充分反映昂扬向上的韵味。而文字的表现，则可以避免曲调的不足，于是群众更喜欢看，而不是听。从这个变化也可以体现广府文化的务实性。

大革命时期的粤讴

20世纪20年代中期，虽然新文学运动已兴起，但粤讴这个传统文学形式仍为广大群众所喜爱，继续不断出现在报刊上。

第一次国内革命战争时期，随着工农运动的发展，粤讴创作也出现新的变化——变得更加接近大众，更有战斗性。谁想得到，当初囿于个人小圈子的抒情方言说唱文学，竟会变得如此直白与慷慨激昂，并形成声势。

其实，这也是广府文化富于变化特点的反映。

当时，广州的进步报刊，如省港罢工委员会机关刊物《工人之路特号》等，不断刊登有鲜明政治观点与强烈战斗性的粤讴。内容包括赞颂工农运动、北伐战争，反对帝国主义与军阀等。此时的粤讴作者有英俊、凌少然、麦国威、达人、吴瑞珍、黄智伟、师盔、冼文光等，多是从事工农运动的文化工作者。他们的作品今天读起来仍然觉得热血贲张。如刊登于1925年12月23日《工人之路特号》上的《心有恨》（作者不详）：

心爱恨，诉向人知。连年战争，点（怎）得休息片时？可恨军阀逞凶，真正不是，残杀同胞，威福兼施。佢（他）所倚靠，还有帝国主义，接济钱粮，佢就操纵自如。所以军阀只争地盘，唔（不）理国事，任人宰割，重（还）蠢过只猪。叫声同胞起来，莫过（不要）瞓住（睡熟），雄声一吼，显我醒狮。国民革命嘅潮流，同胞呀，大家都要参与！扫平群妖咯，切莫延迟。

此外，麦国威的《沙基流血》、冼文光的《愁与恨》、凌少然的《我的贫富悬殊观》以及《牙鹰》等一批粤讴，皆是令人难忘的作品。

这段时期的粤讴，格调昂扬，锋芒毕露，是结合政治斗争的"快餐文化"。虽然多数缺乏精巧的构思，文采稍逊，从艺术角度看显得较粗糙，有些甚至流于口号化，但其对时代的贡献是永留史册的。

粤讴的历史地位永留史册

自20世纪20年代后期起，新文学的小说、散文、新诗渐成气候，受到大众的欢迎。于是，粤讴逐渐少见。以后，只作为一种曲牌（又称"解心腔"），偶尔出现于粤曲（或粤剧唱词）的演唱中。然而，当我们回顾粤讴的历史时，不应忘记它曾是岭南广府民系地区反帝反封建的文学武器，是盛开于祖国南方大地上的一株文艺鲜花。

对粤讴深有研究的冼玉清教授生前曾经指出："粤讴的社会价值，即在于它能反映当时现实生活的斗争，成为时代的史诗。而它的艺术价值，即在于它以生动活泼的语言、浅显形象的比喻、跌宕悠扬的声调，表达了人们的生活与斗争。"（《粤讴与晚清政治》）这个评价用于粤讴整个历史也是恰当的。

笔者认为，粤讴从招子庸奠定基础至第一次国内革命战争时期的接近工农，尽管不同时期有不同的风格与内容，但始终不变的是为广大群众所喜闻乐见。招子庸作品的不屑于封建正统，鸦片战争时期作品的反侵略讽官府，辛亥革命前夕作品的直刺贪官昏主，五四运动前后作品的号召反帝反军阀,大革命时期作品的赞颂工农革命运动,皆是粤讴的主流,皆与广大群众息息相关,皆真实地记录了中国近、现代历史。因此,粤讴在中国俗文学史上的地位不会磨灭,而研究广府文化也应进一步对粤讴作深刻的研究。对粤讴消亡的原因,在进一步研究中无疑也会使我们产生某些感悟。

(龚伯洪:广州市政府文史研究馆研究员)

珠江、韩江花舫
与清中期文人的风月之情

耿淑艳

清中期，岭南社会渐趋安定，经济迅速发展起来。乾隆年间，岭南经济空前繁荣，农业、手工业兴盛，商业繁荣，海外贸易尤为昌盛。广州是当时最主要的对外贸易中心，潮州、梅州等粤东沿海港口也是重要的对外贸易中心。发达的经济和对外贸易，带来大量的财富和人口，广东商贾辐辏，人烟稠密，成为清代最为富庶的地区之一。

经济富庶，商业兴盛，带动了广东娼妓业的兴盛。广东娼妓业利用水乡优势，依托江河，开设妓院。广州珠江、潮州韩江之上，花舫盈江，娼妓云集，狎客纷纭，成为著名的风月场所。赵翼《檐曝杂记》云："广州珠江，蜑船不下七八千，皆以脂粉为生计，猝难禁也。"①潮州韩江亦"彻夜之笙歌叠奏，拨鹍弦而惊起潜鳞"。②

清中期，广东文化大兴，本土文人大增，中原一带的文人亦多有至广东谋生者。在狎妓之风盛行的影响下，这些文人流连于珠江之畔，韩江之滨，寄情于花舫美妓，遂兴咏叹之情。一时间，江上风月之诗、词、曲、小说日夥。这些风月之作成为清中期广东文学极富特色的类型，珠江、韩江花舫也成为广东文学史上一个极富个性特征的文学景观。那么，珠江、韩江花舫为什么能够引发文人的创作之兴呢？文人又在这些风月之作中寄托了什么呢？

珠江、韩江花舫：一个独特的艺术空间

谈起妓院，当代人们更多地想到的是低级恶俗的场所。然而，清代珠江、韩江花舫却以其独特的自然景观和人文景观，成为文人心目中极富魅力的艺术之地。

---

① 董乃斌点校，虫天子编：《中国香艳丛书》，110 页，北京，团结出版社，2005。
② 同上，99 页。

珠江为广州胜景。与现今珠江两岸高楼林立栉比的景观不同，清中期的珠江美不胜收，极富诗情画意：江水波澜不惊，温柔妩媚；两岸杨柳，轻拂波面；素馨花田，香飘十里。《粤讴》中的石道人序云："素馨为田，紫檀作屋。香海十里，珠户千家。"夜晚更有韵致，或清风明月，或星光沉沉，一派空灵清寂。韩江为潮州、嘉应胜景，具有苍茫空阔之美。《潮嘉风月记》云"烟波浩渺，无沧桑之更"；亦具有空灵之美，"空江秋夜，月印澄潭，雁横碧落，箕踞篷窗。"珠江、韩江花舫或停棹于江边，或游弋于江心，旖旎优美的江景自然会引发文人的创作欲望，文人自然会抒写怡红快绿之词，自然会借江景抒发情怀。此时期风月诗词的风格或旖旎，或清丽，实与珠江、韩江的自然景观息息相关。

珠江、韩江花舫锦绣灿烂，雅致芬芳，能助文人雅兴，触发文人情思。刘叙堂《粤游笔记》云："珠江花船，甲于天下"，"床帐字画，靡不精细，灯盆镜奁，无一不齐。"韩江花舫更为华美，《潮嘉风月记》云"红闺雅器，无不精备"，"不类尘寰"。有的花舫刻意去奢存朴，投合文人的审美意趣，《潮嘉风月记》云："顷年，更有解事者屏除罗绮，卧处横施竹榻，布帷、角枕、极其朴素。榻左右各立高几，悬名人书画。几上位置胆瓶彝鼎，闲倚篷窗，焚香插花，居然有名士风味"。"非诗人雅士不延坐。"身置如此锦绣雅致之所，诗人睹物怀人、感物吟志之情便自然而生。

珠江、韩江花舫妓女容颜美好，擅长讴歌，是引发文人创作欲望的重要因素。粤中良家妇女，布衣粗服，较为朴素。花舫妓女则重视容颜、仪态和服饰，《潮嘉风月记》云："舟中则云鬟分梳，薄如蝉翅；蛾眉约秀，淡若春山；彩袖曳风，唾花凝碧；绣鞋步月，瘦玉生香。至于环珮声低，芳踪渐远；钗钿制巧，新样频翻，更有不能枚举者。"花舫妓女颇有才情，度曲谱词，调丝弄竹，浅吟低唱，最能引人情思。花舫妓女多为疍民，疍民的个性特点是追求自由独立、不喜受束缚，清初屈大均《广东新语》记载了反映疍民民性的"粤歌"："手捻梅花春意闹，生来不嫁随意乐。江行水宿寄此身，摇橹唱歌桨过滘。"[1] 这首粤歌表现了疍民女子自由率真的生活。相比其他地区的妓女，珠江、韩江的花舫妓女具有一定的自由独立意识和较开阔的眼界，这样的女子是受文人喜爱倾慕的，易于激发文人的创作欲望。此时期风月之作较少写妓女的虚伪贪婪，反而将高洁的品格赋予妓女，并在妓女身上寄予文人的人生理想。

---

[1][清] 屈大均：《广东新语》，360 页，北京，中华书局，1985。

然而最能打动文人的恐怕是花舫妓女的身世之悲。珠江、韩江花舫妓女以疍民为主，疍民一直处于社会的最底层，受到歧视和压迫，"粤民视疍户为卑贱之流，不容登岸居住。疍民亦不敢与平民抗衡，畏威隐忍，局蹐舟中，终身不获安居之乐，深可悯恻。"① 疍民女孩的命运更加悲惨，幼习丝竹，及长，多被父兄卖为妓。一生操此业，很难解脱从良，感情常被欺骗，老年多落魄。这种身世之悲无疑会引起文人的共鸣，尤其是流寓或落拓的文人的共鸣。这些文人从妓女的身上感受到了生活的悲苦、情感的失落、人生的无常、世事的沧桑，发而为音为文，莫不感动人心。

《粤讴》石道人序中，明珊居士（招子庸）道出了《粤讴》产生的原因："三星在天，万籁如水。华妆已解，芗泽微闻。抚冉冉之流年，惜厌厌之长夜。事往追昔，情来感今。乃复舒彼南音，写伊孤绪。引吭按节，欲往仍回。幽咽含怨，将断复续。时则海月欲堕，江云不流。辄唤奈何，谁能遣此？"由此序可知，凄清寂寥的江上，花舫妓女吟唱感怀身世的南音，引起明珊居士浓重的愁绪。这种愁绪发而为词为歌，词便婉而挚，歌便悲以柔；于是，就有了《吊秋喜》这样的千古绝唱。

珠江、韩江花舫集合了多种美的景观——旖旎优美的江景、华美雅致的花舫、美好善讴、身世飘零的妓女，共同构筑了独特而富有魅力的艺术空间。这一空间充分切合了古代文人的审美，能够触发文人的内在情感，引发共鸣，从而激发文人的创作欲望和创作才情。于是，珠江、韩江花舫成为文人歌咏、摹写、借以抒怀明志的对象，并最终成为广东文学史上极富个性特征的文学景观。

歌咏、摹写珠江、韩江花舫的文人甚多。诗词作家有何梦瑶、黎简、吕坚、谭敬昭、冯询、黄德峻、倪济远、梁廷枏、居仁等，小说作家有俞蛟、缪艮、刘瀛等，粤讴有招子庸，南音有叶瑞伯、何惠群。这些文人或为广东本土文人，或为流寓广东的文人。有的文人品性高洁，如何梦瑶、招子庸、冯询为官廉洁，勤政爱民。有的为官坎坷，如倪济远因性情忼直而不得升迁，招子庸因热心国事而被罢官，何惠群因不善阿谀奉承、欺压百姓而辞官。有的科举失意，仕途乖蹇，四处飘零，如黎简、吕坚、俞蛟、缪艮等一生均不得意。珠江、韩江花舫成为这些文人精神的栖息地，江水胜景，花舫妓女，成为他们作品的表现对象。

他们创作的风月诗词优美蕴藉，典雅绮丽；粤讴、南音清丽婉转；小

---

①《清世宗实录》卷81，见道光《广东通志·训典》卷1。

说感情真挚绵缈,寄托颇深。这些风月之作呈现出情感真挚,典雅绮丽,意存寄托的总体风格;而清中期广东诗风雄直沉郁,质朴刚劲;小说风格朴拙平实。由此可见,在珠江、韩江花舫这一独特艺术空间中熏陶出来的作品,与广东其他的文学作品的风格有所不同。

清中期广东文人的风月之情

广东本土文人和流寓广东的文人借风月之作,抒发内心的情感。这些情感既有欢欣、热爱、赞美之情,亦有悲伤、愁苦、压抑之情;既有勉励之意,亦有关怀之情;既有个人身世之悲,亦有世事沧桑之慨。无论何种情感,皆真挚、深沉、绵缈,大有风人之遗。

有的歌咏珠江、韩江花舫胜景,抒发对花舫胜景的热爱之情,以竹枝词为最多。何梦瑶、黎简、吕坚、谭敬昭、梁廷枏、谭莹、居仁等均有不少作品。这些作品描写江上杨柳春花,晓风明月,潮起潮落,晚棹轻歌,红罗佳人,极富色彩和动感,表达了诗人对花舫胜景的喜爱。如谭莹的《岭南荔枝词》:"柳波涌外柳毵毵,十里香风送去帆。盈盈两岸色相妒,画舫人穿红汗衫。"亦有词歌咏花舫胜景,如黄德峻《菩萨蛮》:"阿侬生长珠江侧,春风未许闲人识。一树绿梅花,花边侬住家。问年娇不语,暗把筝弦数。那管惹相思,低抛红豆嬉。"此词写江边梅花环绕,小妓美丽善琴,人景辉映,极为旖旎绮丽。

有的通过珠江、韩江花舫胜景,抒发离愁别绪以及人生无常的感慨。梁廷枏的《齐天乐·夜游珠江》先描写珠江之华美,"星灯倒映珠波活,何人野航恰受?"接下来写妓女婉转的歌声,"蝶拍腔匀,莺喉声脆";再写妓女高洁的才情,"明霞才调,不胫声名飞走";最后抒发"闲愁如旧"的寂寞和"人同绪柳"的身世感慨。居仁的《庆春宫·珠江感旧》写珠江两岸的繁华,抒发人到中年的落寞和世事沧桑变幻的感慨,"眼底沧桑,意中风月,只今闲话渔樵。海山依旧,但添得、悲风怒潮。鼓鼙残夜,丝竹中年,怎不魂消?"

有的歌颂妓女的高洁品质,表达作者的人生理想。以俞蛟的小说《潮嘉风月记》和缪艮的小说《珠江名花小传》为代表。在俞蛟和缪艮的笔下,妓女不再是身份卑微、地位低下的女性,而是具有美好品性的女性。俞蛟一生不得意,寄情于韩江花舫,与妓女有着很深的共鸣。俞蛟赞美那些轻财轻色、重情重才的女子。《濮小姑》写小姑"遇少年服饰炫丽、举止浮荡者,厌薄之",而"名士骚客"则"侍坐终日不倦";"虽有力者,唻以金帛，挟以威势，亦不顾也"。① 《郭十娘》写十娘早有艳名，"一时名流争妍取媚"而"十娘蔑如也"②，反而钟情于意气豪迈、科举不第的文人柳生。《琳娘》写琳娘"凡贾人与达官门吏等，虽挟重赀求见，概不纳"③，独钟情于老文人程介夫。《宝娘》写宝娘"平日遇富商贵介，结束济楚，媚态百出者，都无所属意"④，独倾心于白发苍苍的老文人宗君。俞蛟还赞美了对爱情的忠贞不渝的女性。濮小姑与吴殿撰定情后，假母逼之，小姑拒绝复理故业，后吴君逝世，小姑数日不食而卒。十娘与柳生定情后因思念柳生而亡。琳娘等候程介夫，逾年无信，泪痕满面。俞蛟在这些妓女形象上寄托了他对美好人性的追求和坚守理想的信念。

缪艮和俞蛟相似，身世飘零，抑郁不得志，同样在妓女身上倾注人生理想。他视妓女为知音，正如作者在《李顺娘》中云："已而各叙沦落之况，益依依弗能舍。"⑤ 他歌颂妓女的美好品质，将她们塑造为虽沦落风尘，却不甘沉沦，具有高洁美好品格的女性。《文采》写文采本良家女，"因贫不能给，遂流落风尘"，但却"性简默"，"对客无诙谐语"。⑥ 《凤彩》写凤彩"少失怙，母贫不能养，女仅周岁，假母收育之"；但却"儇薄贵介，千金挑之，弗为动也"；然为假母所逼，遂"恒怏怏不得志，怨恨形于眉睫"。⑦ 《李顺娘》写顺娘"少孤贫，母老弟幼，无以存活，鬻为妓"，却"颇自矜重，过客稍忤其意，恒引疾避去，故罔得当路欢"。⑧ 缪艮还塑造了一个完美的妓女形象——新娇。新娇是一位有胆识、有智慧、有深情的侠义妓女，与黎生相爱。黎生因事被牵连，欲遁，新娇止之。黎生入狱，新娇早晚馈送食物，代为周旋，事遂得白。新娇心力俱瘁，同伴不解，新娇曰："人之贵得一知己，没世无恨者，亦以患难相扶持耳。使漠然坐视，又何贵乎？予非诒也，此所以报知己云尔。"⑨ 作者将见识、智慧、深情等美好的品格都赋予了新娇，使她成为广东小说中极具光彩的人物。

---

①董乃斌点校，虫天子编：《中国香艳丛书》，102 页，北京，团结出版社，2005。
②同上，103～104 页。
③同上，105 页。
④同上，106 页。
⑤同上，1602 页。
⑥同上，1597 页。
⑦同上，1598 页。
⑧同上，1602 页。
⑨同上，1599 页。

有的反映妓女的悲惨命运，批判现实的残酷，并寄予作者深切的同情。何惠群的南音《叹五更》通过珠江妓女的反复悲叹，抒发了妓女被抛弃后的痛苦，批判了狎客的冷酷无情，"三更明月桂花香飘，记得买花同过个道漱珠桥。君抱琵琶奴唱小调，或郎度曲我吹箫。两家誓言同欢笑，都话个个忘恩天地不饶。近日我郎心改了，万种愁怀恨未消。心事许多郎你未晓，敢就收妹你桃花薄命一条。"招子庸的《粤讴》也描写妓女孤苦、寂寞的生活。"况且青楼女子，又试断梗无根。好极繁华，不过系陪酒个阵。等到客散灯寒，又试自己断魂。有客就叫做姑娘，无客就下等。一时冷淡，把我作贱三分。"《粤讴》还抒发了妓女情感的悲伤、痛苦、无奈，句句悲苦，句句断肠，哀切感人。《粤讴》也寄托了作者对妓女深切的关怀和同情，因此其中多开导劝诫之语。

刘瀛的文言小说《珠江奇遇记》则通过叙述妓女绣琴的悲惨遭遇，反映下层社会女子的悲惨命运，通过"始乱之，终弃之"的钟阿叔，犀利地批判上层社会男子的虚伪与冷酷。小说写余与南海人钟阿叔、大阮三人游珠江，饮于妓船，妓女绣琴，见阿叔辄掩面而走。叔惊呼奇遇，召绣琴出，弗从，鸨惧，挞之始出。绣琴遍酌同席，不酌叔，并倾酒于地，语曰："如此薄情人，当奠九泉下！"原来绣琴少时乃叔家中婢女，叔屡诱之，与叔私通，后叔娶妻，绣琴流落烟花。

总体来说，珠江、韩江花舫作为富有独特个性的艺术空间，为清中期文人提供了精神栖息地，激发了他们的创作欲望和创作才情。这些文人以卓越的才情、真挚的情感歌咏珠江花舫，从而创作出了极富艺术魅力的作品。珠江、韩江花舫也因之成为富个性特征的文学景观。

（耿淑艳：广州大学人文学院副教授，广府文化研究中心研究员）

珠江水上醉风流
——招子庸与 19 世纪初的广州文人生活

黎丽明

招子庸（1789—1846），原名为功，字铭山，号明珊居士，是广东嘉道年间一位著名的画家、文学家。他所绘画的墨竹、墨蟹在其时已享有盛誉，时人有"温（温汝遂）郎墨竹招郎蟹"的美称。由他所创作的粤讴，不仅当时的文人骚客为之叫绝，时至今日，人们捧卷拜读依然为之倾倒。他的粤讴以及画作，是在怎样的历史时空下完成？除了他自身的艺术和文学天赋外，是怎样的历史契机使他能创作出这类新颖而富有岭南地域生活趣味的题材？鸦片战争前夕，也即是嘉庆、道光年间，是广州（乃至广东）文化最为鼎盛的一个时期。受惠于清代的"一口通商"政策，广州为全国唯一的对外贸易港口，经济飞速发展，从事中西贸易的十三行行商更一跃而成为当时的世界首富。行商伍家、潘家、叶家、卢家等均热衷收藏、鉴赏字画，支持书画创作、经传训诂、编撰出版等各类文化事业。清代广东最重要的诗人，包括"粤东三子"（黄培芳、谭敬昭、张维屏）、冯敏昌、张锦芳等；清代广东最重要的书画家，包括黎简、谢兰生、张如芝、吕翔等均活跃于嘉道年间。招子庸躬逢其盛，其颇具地域特色的文学和绘画创作的产生，有其独特的历史发展脉络。在本文，笔者将通过文献资料的整理和解读，找寻招子庸日常生活的一些零星印记，借此了解他的创作环境之余，也可一窥 19 世纪初广州文人的生活。

街市繁华胜苏杭：19 世纪的广州城

根据考古发掘和历代文献资料，拥有两千多年历史的广州城，其城市中心一直没迁移，城市的发展是一个不断向西、东、南、北拓展的过程。位处珠江三角洲冲积平原的腹地，其城市的发展受珠江河道、濠涌的变化以及冲积形成的湿地环境的变迁影响。广州一直是以海洋、河道运输和贸易与外界联系，它是两千年来长盛不衰的重要对外贸易港口，是海上丝路的一个重要起航点。便捷的水路交通运输功能一方面促进城市的繁荣发展,另一方面也引导着城市经济活动的布局,进而影响古城的发展。靠近珠江河道的西面和南面,一直是城市拓展的两大重要片区。与此同时,由于城北是越秀山,城东是旱地,往北、往东的拓展有所局限。因此,明清以来,绝大部分的商业发展都集中在城南、城西。明代中后期,原来城垣之南增筑外郭,称之为"新城",增加八座新城门,分别是永安门、小南门、永清门、五仙门、靖海门、油栏门、竹栏门、太平门。城北则将城墙修筑至越秀山,此后就无法再往北扩展了。至此,广州古城的格局基本定型。清代最重要的城市发展均在城墙之外——西关地区(西城门以外)的开发和河南地区(一江之隔的城市南郊)的开发。两者均与乾隆二十二年(1757)实行"一口通商"的政策有关。从事对外贸易的十三行行号设于西关,促进了这一带的商贸发展。河南地区则成为土特产的集散地(对内贸易)和十三行外销商品的加工场(对外贸易)。

19世纪初的广州,繁华更胜苏杭。有来粤游玩的士人记载:"(道光四年游粤)是时,粤省殷富甲天下,洋盐巨商及茶贾丝商资本丰厚,外籍通商者十余处,洋行十三家。夷楼海船,云集城外,由清波门至十八甫,街市繁华,十倍苏杭。终日宴集往来,古刹名园,游迹殆遍。"① 可见西关之繁华。大量的外销艺术品,诸如广彩瓷和油画等,也有不少呈现十三行盛况的作品,由这些作品也可见当时珠江上船只如织,岸边商馆林立的繁荣景象。

明代后期发展起来的"新城",也即城市南面的外城,虽然发展受制于商业贸易的西移(西关),但仍保持一定的地位。两广总督府及粤海关署均设在新城。新城的主要街道——濠畔街、清水濠街、高第街等仍积聚不少商贸场所。乾嘉年间,濠畔街西段为广州的金融中心,有阜康银号、浙号银庄、义善源等民间银行。② 雍正年间的《粤东闻见录》记载:"广州濠水自东、西水关而入,逶迤城南,径归德门外。背城旧名西角楼,皆优伎所居。隔岸有百货之肆,宴客者多聚于此。今悉改民居,一洗奢淫之习,即濠畔街是也。"③ 根据民国黄佛颐的《广州城坊志》记载,这一带在嘉道时期也居住了不少主要文人,包括谢兰生、张维屏、李子黼、陈澧等

---

① [清] 赵光编:《赵文恪(光)年谱》,台北,成文出版社,1968。转引自中共广州市委宣传部,广州市文化局编:《广州文化遗产文献辑要卷》,269页,北京,文物出版社,2008。
② 曾新:《明清广州城及方志城图研究》,107页,广州,广东人民出版社,2013。
③ [清] 张渠:《粤东闻见录》,卷上"城濠",转引自曾新:《明清广州城及方志城图研究》,107页,广州,广东人民出版社,2013。

等。这一带既靠近江边码头,有一定的商业、交通便利,同时又与两广总督府、粤海关署等衙门为邻,社会秩序有一定的保障,确实很能吸引中等小康之家的文人学者居住。

　　道光版《南海县志》所载的广州地图,是第一幅有详细街道标注的广州城市地图。(图1)透过这幅地图,结合文献资料,我们大致可以勾勒出19世纪广州文人的主要活动范围。城市的中心,也即旧城,除了有政府机构——各大衙门之外,学宫、书院、书坊均在城内。也就是说他们求学、教书的地点主要在城内。因此,文人也有选择在城东,也即学宫附近居住。城西以及西关,是最重要的商业贸易区。由于文化事业的主要赞助者——行商,其商号设立于此,因此也成为文人的一个重要活动场所。甚至,谢兰生在怡和洋行还有一间可以留宿的"兴云榭"雅室。与广州城一河之隔的河南,随着十三行行商潘家、伍家族人聚居,"南墅"(潘家)和"万松馆"(伍家)兴建后,这些私家园林以及河南名刹海幢寺成为文人雅集聚会的重要地点。被这两家延请为西席的文人,更寓居其中。珠江北岸既有商馆铺面,为商业贸易之重要区域,靠近北岸的珠江上,聚集众多提供饮宴娱乐的花艇画舫。对照地图,文人学习、办公的地点多在旧城中部、东部,而日常的生活、社交和娱乐场所则在珠江两岸。

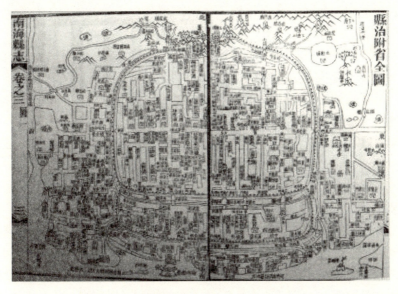

图1　《广州地图》,道光《南海县志》载。

江湖常放米家船：招子庸的舟楫生活

　　对19世纪的广州人来说，舟艇应该是最重要的交通工具。到对岸的河南、芳村，从城东到城西或城西到城东，乃至出外，乘船都是极为方便的。招子庸的日常生活也不例外，更为甚者，他年轻时有一段时间常在船上居停。

　　招子庸的故乡横沙，处于现在城西"金沙洲"——广佛交界的一个小岛上。横沙村是一个有800多年历史的古村。村子北靠浔峰岗延伸，东朝珠江，呈东西走向，几个相连的池塘绕在村子民宅外围，村子的田地就在堤围与池塘之间。这一带的农田，主要是随珠江上游的沙泥冲积而成，极为平坦、肥沃。村口筑有水闸、渡口码头。直至20世纪80年代因修建广佛高速而修通桥梁以前，金沙洲一直都是靠水路与外界联系。依托繁密而便利的珠江三角洲水路系统，村子又恰处于省城广州与名镇佛山之间，从事手工业、商业贸易极为便捷。招子庸正是成长于这么一个进可为官经商，退可耕读自养的古村落。

　　舟楫是出入横沙村的唯一交通工具。这里距离广州大约小半天水程。根据招子庸的好友谢兰生的日记（嘉庆廿五年至道光三年），招子庸不但经常往返省城与横沙之间，还常常是以舟楫为居室，在珠江上停留。《常惺惺斋日记》载录：

　　（嘉庆廿五年五月廿三日）楷屏来早饭，随与出城，过访铭山舟，再到耕霞溪馆……

　　（嘉庆廿五年九月初五）过花地拜送魏夫子入京，归途经仿米家船，晤春波、铭山。①

　　招子庸拥有一艘船，其友人雅称之为"仿米家船"。由这两段日记可见，这艘好友口中的"书画舫"常在城外的珠江上，招子庸就在船上居停。招子庸的朋友，顺德龙山温汝遂也有一艘船。他也如子庸一样，以这艘船来往顺德、广州之间。招子庸的船应该是有比较固定的停泊点，以便他的朋友在珠江上找到他。根据谢兰生的日记，他常常一早就到谢家吃早饭。谢兰生家住在新城素波巷，距离珠江也不远。所以估计子庸的船，如果到广州，大概是停靠新城对开的附近江面，晚上在船上过夜。这艘船还是招子庸往来广州与横沙的交通工具。谢兰生的日记写道：

　　（嘉庆廿五年七月十七日）下午至铭山仿米家船，会同云樵、荻

---

①［清］谢兰生：《常惺惺斋日记》，中国国家图书馆藏。

江往横沙为铭山尊人点主。在（邻）船上会温九兄，颜状老矣。云有清湘画册甚佳，在麦君观光处。傍晚与铭山到春雨楼寻瑶山不见，又寻温碧峰……月出与云樵、荻江、榕村入容安小室少谈而还。

嘉庆廿五年（1820），其父招茂章过世后，招子庸邀请谢兰生、熊景星等人参加其父亲神主牌位的点主仪式。为招茂章的神主牌位点主的，估计是谢兰生。招子庸也是用他的船搭载众位朋友入横沙村。"容安小室"是这艘船的其中一个厢间。子庸的"仿米家船"，不仅是交通工具，还是他在广州居停、会客、作画之所。

招子庸善制粤讴，他与演唱者的关系必然紧密，其船上常有歌姬。比如：

（嘉庆廿五年七月初一）到叶氏祠堂查阅图书集成……春帆、张墨池雇小船东还，经铭山书画舫，被采兄招呼上船，盘桓至下午。风雨雷电大作，望鹅潭浪如白马，一步不敢行。铭山已备素饭款留，突遇生客至，予趁浪平即还怡和晚饭。

（嘉庆廿五年七月廿三日）铭山来，下午过自在航，晤文园，随到仿米家船与铭山同访细兄，发声嘹亮，果是能品。其余各家俱靡不中听。采兄屡寄声问好，两访之皆不遇。晚过邹君花船，与文园、澹如、子羽诸公饮。又过周君船，犹未上席已更后矣。即还观妙楼。

此处的细兄、采兄均为擅唱粤讴的歌姬。

居住在珠江边，且以舟楫为居，招子庸的水性是极佳的。很有趣的是，他还能在龙船会景时充当旗鼓手，指挥龙船前进。他的同学徐荣曾有诗云："端午吊三闾，倾国事游衍。万人竞高标，五彩装巨艑。君簪石榴花，船头立袒跣。左旗右擂鼓，一擂旗一展。阳侯愕而避，风浪不敢转。"① 端午龙舟竞渡是珠江三角洲庆祝端午的重要节目。在端午节前后的数日内，各村的龙舟队会上"兄弟村"（同姓）和"老表村"（不同性）探亲，龙船"会景"——龙舟竞渡是"探亲"的其中一个重要环节。根据现今乡村龙舟节的观察，一条龙舟常有六类人，包括桡手（扒船者）、艄手（在船尾控制方向）、旗手（站船头指挥前进速度及给暗示鼓手者）、鼓手（看旗手指挥而鸣鼓暗示桡手划桨的力度或速度）、炮手（专门放鞭炮者）、陪神（在神楼旁，搦葵扇者）。② 旗手、鼓手是两个人。旗手是全船的灵魂人物，由他根据水文情况决定前进速度是快是慢，并且往往为吸引

---

① [清] 徐荣：《怀古田舍诗节钞》，卷五，七十六页。转引自冼玉清：《招子庸研究》，见《冼玉清文集》，120 页，广州，中山大学出版社，1995。
② 曾应枫，陆穗岗：《赛龙夺锦——广州龙舟节》，44 页，广州，广东教育出版社，2009。

观众,还会装扮特别,随船上下起伏的节奏而作"跳头"表演,成为龙船会景中的有趣一景。冼玉清先生将徐荣的诗理解为:招子庸簪花袒胸跣足立于船头,"左手执旗,右手擂鼓"。① 而年代稍近、由居廉(1828—1904)所画的《端阳龙舟竞渡图》(1858年,图2),也基本如今日龙舟节所见一致,旗手在船头,而船中央放一鼓,两人打鼓。既"立于船头",子庸应是指挥擂鼓的旗手,可见其身体强壮,身手灵活。徐荣笔下的子庸,性格极为豪爽,丝毫无酸腐文人的扭捏气。同时,由此也可印证他"能挽强弓",考中"武举人"也是实至名归的。

图2 居廉:《端阳龙舟竞渡图》及其局部,1858年,绢本设色,扇面,26.5×24.5厘米,广州艺术博物院藏。

他身边的朋友,都爱看龙船竞渡。谢兰生的日记就有提道,招子庸也约他们一同前往横沙对岸、南海黄岐看龙船。根据招暄先生的《横沙往事拾零》,横沙龙船"(五月)初一龙船起,初二龙船忌,初三、初四游花地,初五、初六赛本地,初七、初八去黄岐……"② 也就是说横沙村的龙船队会在这几天到花地、黄岐"会景"拜访。谢兰生还特别提到这几天内,他们分别到好几个地方看龙船:

(嘉庆廿五年五月初四日)平湖招集诸君至赤岗塔下看龙船。

(嘉庆廿五年五月初五日)中午与楷屏同候铭山,约同往黄竹岐看龙船,游舫甚盛。晚邀铭山,过船饮极畅,更后还观妙楼。

(嘉庆廿五年五月初六日)平湖着人邀往黄沙看龙船……

---

① "左手执旗,右手擂鼓"的解读,见冼玉清:《招子庸研究》,载《冼玉清文集》,120页,广州,中山大学出版社,1995。
② 招暄:《横沙往事拾零》,广州,页108。

根据谢兰生的日记，招子庸年轻时的生活颇为潇洒自得。常年住在书画舫，来往横沙和广州城之间，或参加朋友雅聚，或与众歌姬一起度曲作乐，并未见有何固定的营生。再者，从他现存的画作多用素绢，以及他多次上京考试、路费不菲来看，他的经济状况应在小康。那么他有什么经济来源呢？招子庸现存有年款的画作，其时间多为中晚年，早年有否卖画难以判断。其父茂章，无功名，但通诗文，善堪舆之术，家居能输己恤人。① 家中应略有良田家产，极可能是祖上曾一度较为富裕。据现今父老所说，横沙招氏全盛时有祠堂五十余座，其中一处即为茂章之祖父所建，可见也有一定的祖尝帮补。以谢兰生有书画名，且有稳定职业——书院山长，也常感慨不敷支出，尚需兼职帮补家用，招子庸的情况只会更为拮据。② 如此看来，即便有些许祖尝、家产，年轻时期的招子庸，并无固定职业，大略只在小康。其父茂章过世后，招子庸作为长子需负担家庭支出，生活用度恐怕越发紧张。

谢兰生的日记还记录了一段关于招子庸参与投资田产的资料：

（嘉庆廿五年九月十一日）晴。铭山来早饭，顺艇与铭山到小东线香街候陈罗山，订本月廿六日同往高明县看荔枝塱。罗山又言东莞县有大岭山，其地可耕，尝亲临看过，不用钱买，只要开垦工本及起造之费耳。

（嘉庆廿五年九月廿八日）晴。五鼓过小船，黎明泊松柏山下。登岸约八九里，已到塱中。两面高山，中一径纡曲而入，所惜地势不高峻，若路与山齐，则更妙耳。入塱后土地平旷，别一洞天。土地旧荒，今耕种渐熟，尤宜种芏，有上馆，有下馆，有鱼塘甚阔。诸峰不甚秀，中藏九乡，约有千余丁，极南有一口名金洲窦，是一塱出水处。窦处近南岸围，与麦岗相对，中为西江水，是高要县管下。若由西江入此窦，不过数里，即可到塱，较之由三洲而来便易多矣。管事人老朱甚俗，与诸子约览塱内形势，早饭后即循旧路还船已。

这两段日记提道，招子庸约同谢兰生投资高明县的一处荔枝塱。这位"陈罗山"应该是一位土地买卖经纪人。几人约同一起亲身到实地进行考察。可惜日记并无细说参股和实际成交的情况。谢兰生九月看过实地后，一直迟迟未有决定，因此第二年的元月，有这么一段记载，"（道光元年正

---

① 冼玉清：《招子庸研究》，见《冼玉清文集》，122 页，广州，中山大学出版社，1995。
② 关于谢兰生的研究，可参考李若晴：《谢兰生〈常惺惺斋日记〉研究》，载《中国国家博物馆馆刊》，84～111 页。

月十八日）铭山兄弟暨罗山同来，极道荔塱佳处"，劝其入股。① 由这段材料也可证，招子庸并非一味地追求风花雪月，也善于实务经营。不过，其《粤讴》的印行，再不济也无需家中支持。当时欣赏粤讴的文人、富商也为数不少，换而言之其艺术赞助人也是极容易寻得。

珠江儿女善歌乐：粤讴与歌妓、花艇之流行

粤讴的产生是以清代广州丰富多彩的夜生活为背景的。广州城外的珠江江面是清代广州的烟花繁华之地。明代主要集中在东濠附近的外城及对出的江面一带。而清代则西移至沙面一带，毗邻城市的商贸中心十三行。沈复曾在1793年南游广东，在其《浮生六记》感慨地写道："一轮明月，水阔天空。纵横如乱叶浮水者，酒船也；闪烁如繁星列天者，酒船之灯也；更有小艇梭织往来，笙歌弦索之声，杂以长潮之沸，令人情为之移。余曰，少不入广，当在斯矣！"② 由此可见清代广州夜生活之丰富多彩！少不入广，以其销魂耳。他所见的沙面，有如此描述："先至沙面，妓船名'花艇'，皆对头分排，中留水巷，以通小艇往来。每帮约一二十号，横木绑定，以防海风。两船之间，钉以木桩，套以藤圈，以便随潮长落。"③ 稍晚一个世纪的《粤屑》，其对沙面花艇的记载更为详细，更显其繁华奢靡：

> 沙面妓船鳞集以千数，有第一行第二行第三行之目。其船用板排钉，连环成路如平地，对面排列，中成小港，层折穿通。其第一行珠娘之上品者居之。桥而梯上之，有寮焉，名寮屋，尤品者居之。架木成版屋，为廊为房，为厅为堂，高阁台榭毕具，又若亭若馆若宛不一名，金碧迷离，皆用洋锦毡毹铺垫，不知其在水涘也。孔翠篷窗，玻璃棂牖，各逞淫侈，无雷同者。又有花船横楼，摆列成行，灯彩辉煌，照耀波间。④

根据沈复的记载，珠江上有三种不同籍贯的歌姬，一为粤帮歌姬，一

---

① 转引自李若晴：《谢兰生〈常惺惺斋日记〉研究》，载《中国国家博物馆馆刊》，91页，2014（5）。
② 沈复：《浮生六记》，卷四"浪游记快"，转引自广州文史研究馆编：《羊城风华录——历代中外名人笔下的广州》，95页，广州，花城出版社，2006。
③ 同上，93页。
④ 刘世馨编，许联埅订定：《粤屑》，上海申报馆出版，1877年。转引自李若晴：《谢兰生〈常惺惺斋日记〉研究》，载《中国国家博物馆馆刊》，93页。

为作吴妆的扬帮歌姬，一为潮帮歌姬。粤帮歌姬，讲粤语，善琵琶。① 扬帮歌姬多以箫笛为乐器，唱苏曲。而粤籍歌姬多善琵琶，唱的应主要是南音、粤讴等粤语小曲，两者大有不同。谢兰生的日记显示，谢兰生及其友人，两种歌姬都要唤来唱小曲，苏曲粤调都喜爱。不过，粤讴显然是谢兰生、招子庸等人的最爱。李若晴先生根据谢兰生的日记，考证他曾一度迷恋某位粤讴歌姬。② 他的日记也常提道，他与招子庸相约去找粤讴歌姬听曲。

冼玉清先生认为，粤讴并非子庸所首创。粤讴出现以前，即有"摸鱼歌""盲词"，其调长者为"解心"，即"摸鱼歌"之变调。冯询以"摸鱼歌"歌词太过粗鄙，于是变其调为讴。与冯询同游花海、纵情狎游的招子庸等人遂互相效仿，竞为新唱以相夸。③ 但冯询无作品存世，而子庸则有《粤讴》刊行。虽然粤讴不一定为其首创，但招子庸无疑是粤讴风行的重要推手。根据简又文先生的介绍，粤讴以粤白话清唱，多有檀板、琵琶、三弦、二胡及扬琴等乐器拍和。一句唱完下句未唱之前，有短短的乐声以调合旋律的进展。④ 估计琵琶伴奏居多，稍晚始用扬琴等其他乐器伴奏。

招子庸嘉庆廿一年（1816）已中举人，其《粤讴》刊行于道光八年（1828），这几年间应是招子庸最为意气风发的时期。粤讴创作也是这个时期完成。子庸精晓音律，善琵琶。其《粤讴》一书，即有"琵琶引过场板眼"及"解心唱引"的琵琶工尺谱。也就是说他能度曲填词而创制粤讴。谢兰生的日记记有："（嘉庆廿五年六月廿四日）铭山度新制一曲，甚佳。"他也能唱粤讴，但应不经常唱，以致谢兰生在日记里特别提到"（道光八年八月十七日）铭山发兴唱粤讴，亦不易几回闻也"。⑤

从为《粤讴》写序言者众多（共12个序言）来看，其中包括黄培芳、谭莹、熊景星等人，皆一时之才俊。大概粤讴这种为歌姬所吟唱的口头文学，属科举正途以外的玩意，因此作序者均以其雅号落款，所以除极个别

---

① 沈复：《浮生六记》，卷四"浪游记快"，转引自广州文史研究馆编：《羊城风华录——历代中外名人笔下的广州》，93～94页，广州，花城出版社，2006。
② 李若晴：《谢兰生〈常惺惺斋日记〉研究》，载《中国国家博物馆馆刊》，96～97页。
③ 冼玉清：《招子庸研究》，见《冼玉清文集》，208页，广州，中山大学出版社，1995。
④ 简又文：《广东的民间文学》，载《广东文献》，第一卷第三期，1972年，21页。
⑤ 转引自李若晴：《谢兰生〈常惺惺斋日记〉研究》，载《中国国家博物馆馆刊》，95页。

外，其他均无从判断是何人。谢兰生应是极爱粤讴的，与歌女也极为熟络，他常赠画歌姬，且在日记中留有这样一首诗："（嘉庆廿五年七月二十日）一女居然博士称，谈言玉屑比轻清。枇杷花里关门坐，胜似焚香拥百城。越讴不是巴人曲，啭出珠喉雪样清。更看临风斜举袂，芙蓉一朵照人明。"他们对歌姬极为尊重，以"某兄"称之。这些歌姬也颇为自重，并非可以随意指使。谢兰生的日记就提到："（嘉庆廿五年八月初十日）……铭山已先在座，采兄气犹未平，为初七日平湖（伍秉鉴）为德不本也。折柬招凤石（钟启韶）、篆江（熊景星），俱允而水涸不能即来，暂留听南音。采、藕二兄居然挽风，颇自矜宠。有来请者，拂然拒却，亦有志也。"即便是大行商伍秉鉴也不能肆意妄为，否则歌女一样不给面子。倒是招子庸与这位"采兄"的歌姬关系极好，采兄常留其书画舫。谢兰生（1760—1831）年长子庸几近一辈，嘉庆七年（1802）已中进士。功名、画名、辈分均在子庸之上。以其日记中可见"铭山"之记录如此丰富，想见二人交往甚相得。兰生极赏识招子庸的才华，尤其是在粤讴和书画方面的才华。

招来歌姬吟唱粤讴、南音等小曲，对于时人来说不仅仅是风流韵事，还是文人社交应酬活动的一种。文人雅聚，即席挥毫之后，酒酣耳热之际，正好听曲。谢兰生日记提到的不少宴会都有歌姬演唱助兴，比如：

（嘉庆廿五年七月廿八日）下午到高第吴宅一行，又回候南山，即到友多闻斋与文园、芸甫、曾君赴潘交甫宴。交甫之兄红圃乃粤秀掌院，时通家也。酉山、凤石、铭山俱到。今年宴会以此席诸客为最雅，诸小姬善奏曲，皆一时之妙选，果然各擅长技。有余艮兄，风雅士也，发言不多，善解人意……

（嘉庆廿五年六月初二）早到河南与平湖送寿。到观妙楼与楷屏过铭山舟中，会赤岗梁榕村、月川昆玉。再至花船为月川主人写绢素四幅。采兄来度曲方完，邻舫静澜表弟暨张君来邀至彼舟听曲。即邀入席数爵而后返。申刻月川布筵席，未及度曲而张君来，予与楷屏即起，驾小舟同赴砚北之宴。时已张灯，笛声嘹亮，诸姬已唱数阕矣（笔者按，以笛伴奏应为苏曲）。饮至更后，还宿观妙楼。

（嘉庆廿五年七月初十日）下午过自在航，与叶、曹、邹诸君同赴酒楼。经龙山温氏花船，遇铭山，又容斋兄在船上，求写纨扇，并听小唱。忽闻雷电大作，疑有大风雨，及上楼入席，仅雨数点，风息而月出矣。座上□来能唱而于粤讴却不工。二鼓还，宿兴云卧榻。

时至19世纪末，珠江风月依然，而文人泛舟听曲的雅兴依然不减。来自十三行行商潘家的潘飞声不仅邀友到珠江听曲雅聚,还邀请友人为其作画、题诗,集成《珠江顾曲图》一册。来自行商伍家的伍德彝为之所绘的《珠江顾曲图》(1881年)中,一叶小舟放于江中,伴随起伏的潮声,歌女手抱琵琶轻弹浅唱,几位士人围而坐之。古代文人在珠江上的风流放逸,是一脉相承的。

图3　伍德彝:《珠江顾曲图》及其局部,纸本设色,1881年,36×30厘米,广州艺术博物院藏。

风流豪爽交游广:招子庸的交游

招子庸的交游,皆是活跃于广州城的文人。其老师及同学是其中一个重要部分。招子庸的父亲招茂章,通文墨,著有《橘天园诗钞》《杂文》《家训随得录》。他对取得功名、光宗耀祖之事颇为在意,因而为子庸延聘名师。子庸的启蒙老师是其从兄招健升(字丽扬,号香圃)。健升与子庸同曾祖父,属五服之内的兄弟。健升并无功名,著有《自怡堂诗集》,年纪估计与茂章相近,与其叔茂章多有诗文唱酬。稍后,茂章又为子庸延请澳门名士赵允菁。赵允菁是乾隆六年(1741)举人。子庸成年后,改入张维屏门下,张维屏嘉庆九年(1804)中举,道光二年(1822)中进士,有家学,且年少时已有诗名,为"粤东三子"之一。徐荣(铁孙)、冯询(子良)、李长荣(子黼)即为同在张维屏门下的同学。与张维屏齐名"粤东三子"的黄培芳、谭敬昭(谭莹之父)均与子庸有交往。熊景星(簏江),则与招子庸是同一年(嘉庆廿一年,1816)的举人。

除了老师、同学,透过他所参加的雅集、宴聚等社交活动,大略也可知其交游。从《常惺惺斋日记》中,找到以下几个游局:

(嘉庆廿五年六月十三日)午间与墨池同赴招香圃之请。先到铭山小舟，同入容安画室听曲，甚佳。又到细雨小窗，遍听诸家所奏，俱不甚佳。上媚川楼写团扇数柄，客乃集，饮至月出，听诸姬小唱。潮未长，暂留赏月。正拟分手，叶文园在花船上，着人来请，与楷屏过船入席，又邀铭山来再度数曲，已二鼓潮长矣。同划小舟还船上，诸客犹未散也。

（嘉庆廿五年九月初二）铭山来早饭。午后与铭山同入长寿寺方丈，赴南洲、楷屏斋席。

（道光三年八月初六日）铭山与廖君来，谭玉生来，还斋即出城到怡和会平湖、南洲、三弟到凌波榭饮，中席往觅铭山，过船听致子度曲，二鼓同还万松山馆。

（道光三年八月二十日）伍南洲请凌波榭晚席。先过河南会铭山同行，并听杨君弹琵琶，甚佳。二鼓散席。再到浒江，诸子犹未上席。即还怡和宿兴云榭。

（道光三年八月廿七日）沙坑周孝廉（元英）请画会。东坪发兴，属铭山来，邀同往，是日东坪寿辰，不可却也。

（道光三年九月十三日）午后过河，觅铭山、伯临不遇，闻先到蜃楼为予代东候客矣。傍晚客集畅叙至九点钟。与铭山同还万松山馆。是日之客乃叶蓉塘、健亭、东坪、笛江、季彤共七人，侍者凡十人，亦一时之盛。

（道光三年九月十七日）即过河入伍祠道喜，随到南墅与铭山、伯临谈。"

以上所列的几个游局参加者，有行商伍家、潘家的子弟，如伍秉鉴（平湖）、伍秉镛（东坪）、伍秉钧（南洲）、潘正亨（伯临）、潘正炜（季彤），有退休小官、谢兰生的好友黎楷屏，士人熊景星、谭莹等等。潘、伍等洋商，经商赚钱之余，不仅喜好风雅，热衷书画鉴藏，对广州的文化事业也颇多资助，文人、士子自然也乐于与他们多有交往。

游局少不免或吟诗作画，或度曲听曲，或展读收藏。与招子庸相交之叶梦麟（文园，盐商叶廷勋之子，清代广东著名鉴藏家叶梦龙之兄）、顺德温汝遂（遂之，喜画竹、富收藏、也好为珠江游）均为当时广东之重要鉴藏家。而谢兰生、张如芝（墨池）、鲍俊、黄培芳、熊景星、仪克中等均为当时广东书画界之名家。子庸书画风格的形成，与其交游不无联系。其墨竹，深受元、明文人墨竹之影响，可证此联系。他的"墨蟹"是长于咸淡水交界之广东海蟹。这种以本地物产入画的风格，与黎简以红棉入画应是一脉相承的。同时，与专用粤语吟唱的粤讴，均可视为嘉道年间广东文化兴起之表征。

结　　语

　　冼玉清先生对招子庸评价极高："读子庸之诗之画，及观其作宰之政绩，可知子庸为天才，为奇才。亦富于情感，率真而有侠气之人。且得贤师之教，故宅心光明忠厚。虽不修边幅，跌宕不羁，其小疵耳。"[1] 本文并未就子庸之诗之画作深入展开，但从其日常生活的一些细节，尤其是其交游，可见他交游广阔，无论是卖唱为生的歌姬，抑或富可敌国的红顶商人，无论是不甚闻名的乡村读书人，抑或学富五车、功名加身的著名学者，均有交往，确实是一位富有同情心的率真、侠气之人。以一叶扁舟纵游于珠江花海，横溢之文采寄放于粤语小曲，招子庸青年时代的生活颇为潇洒自得。当然，这段好时光恰恰也是清代广州最繁华安定的时期。他创作的粤讴能风行一时，离不开歌姬、士人、富商的支持，离不开清代丰富多彩的广州城市夜生活。

（黎丽明：广州艺术博物院中级馆员）

---

[1] 冼玉清：《招子庸研究》，见《冼玉清文集》，216页，广州，中山大学出版社，1995。

现代著名作家许地山与粤讴

周文萍

现代文学史上,最早认识粤讴文学价值并对其进行推介与研究的当属著名作家许地山。

许地山简介

许地山(1893—1941),名赞堃,号地山,笔名落华生。现代著名作家,文学研究会创始人之一,颇具成就的宗教学者,香港文学的开拓者。

许地山是最早在全国范围内取得声誉的岭南小说家。他虽出生于台南,但3岁时即因日本占领台湾而随父母迁回大陆。许地山的父亲许南英是一位爱国诗人,曾任台湾筹防局统领,回大陆后在广东做县令。许地山在广东度过了10多年的童年和少年时光,1905年入读广东韶舞讲习所,1906年入读广州随宦学堂至1910年毕业。

1917年,因为教会学校有津贴,许地山进入燕京大学读书。此后至1926年,他先后在美国哥伦比亚大学、英国牛津大学等学校求学,研究领域涉及文学、宗教、哲学、人类学等,获得了文学士、神学士、文学硕士等学位。

许地山在燕京大学读书期间正逢五四运动,他积极参加各种学生活动,是燕京大学的学生代表。1919年,他与瞿秋白、郑振铎等人创办《新社会》旬刊,发表文章探讨社会改造、妇女解放等问题。1921年1月,他与周作人、沈雁冰、郑振铎等共12人发起组织了文学研究会,也开始以落华生的笔名在《小说月报》等报刊上发表了一系列诗文和小说,开始了自己的文学生涯。其早期作品主要有散文集《空山灵雨》,短篇小说《命命鸟》《黄昏后》《商人妇》《缀网劳蛛》等。

1926年,许地山在牛津大学获文学学士学位后回国,先后在燕京大学、北京大学、清华大学讲授宗教学、印度哲学、人类学、民俗学等课程。1935年9月离开燕京大学任香港大学中文学院主任教授。任职期间对香港大学中文学院从分科到课程设置进行了全新的改革,并参与发起香港新文字学会,推动香港的文字改革。抗战爆发后,他担任中华全国文艺界抗敌协会香港分会负责人,为香港文艺界的抗日斗争做出了重要贡献。

1926 年回国后,许地山以学术研究为主,著有《印度文学》《道教史》(上)、《扶箕迷信的研究》《国粹与国学》《佛藏子目引得》等哲学、宗教、民俗著作;同时在文学创作上也有较大突破,发表了《春桃》《玉官》《铁鱼底鳃》等小说。

许地山对粤讴的推介

许地山早年在广东生活了 10 多年,对广东的民间歌谣非常熟悉,对粤讴尤其欣赏。1922 年 3 月,他在《民铎杂志》第 3 卷第 3 号上发表了《粤讴在文学上的地位》一文,并同时选注了十首粤讴,向人们推介了粤讴这一艺术。

《粤讴在文学上的地位》对粤讴的介绍相当深入全面,包括对粤讴价值的肯定,对招子庸创作粤讴情况的介绍,以及对粤讴的表现内容、艺术手法的讨论等多方面。

文章首先在广东的各类民间歌谣中对粤讴给予了充分肯定。许地山说:"(我)在广东住得最久,对于那省的诗歌很有特别的兴趣,所以要把个人以为最好的那一种介绍出来。广东的民众诗歌的种类有很多,如南音、龙舟歌、粤讴、山歌等,都是很流行的。这些歌全用本地方言写成,各自有他的特别性质;现在单独要说的,就是粤讴。"① 在广东众多民间歌谣形式中单独把粤讴介绍出来,可见粤讴在作者心目中具有广东"最好的那一种"诗歌的地位及价值。

文章接着介绍了粤讴的由来:在招子庸于道光八年(1828)以《越讴》之名出版了自己的 121 首作品后,此类韵文的创作者越来越多,粤讴便成了一种公名。而招子庸最初的创作动机则是由于他与妓女秋喜交往,秋喜死后他作了《吊秋喜》来表达他的伤感,这也成为他写作粤讴的开端。许地山认为创作动机直接影响到粤讴的内容,因此招子庸的粤讴大多是描写妓女的生活,显示了作者对她们的同情。

文章探讨了粤讴艺术表现上的特点。许地山认为粤讴具有东方诗歌的

---

①许地山:《粤讴在文学上的地位》,见陈平原编:《许地山散文全编》,289 页,杭州,浙江文艺出版社,1992。

普遍特点："都是借自然现象来动起等等人事的情感，并且多用象征的描写法"。① 从体裁上来看，粤讴偏于兴体，章法极其自由与流动。许地山还特地从东西方诗歌比较的角度对粤讴的特点做了观照，如认为粤讴的描写法不同于希腊诗的拟人，却与《旧约》里《雅歌》的象征有很多相同。

文章最后对招子庸之后粤讴的发展做了简要介绍，希望人们能够将粤讴保存和发扬下去。

与《粤讴在文学上的地位》一文同时发表的十首许地山选注的粤讴作品是：《解心事》《听春莺》《缘铿》《花本一样》《潇湘雁》《春果有恨》《无情月》《吊秋喜》《无情曲》《桃花扇》，都是粤讴的代表作品。

既写文章介绍粤讴的知识，也注作品令读者实际感受粤讴，许地山对粤讴的介绍非常郑重，对读者具体了解粤讴也是非常有益的。

许地山小说里的粤讴

作为作家，许地山还在自己的小说里直接写到了粤讴。

许地山小说《换巢鸾凤》描写了阳江知事的女儿和鸾与普通兵士祖凤之间的爱情传奇，而这爱情的起点正在于和鸾因听到了祖凤在雨后花园里唱的粤讴《多情雁》：

……你在江湖流落，尚有雌雄侣。亏我影只形单异地栖，风急衣单无路寄。寒衣做起误落空闺。日日望到夕阳，我就愁倍起，只见一围衰柳锁住长堤。又见人影一鞭残照里，几回错认是我郎归。……②

正是这一曲粤讴，引起了和鸾对粤讴的爱好，由爱粤讴而学粤讴，进而与祖凤相互爱恋，最终与之一起私奔。粤讴在小说里至关重要，而和鸾与祖凤一同在花园啭鹂亭弹唱粤讴的景象也很动人。小说还引用了和鸾自己所作的一首粤讴：

萧疏雨，问你要落几天？
你有天宫唔③住，偏要在地上流连。
你为饶益众生，舍得将自己做践。

---

①许地山：《粤讴在文学上的地位》，见陈平原编：《许地山散文全编》，291页，杭州，浙江文艺出版社，1992。
②许地山：《换巢鸾凤》，见傅光明主编，许地山著：《感悟名家经典小说：玉官》，30页，北京，京华出版社，2005。
③"唔"等于"不"，读如英文 m。

我地①得到你来，就唔使劳烦个位散花仙。
　　人地话②雨打风吹会将世界变，
　　果然你一来到就把锦绣装饰满园。
　　你睇③娇红嫩绿委实增人恋。
　　可怪嘅④好世界，重有个只啼不住嘅杜鹃！
　　鹃呀！愿我嘅⑤血洒来好似雨嘅周遍，
　　一点一滴润透三千大千。
　　劝君休自寒，要把愁眉展。
　　但愿人间一切血泪和汗点，
　　一洒出来就同雨点一样化做甘泉。⑥

此外，和鸾送别祖凤去从军时也唱了一首粤讴：

　　暂时嘅离别，犯不着短叹长吁，群若嗟叹就唔配称做须眉。
　　劝君莫因穷困就添愁绪，因为好多古人都系出自寒微。
　　你睇樊哙当年曾与屠夫为伴侣；和尚为君重有个位老朱。
　　自古话事啥怕难为，只怕人有志，重任在身，切莫辜负你个堂堂七尺躯。
　　今日送君说不尽千万语，只愿你时常寄我好音书。
　　唉！我记住远地烟树，就系君去处。
　　劝君就动身罢，唔使再踌躇。

多次在小说中引用粤讴对许地山而言并非无意。粤讴为粤语歌谣，许地山创作《换巢鸾凤》时正在北平，北方读者对粤语并不易理解，许地山为使北方读者理解在引用时加了许多注解。这种宁可不厌其烦加以注解也要引用粤讴的做法不仅使小说的地方色彩更加浓厚，也显示了许地山的艺术兴趣。

---

① "我地" 等于 "我们"。
② "人地话" 就是 "人家说"。
③ "睇" 北方说 "瞧"。
④ "嘅" 等于 "如此"，"这样"。
⑤ "嘅" 等于 "的"。此六处粤语附注，系作者原注。
⑥ 许地山：《换巢鸾凤》，见傅光明主编，许地山著：《感悟名家经典小说：玉官》，32页，北京，京华出版社，2005。

小　结

粤讴是广府文化的一朵奇葩，作为现代著名作家，许地山不仅唱粤讴，写文章推广粤讴，还在自己的小说中直接使用粤讴，这对粤讴的推广是非常有价值的。值得一提的是，20世纪20年代许地山在北京时曾经与郑振铎同为文学研究会发起人，郑振铎后来所著《中国俗文学史》里也写到了粤讴。可以推测，大力推广粤讴的许地山正是郑振铎了解粤讴的来源之一。

许地山在《粤讴在文学上的地位》一文中希望"广东人能够把这种地方文学保存起来，发扬起来，使他能在文学上占更重要的位置"。[1] 这也是摆在所有广府文化研究者面前的任务。

（周文萍：广州大学广府文化研究中心研究员）

---

[1] 许地山：《粤讴在文学上的地位》，见方锡德编，许地山著：《许地山作品新编》，449页，北京，人民文学出版社，2012。

招子庸：出入于文人画之间

杨汤琛

招子庸作为一名乾隆至道光年间的岭南士人，遵循的莫不是学而优则仕的传统士人之道。他出生于书香之家，自幼接受了严格的儒学训练，并于嘉庆二十一年（1816）中举，后任知县、知府等职。为官之余，招子庸醉心于翰墨书画，并颇有心得，为后世留下了《墨竹图》《蒹葭郭索图》等名作。作为一名饱受诗书熏陶的清朝官僚，招子庸于业余时间所创作的绘画作品自然不同于营营于此业的专业工匠之属，而成为中国传统文人画脉络里的一名后继者。由此，谈论招子庸的画，我们势必要从中国文人画的传统框架下来评述其意义。

有关中国文人画的兴起，不少论者认为魏晋之间，由于士风的丕变，一大批士大夫进入了一向被视为"猥役"的绘画领域，并将此作为修身养性的风雅之事。据载，参与绘画者就有蔡邕、萧绎、嵇康、王羲之、宗炳之流。他们或为达官贵人，或为当朝名士，绘画成为他们展露心襟的风雅之作。尚神而弃形的绘画理念也由此发轫，宗炳有"畅神论"，顾恺之有"传神"说，并由此建构了中国文人画崇道轻艺的本体思维论，如卢辅圣所言："直接从道的层次上展开。文人士大夫以自己经由道德文章而达到的悟道层面返观绘画之器，亦即不是通过从形而下到形而上的升华过程，而是直接从形而上出发来规范形而下，……放大为澄怀观道、明神降之的超迈思致。"① 这一澄怀观道的思维方式与儒家之士的行为准则可谓合辙，孔子指出士应该是"志于道，据于德，依于仁，游于艺"②。涵括绘画在内"艺"的是士人行动过程中的最低层级，面对此艺，士人要保持一种悠游的态度，由此衍生出的文人画更多以陶冶性情、呈露个人心志为目的，绘画的技艺等成为被边缘化的"器"的层面。对于文人画的评价，后人多从画者的个体人格、气象入手，着重于"运思"、"意周"，道至则画佳。文

---

① 卢辅圣：《中国文人画通鉴》，8页，石家庄，河北美术出版社，2002。
② (《论语·述而》)

人画中追求形而上道之呈现的内在理念，延至千年后在晚明的董其昌手里而定格。董其昌的"南北宗论"，明确了文人画的内涵，推崇自王维以来崇神黜形的绘画理念，崇尚不具写实功能的抽象形式，并强调作画须以古人为标杆，在前人固定的绘画图式中，寻求绘画意义。董其昌曾言"岂有舍古法而独创者乎？"① 这一对绘画之神、悟的崇尚、对古法的汲汲以求，使得明以后的文人画创作与评价均着眼于传统的重现与士大夫情怀的抒发，而忽略了对实物的客观观照，具象的再现型的绘画在文人画传统中被贬为末流。

招子庸绘画的独特意义，在于他作为一名体制内的士人，在面对前人绘画秩序的认定时，难得地以逃逸的姿态来保持其创作的独立性，他一反文人画一味崇古、崇神的路子，尝试以具象再现的方式表现文人画中的传统题材。梅、兰、竹是传统文人写意画中的主要描述对象，有关它们的描写，前人已经积累了相当丰富的经验，形成了固定的审美模式，由此也规范了其造型与构图的基本框架，后人多在前人的固有模式下进行图画传承与有限的发挥，面对时人以郑燮画竹来比附于他的论调，招子庸特意在竹图上题跋云："画竹应师竹，何须学古人！心眼手俱到，下笔自通神。"一反从古人绘画中小心翼翼寻求其定位的传统方式，招子庸大胆地崇尚以自然为法，反对"学古人"。这一从文人画传统的有策略的退却，促使招子庸关注的是身边可观可感的实地之物，写实性更重于对传统图式的重现。招子庸长居岭南，岭南之竹与岭南之蟹成为他的笔墨风光，在他笔下，富于岭南特色的竹林与海蟹于写生的笔态下活灵活现，富于浓郁的地域特色。广州美术馆藏有招子庸画竹十二联展，在用笔及其构图上，可看出，他更多从自然中师法，逃离了固有的文人画竹的僵化模式，以写实的方式呈现了一派宛如实境的竹林胜景。在用笔技法上，招子庸也摆脱了文人画轻艺的偏见，擅长水墨之法，充分运用了墨分五色的技法，将竹林的明暗远近有效加以凸显，呈现出与固有的文人竹画不一样的写实风味。与画竹类似，招子庸画蟹，也逾越了重写意一脉的文人传统，专以创新的笔墨纤毫毕现地展现岭南特有的海蟹之状，展现了其精微的具象再现能力，由此成为画蟹一绝。招子庸这类以具象再现为主，着意传达自然之物的视觉印象之作，势必突破既有的构图方式与笔法类型，偏离自董其昌以来所确定的文人画趣味，而趋于自然主义一途。估计也是这一偏离，使得招子庸的

---

① [明] 董其昌：《画禅室随笔》，36页。

画作在绘画史上一直未得到相应的重视。

当然，这一有策略的向传统文人画的逃离，并不意味着招子庸成为一名自然风景的复制者，抑或一名专注于外在客观再现的工匠型画家。在他富于独创性与自然感的绘画中间，一种贯穿始终、酣畅淋漓的士人气质始终浇注其中。有关他宦游期间的绘画生活，番禺冯子良有《送招铭山之官朝城》一诗描述之："曳绂依然名士服，喜时画兰怒画竹。风流为政今在兹，知君善造平安福。"这首诗歌颂招子庸善书画并勤政爱民，塑造了一名颇具艺术素养与天下情怀的儒家君子形象。可见招子庸始终以士人的身份来展开其绘画生涯，书画对他而言并非是一种技能，而是其襟怀与喜怒哀乐的一种表达，成为为传达主体意识的性情之作，其绘画与他的名士生活、性情品格乃至亲民政绩融为一体、相得益彰。这类更强调绘画之外的个体境遇与主体人格的"师心"之作自然契合了千百年来文人画重内在体验与主体表现的绘画脉络。

可以说，正是在"出"与"入"之间，招子庸的文人气质与具象描写以相对完美的形态结合于他的绘画创作中，于传统文人画的脉络中创造了一片独特的风景线。

（杨汤琛：华南农业大学人文与法学学院中文系副教授）

论招子庸及其文人画精神

徐燕琳

招子庸字铭山，号明珊，南海横沙（现广州市白云区横沙村）人。父茂章，字郁文，能诗。招氏世居橘天园，是邑中望族①。招子庸文笔矫健，善骑射，多才艺，曾受业于张维屏。清嘉庆二十一年（1816）中举，大挑一等以知县用，分发山东。有干济才，勤于吏职。出为山东潍县知县，曾任于峄县、临朐，任青州知府，有政声。寻坐事落职，旋罢官归里，卒于家。子庸为人不修边幅，敏慧多能。革职还乡后，以卖画为生。尝于牍尾画竹，人谓有板桥（郑燮）风致。与温汝遂、张维屏以诗画唱酬。善词曲，创粤讴新调多种，流行民间。以画水墨芦蟹著称，兼工山水，尤擅兰竹。招子庸画作现列为国家级珍品②，其中的文人画传统尤其引人注目。

师法造化的画学思想

招子庸所画的兰竹，或雪杆霜筠，或纤条弱植，俱能得其生趣。尤以画蟹知名，着墨无多，令人想见江湖远景。山水仿王宸得其神似，又善人物，非俗手可及。然其画无承授，纯师自然。尝跋自画竹云："画竹应师竹，何须学古人。心眼手俱到，下笔自通神。"③ 又说："余初学画竹，取宋元诸家学之，皆寸寸节节真画竹也。涉历江湖有年，每过竹深处，辄流连竟日；雨叶风梢，尽得其趣，乃悟何者真画竹耳。世有解人，愿将此意共参之。"④

---

① 李云谷：《招子庸粤讴事迹考》，广州市白云区政协文史资料研究委员会编：《白云文史》第4辑，39页，1989。
② 张志欣编著：《国家限制作品出境著名书画家图典》，305页，石家庄，河北美术出版社，2006。
③ 佛山市南海区文化广电新闻出版局编：《南海市文化艺术志》，452页，广州，广东经济出版社，2008。
④ 《广州市文物志》编委会：《广州市文物志》，351页，广州，岭南美术出版社，1990。

招子庸绘画，先是学习宋元之法，继而师竹画竹，也就是中国传统绘画理论中的"师法造化"。画竹，是明代以来文人画的必修课程。伴随"书画同源"等理论的兴起，文人画在宋以后勃兴，一批文人相继投入美术创作。如名满天下的苏轼、书画学博士米芾都学问深湛。文同举进士，迁太常博士、集贤校理。钱选为景定间进士，精音律之学。赵孟頫仕元授翰林学士承旨，有《松雪斋文集》十卷。黄公望稔经史，善散曲，学术博杂有异才。柯九思任奎章阁鉴书博士，擅曲。倪瓒自构清閟阁，藏书数千卷，手自勘定。至于沈周、文征明、唐寅、董其昌等人，或隐或仕，并有文名。诸家之作，展卷自有一种书卷气袭来。① 倪瓒《跋画竹》谓："余之竹，聊以写胸中逸气耳。"② 明人发展了"适兴寄意"③ 的思想，提出"胸中造化，吐露于笔端"。④ 王履则宣称："吾师心，心师目，目师华山"，要求"师法造化"。从心，到目，到造化，于是沟通了主观与客观、艺术与现实世界。

招子庸画竹如此，画蟹也是如此。他家乡周围滩涂田埂常见有蟹，自小观察细致，刻画有神。画蟹自用新意，平沙浅草，着墨无多，令人想见江湖风景，风味为平常所未有。每展纸落墨，一片秋水稻芒中，几只郭索横行，跃然纸上，逸趣无穷。由于画名日彰，求之者众，便定下润格，以资限制。传说有一求画者仅致润格半数，招则戏作半边蟹与之。其画法：作一浅滩巨石，在石罅中有蟹仅露半体，状极生动，胜于全蟹。其人得之大喜，观者叹为绝品云。⑤ 又有芦苇蟹图轴。纸本，水墨。纵116厘米，横55.1厘米。图中描绘了沼泽地中的数株芦苇及游走其间的蟹若干，笔法生动形象。款识：锦遇二兄雅属，铭山招子庸画。印章为招子庸印（白文方印）、铭山（朱文方印）⑥。

招子庸家乡有不少竹林，也成为招子庸写生的好素材。早晚、阴晴、

---

①李永林：《文人习画本无师：中国古代文人画教育思想述要》，载《美术观察》2002年第5期。
②[元] 倪瓒：《清閟阁集》卷9，302页，杭州，西泠印社出版社，2010。
③[元] 汤垕：《古今画鉴·杂论》，见中国书画全书编纂委员会编《中国书画全书》第2册，902页，上海书画出版社，1993。
④董其昌《画旨》引杜琼语，见 [明] 董其昌著，邵海清点校：《容台集》下，《容台别集》卷4，673页，杭州，西泠印社出版社，2012。
⑤熊雨鹃，李曲斋，龙劲风主编，广州市文史研究馆编：载《羊城撷采》，93页，北京，中华书局，2005。
⑥佛山市南海区文化广播电视新闻出版局编：《南海市文物志》，113页，广州，广东经济出版社，2007。

风雨等不同时节,他都认真观看竹子的变化,为绘画创作积累第一手材料。能够笔笔生动,叶叶关情,良有以也。

大笔挥洒的逸士情怀

招子庸"有逸才,雅善绘事,墨竹尤名一时"①,善画大幅。今广州美术馆收藏招子庸《墨竹十二联屏》为纸本水墨。各纵300厘米、横92厘米,联屏共宽1100厘米,气魄宏大。此联屏为杨铨捐献,画竹林百竿矗立,劲直挺拔,坚真高节,翠姿摇影,有渭川气派。图自识:"道光辛卯三月画于西爽斋。招子庸。"钤"招子庸"、"铭山"二印,为极罕见的巨幅大作。此画作于辛卯,为道光十一年即公元1831年,招子庸时38岁,正是他精力充沛、技艺趋向成熟的时期,笔力挺秀、墨色华润,表现了新篁丛竹、老干柔枝的一片潇湘逸景。②

招子庸任于山东期间,曾在蓬莱阁上留有画作。其诗《因公至蓬莱阁,信宿阁下,得观海市。酒后兴酣,拂壁作大墨竹,缀以奇石,并次坡公醉画竹石壁上诗韵》,描述了在蓬莱阁作画的情景和万丈豪情:

> 奇观得酒奇气出,奇气纵横生竹石。
> 濡染十指何淋漓,洒向蓬莱雪色壁。
> 生平游兴寄诗画,坡老文章皆笑骂。
> 写竹何须问主人,此壁不挥谁挥者。
> 欲界仙都竹有光,随风叶叶生剑铓。
> 大风披拂龙蛇走,入海定作老蛟吼。

道光年间任登州知府的英文曾有诗《题招大令蓬莱阁画竹》记录招子庸的作画场面曰:"昔闻坡公善画竹,胸中自具无声诗。千寻鹄落陡发笔,洒洒现出檀栾姿。世闻俗手不解此,一枝一节徒尔为。洋川遗迹今已矣,眼前突兀逢招子。自从黔楚到幽燕,秃却千毫灾万纸。生平奇意写不足,东来瀛洲观海水。顿开眼界大放狂,尽道奔澜收腕底。龙蛇直立气盘盘,但听乾声响笔端。急挥迅扫不停手,满壁飒飒生秋寒。须臾墨汁数升尽,

---

① 赵亚伟主编:《峄县志》点注本(上册),322页,北京,线装书局,2007。
② 广州市地方志编纂委员会编:《广州市志》卷16《文化卷》,719页,广州出版社,1999。谢文勇:《广东画人录》,133页,广州,岭南美术出版社,1985。

化作十万青琅玕。沧溟四面接此障,横风骤雨连惊湍……"① 其情其景,焕然眼前。

惜乎这幅泼墨珍品毁于甲午战争期间。1895 年 1 月 18 日,日本军舰炮击蓬莱阁,一发炮弹击中阁北壁间的"海不扬波"刻石。硝烟散去,人们发现,阁内墙壁的灰皮大面积被震脱落,招子庸的巨幅墨竹图从此毁灭。日舰炮火击中蓬莱阁后,"海不扬波"刻石上的"不"字,至今残痕犹在。②

理想人格的精神追求

传统文人画论认为,画家必须有道德理想追求。郭若虚《图画见闻志·论气韵非师》说:"窃观自古奇迹,多是轩冕才贤,岩穴上士,依仁游艺,探赜钩深,高雅之情,一寄于画。人品既已高矣,气韵不得不高;气韵既已高矣,生动不得不至,所谓神之又神,而能精焉。"③ 刘学箕《送画士张道人序》亦云:"古之所谓画士,皆一时名胜,涵泳经史,见识高明,襟度洒落,望之飘然,知其有蓬莱道山之丰俊,故其发为毫墨,意象萧爽,使人宝玩不置。"④ 在文人画理论家看来,人品,是一种独立的人格尊严,不求闻达,不为利诱,"无求于世,不以赞毁挠怀"。⑤ 李日华说:"姜白石论书曰:'一须人品高'。文徵老自题其《米山》曰:'人品不高,用墨无法。'乃知点墨落纸,大非细事,必须胸中廓然无一物,然后烟云秀色,与天地生生之气自然凑泊,笔下幻出奇诡。若是营营世念,澡雪未尽,即日对丘壑,日摹妙迹,到头只与髹采圬墁之工争巧拙于毫厘也。"⑥ 他们的观点,实承庄子"解衣般礴"而来,并从一种外在的创作态度,进入到创作主体人格修养、道德品质的内在层面。反映了创作主体在艺术创作的过

---

① 蔡启伦,于国俊,孙克传,吕平安,张法银选注:《蓬莱阁诗文选注》,162～164 页,济南,山东人民出版社,1983。
② 蓬莱市历史文化研究会编:《蓬莱金石录》,316 页,济南,黄河出版社,2007。
③ 郭若虚著,黄苗子点校:《图画见闻志》卷一,15 页,北京,人民美术出版社,1964。
④ 曾枣庄,刘琳主编:《全宋文》,第 300 册,卷 6860,391 页,上海辞书出版社,合肥,安徽教育出版社,2006。
⑤ 俞剑华编著:《中国古代画论精读》,38 页,北京,人民美术出版社,2011。
⑥ 王原祁等纂辑:《佩文斋书画谱》第 2 册,409 页,卷 16"明李日华论画"条,北京,中国书店出版,1984。

程中保持艺术自由,超然尘世的创作需要和个性前提,代表了明代文人画论的基本倾向。

招子庸虽然无师承,但其画作中,有两个人的影响是明显的。一为苏轼,一为郑燮。

招子庸所知山东潍县,曾留下因为再三上书反对王安石变法,被调任杭州通判,不久出任密州知州的苏轼留下的足迹,以及《除夜大雪留潍州,元日早晴遂行,中途雪复作》等作品。郑燮于乾隆七年(1743)年出任山东范县知县,一年后调任潍县。十三年(1749),乾隆皇帝弘历东巡至泰山,他为书画史。十八年(1754)因请赈得罪大吏而罢官。二人均以骨鲠爱民著称。

招子庸的诗里,经常提及苏轼。《因公至蓬莱阁,信宿阁下,得观海市,酒后兴酣,拂壁作大墨竹,缀以奇石,并次坡公醉画竹石壁上诗韵》一首,乃次苏轼韵而作,亦对苏轼的文章精神大加赞赏:"坡老文章皆笑骂。"登州知府英文《题招大令蓬莱阁画竹》也对招子庸对苏轼的模仿和爱好了然于胸:"昔闻坡公善画竹,胸中自具无声诗……世闻俗手不解此,一枝一节徒尔为。洋川遗迹今已矣,眼前突兀逢招子。"英文以招子庸为得苏轼画竹精神的继承者,说明招子庸技艺的高超,也显示了招子庸的文人画精神与苏轼等前辈的相通。

兰孤芳远尘、不媚不俗,竹风骨凛然,高逸有节,被誉为画中君子。招子庸尝于牍尾画竹,人谓有板桥(郑燮)风致;画兰,"几步板桥后尘"①。招子庸曾为潍县知县,郑燮亦曾为此职。招子庸一直以郑为榜样,关心民间疾苦。在任期间,他经常单骑只身下乡,了解民情,深受人民的爱戴。他为官雷厉风行,曾驱驰千里追捕巨盗,英姿勃发,人们以为他是"并州健儿"。他还严禁鸦片,深孚民望。冯询有《送招铭山之官朝城》诗赞曰:

> 东山偶作风尘吏,南人生有幽燕气。短衣匹马慷慨行,读书杀贼男儿事。兵刑钱谷问不知,手擒巨盗千里驰。旁人不识鲁邑宰,见君错认并州儿。曳绂依然名士服,喜时画兰怒画竹。风流为政今在兹,知君善造平安福。②

清人邹县鸿在《题招子庸二马图》诗中,概括了招子庸在山东任职时慷慨侠义、为政爱民以及后来去职的一些情况:

> 铭山之姓世稀有,铭山之名功不朽。人语才奇貌更奇,剑仙须趁菩

---

① 汪兆镛:《岭南画征略》,161～162页,广州,广东人民出版社,1988。
② 同上,162页。

萨眉。喜画兰花怒画竹,比郑板桥那肯服。画罢更题诗一章,自有古法无此长。上官屈作潍夷长,未到民亏肩万两。火耗都因价银增,穷死亦弗设是想。牙角纷纷片言折,公余习射射尤绝。弹弓弹出大堂前,宿鸟惊飞胆先裂。百姓都知不爱钱,钉扁多于屋上椽。出门懒坐四人轿,争夸乘马如乘船。边防告急当去夏,非君前去谁去者?大风卷水浪掀天,又叹使船如使马。入海惟凭寸舌锋,抱头远窜窜无踪。姓名已播英吉利,祸端却为阿芙蓉。归来论勋当密保,功成转自讨烦恼……①

由上可知,招子庸的为画及其为政、为人确有追摩郑燮意。郑燮有诗:"衙斋卧听萧萧竹,疑是民间疾苦声。些小吾曹州县吏,一枝一叶总关情。"爱民如子的郑燮,的确是招子庸及后来官吏的榜样。招子庸"喜画兰花怒画竹,比郑板桥那肯服",民声亦卓著。另据画史记载,招子庸儿子光岐、汝济,秉承家学,善画墨竹、兰石,人称亦板桥派也②,可见郑燮的影响。招子庸去职后清贫度日,淡泊为生,人生坎坷与苏轼、郑燮有相似之处,其精神亦与文人画家对独立和尊严的追求保持一致。

招子庸是岭南画派和粤语文学的前导,亦是一名学养深厚的文人画家,秉承了文人画的优秀传统。他追摩山东潍县的前任郑燮,郑燮则深喜明代文人画家徐渭。徐渭(字青藤)与陈淳(字白阳)并称"青藤白阳",其水墨大写意的技法画风,深刻影响了清代的朱耷、石涛、扬州八怪乃至后来的赵之谦、吴昌硕以及齐白石、潘天寿等人。郑燮不惜重金换取徐渭涂抹的一枚石榴,并治"青藤门下牛马走"印章钤盖。他说:"徐文长先生画雪竹,纯以瘦笔破笔燥笔断笔为之,绝不类竹;然后以淡墨水钩染而出,枝间叶上,罔非雪积,竹之全体,在隐跃间矣。"③ 这些画法和精神,虽然表现不一,但都是文人画的精髓。招子庸的画作大笔淋漓,竹影疏阔,兰叶披拂,意在画外,其文人旨趣、道德精神,深受这些文人画前辈的影响,亦与其独特的生活经历和个性特征相关,形成了自己的风格气质,至今为人敬重爱惜。

(徐燕琳:华南农业大学中文系教授,文学博士)

---

① 蓬莱市历史文化研究会主编,张永强著:《蓬莱金石录》,320 页,济南,黄河出版社,2007。
② 广东省南海市政协文史和学习委员会编:《南海文史资料》第 34 辑,69 页,2001。
汪兆铺:《岭南画征略》,163 页,广州,广东人民出版社,1988。
③ 郑燮:《板桥题画·竹》。见卞孝萱编:《郑板桥全集》,202 页,济南,齐鲁书社,1985。

《粤讴》的话语构成形态试探

陶原珂

摘要 以往对招子庸《粤讴》的研究较为深入的有谭赤子和杨敬宇，前者考释其词语以揭示其语言特色，后者比较三部不同时期的粤讴作品的可能式以呈现其语言差异。本文通过语篇分析，通过标志性词语的对比呈现了招子庸粤讴的语言杂糅现象，从话语的基本表达内容和语句长短、韵律情况的描述来呈现其语言艺术类型特色。进而，将这两方面特色总揽起来，作为文艺粤语的典型形态，论定其在同共语和粤方言存在形态中的定位。

关键词 粤讴 话语构成 粤语 官话 杂糅

对招子庸（1789—1846）《粤讴》的已有相关研究，较多探讨其在粤剧发展中的源流关系和意义。对其语言形态的研究，近年做得较深入的有谭赤子（2014年）[1]和杨敬宇（2005年）[2]。前者通过对其中所运用的古典词语、民间俗语和方言口语的考释，呈现它的语言特色；后者则单就可能式的否定形式做比较，探讨三部粤讴（包括《粤讴》《新粤讴》和《新粤讴解心》）所呈现语言差异的现象。这些研究使人们对《粤讴》语言面貌的局部认识日益清晰，也为本文从话语构成的整体形态试探提供了重要参考。

笔者（1998年）[3]曾通过与普通话比较来描述粤方言的存在形态，如表1所示。

---

[1] 谭赤子：《招子庸〈粤讴〉的语言特色及其意义》，载《华南师范大学学报（社会科学版）》，2014年第4期。
[2] 杨敬宇：《三部粤讴作品中的可能式否定形式》，载《方言》，2005年第4期。
[3] 陶原珂：《试谈粤方言和普通话的几种存在形态》，见郑定欧，蔡建华主编：《广州话研究与教学（第三辑）》，43~48页，广州，中山大学出版社，1998。

表1

标准普通话	非标准普通话	粤方言口语
	粤音书面普通话	
书面普通话	书面非标准普通话	书面粤方言

其中,"粤音书面普通话"是以粤语方音读出普通话的书面形式。"粤方言口语"即日常粤方言的口语形式。"书面粤方言"则是以文字记录的粤方言形式。而作为方言文艺的语言形态,受到文艺表达形式的制约,却并非仅仅是方言口语的文字记录形式,需要另立一个形态来概括。如果说,"粤讴是一种用粤语方言写成的民间说唱文学"①,正可以作为粤方言文艺的个案形态来探讨,以呈现粤方言文艺话语构成方式的典型面貌。

粤方言口语和共同语混用的标志性词语：系-是、睇-看、唔-不

招子庸的粤讴作品以粤语的口语为基础,但是,各个语篇的话语形态并不统一,与当今的粤语(主要是广州话)相比照可以看出,有的语篇是较为纯粹的口语,有的是粤语口语和官话文语相杂次,而为了适合于歌,这些粤讴语篇都押粤音的韵。

以较为纯粹的粤语口语构成的语篇,如招子庸作品《拣心》：

(1) 世间难揾一条心。得你一条心事,我死亦要追寻。一面试佢真心,一面防到佢嚟,试到果实真情,正好共佢酌斟。嚟嚟吓嚟到我地心虚,个个都防到薄行；就系佢真心来待我,我都要试过佢两三勾。我想人客万千,真吶都冇一分,个的真情撒散,重惨过大海捞针。况且你会揾真心,人地亦都会揾。真心人客你话够几个人分。细想缘分各自相投,唔到你着紧。安一吓本分,各有来因,你都切勿美人。

例(1)中从动词(如㊁"揾：找、㊁系：是、㊁冇-没")到名词(如"㊁人客：客人、㊁人地：别人")、指代词(如"㊁佢：他/她、㊁我地：我们、㊁个的：那些")、形容词(如"㊁着紧、㊁薄行")、副词

---

①梁鉴江：《论招子庸的〈粤讴〉》,载《岭南文史》,1988年第1期。

(如"㊝正：才、㊝唔：不")、结构助词（如"㊝吤：的"）、量词（如"㊝匀：次"）等不同词类，都使用了与官话文语不同的粤方言口语词汇。另有画线的词语，现代普通话与广州话都不见使用，则难辨所属。但是，从"噤噤吓"的词尾"－吓"现在仍保留在粤方言口语来判断，该复合结构也应该是当时的粤语词。由此判断，这个粤讴语篇是整体较为统一的粤方言口语构成的。

明显以粤语口语和官话相杂次的语篇，如招子庸的作品《解心事》两首：

（2）之一"心各有事，总要解脱为先。心事唔安，解得就了然。苦海茫茫，多半是命蹇。但向苦中寻乐，便是神仙。若系愁苦到不堪，真系恶算。总好过官门地狱，更重哀怜。退一步海阔天空，就唔使自怨。心能自解，真正系乐境无边。若系解到唔解得通，就讲过阴骘个便。唉！凡事检点，积善心唔险。你睇远报在来生，近报在目前。"

之二"心事恶解，都要解到佢分明。解字看得圆通，万事都尽轻。我想心事千条，就有一千样病症。总系心中烦极，讲不得过人听。大抵'痴'字入得症深，都系'情'字染病。唔除痴念，就系妙药都唔灵。花柳场中，最易迷却本性。温柔乡里，总要自出奇兵。悟破色空，方正是乐境。长迷花柳，就会坠落愁城。唉！须要自醒，世间无定是杨花性，总系边一便风来，就向一便有情。"

例（2）在同一语篇中，动词"看"（用于之二）与"㊝睇"（用于之一）同现，"是"与"㊝系"在之一、之二都同现，甚至是对举（如之二的最后两个分句"世间无定是杨花性，总系边一便风来，就向一便有情"），而今天广州话口语只用"㊝睇、系"，不用"看、是"；之二的副词"不"与"㊝唔"同现，今天广州话口语通常用"㊝唔"，不用"不"。其中还有一些词语"在来生、在目前、方正是、了然、大抵"等为今天广州话口语不用，而"总好过、边一便、唔解得（通）"等则为广州话口语特有。由此可见，这两个粤讴语篇并不是以单纯的粤语口语构成的，或反映了粤语在发展进程中一些词语共存共用的历史现象，或反映了粤讴杂糅粤语口语和官话的话语构成特征。

从粤语口语的典型词语构成的角度来观察，有些现代粤语口语表达方式"唔好、咪"等在粤讴中尚未出现，仍用官话文语的说法"莫"，例如：

（3）《唔系乜靓》：你唔系乜靓啫，做乜一见我就心伤？想必你未出世就整定销魂,今世惹我断肠。亦系前世种落呢根苗,今世正有花粉孽账。故此我拚死去寻花,正碰着呢异香。红粉见尽万千,唔似得你敢样。相逢过一面,番去至少有十日思量。舍得死咯,敢话死去会番生,我又同你死账。难为我真正死咯,个阵你话有乜相干。呢会俾佢天上跌个落嚟,我亦唔敢去乱想。真真要见谅。<u>莫话</u>粒声唔出,就掉转心肠。

（4）《乜得咁瘦》:乜得你咁瘦,实在可人怜。想必你为着多情,惹起恨牵。见你弱不胜衣,容貌渐变。劝你把"风流"两个字睇破吓,切勿咁痴缠。相思最会把精神损。你睇痴蝶在花房,梦咁倒颠。就系恩爱到十分,亦唔好咁缱绻。须要打算。<u>莫话</u>只顾风流,唔怕命短。问你一身能结得几多个人缘。

例(3)和例(4)都用官话文语否定词"莫话"而不用现代粤语口语的否定词"㗎咪话";另外,粤语现代口语标志的"咗"亦未见用,按现代粤语应该说"㗎为咗"的在例(4)这段粤讴中用"为着"表示。

从以上例证分析可见,招子庸的粤讴作品的话语构成并不是纯粹的粤语口语,而是以粤语口语为主要且杂用官话文语的混合物。有些现代粤语的典型词汇尚未出现,体现出古代粤语向现代粤语过渡的若干词语因素。

粤讴作为用粤语构成说唱语篇的表达形态

粤讴之所以出现杂用粤语口语和官话文语词语的现象,是因为它是一种说唱的语言艺术形式,需要构成与现实口语不同的语言形态,以求在变异中产生审美距离感。

首先是情景性的描述语言,叙述人与对话人的关系在叙述话语中有所呈现,例如:

（5）招子庸《<u>桃花扇</u>》:桃花扇,写首断肠词。写到情深,扇都会惨凄。命冇薄得过桃花,情冇薄得过纸。纸上桃花,薄更可知。君呀!你既写花容,先要晓得花的意思。青春难得,莫误花时。我想绝世风流,都无乜好恃。秋风团扇,怨在深闺。写出万叶千花,都为"情"一个字。唔系你睇侯公子,李香君,唔系情重,点得遇合佳期。

其中围绕桃花扇这一道具情景感叹人情、人缘和年华,一唱三叹、跌宕起伏的情感表述，从其内容和情感的表达方式即可以看出，这显然是说唱中的抒情片段，而不是自然口语的话语片段。然而，其句式构成长短不一，不像有词令曲牌的格式制约，分明又接近于说的话语形式。又如：

（6）《真正恶做》：真正恶做，娇呀，汝晓得我苦心无？日夜共汝痴埋，重惨过利刀。近日见汝熟客推完，新客又不到。两头唔到岸，好似水共油捞。早知到唔共汝住得埋，不若唔相与重好。免使挂肠挂肚，日夕咁心操。劝汝的起心肝，寻过个好佬。共汝还通钱债，免使到处受上期租。河底下虽则系繁华，汝见边一个长好得到老。究竟清茶淡饭，都要拣过上岸正为高。况且近日火烛咁多，寮口又咁恶做。河厅差役，终日系咁嗌嘈嘈。唔信汝睇各间寮口部，总系见赊唔见结，白白把手皮捞。就俾汝有几个女都养齐，好似话钱债易造。恐怕一时唔就手，就堕落鄞都。虽则鸨母近日亦算有几家系时运好，赎身成几十个女，重有几十个未开铺；想到结局收场，未必真系可保。况且百中无一，个的境遇实在难遭。汝好心采拨埋，寻着地步。唔怕冇路，回头须及早。好过露面抛头，在水上蒲。

在这段与娇伎的独白性述说中，表白了语者"我"的苦恼，叙述了"近日"观察的情形、劝说的情节和理据、周围发生的事情、对出路的复杂思考等等，明显包含有情节性的成分，较为突出地体现出说唱的情景性和表演性的特点。

以上语篇虽然语句都没有一定的长短格律规制，但在语句形式相对较为自由的话语构成中，却都贯穿着隔一分句用韵的押韵规律，而且押的都是粤语口语韵字，而不是官话的韵字。这一点，最能够体现出粤讴以粤语口语为基础的基本语言艺术色调。

如果把上述粤讴的语言形态作为粤语文艺语篇的一个典型案例看待的话，把它置入表1的语言类型之中，可以得到表2的语言类型。

表2

标准普通话	非标准普通话	粤方言口语
文艺普通话	粤音书面普通话	文艺粤方言
书面普通话	书面非标准普通话	书面粤方言

其中，"文艺普通话"则为普通话的文艺形式。而"文艺粤方言"在本文所展示的粤讴，有的语篇以较纯粤方言为基本面貌而夹杂有少量官话成分，有的语篇则含有较多官话或古汉语成分，总的来看，则都不能看作

就是当时的粤语。从现代以来的粤方言诗文以及小说的情况看，所谓粤语文学的语言形态也都是与共同语相兼糅合在一起的。由于各个语篇相兼糅合的语言成分比重不一[①]，其规律性还有待进一步深入探讨。

（陶原珂：《学术研究》期刊副主编）

[①] 陶原珂：《粤语区作家笔下的民族共同语和方言因素》，载《广东社会科学》，1994年第6期。

招子庸《粤讴》与粤方言词研究

曾昭聪

方言是地域文化的载体，也是地域文化的重要组成部分。粤讴是广东珠三角地区曲艺说唱之一，起源于珠江一带的疍家歌和咸水歌。清代招子庸创作的《粤讴》一卷，运用了大量的粤方言（包括方言词、方言语法），是清末以来广州、香港等地流行的"三及第"语体（文言、白话与粤方言）的源头，对粤方言文学作品的创作乃至晚清政治都有十分重要的影响。[①] 关于招子庸《粤讴》中的粤方言词，到目前为止只有谭赤子《招子庸〈粤讴〉的语言特色及其意义》有所涉及，该文归纳《粤讴》的语言特色是：大量引用化用古典诗词与古书典故使其带上古典民歌风格，俗语与佛教词语入歌使其语言通俗化，方言口语入歌使其地方特色鲜明。[②] 该文关于《粤讴》的语言特色归纳得很准确，但是关于《粤讴》所反映的作者的语言态度与方言思想、《粤讴》中的方言词在粤方言词研究上的意义则尚未涉及，本文拟对此作一探讨。

《粤讴》所反映的作者的语言态度与方言思想

招子庸为广东南海人，他的母语是粤方言，他在青年时代曾浪迹于珠江画舫，去官归里之后仿粤地民间曲艺改制为粤讴歌体，风行一时，人称"新调"。其所著《粤讴》一卷运用了大量的粤方言词，并且在卷前附录了《方言凡例》。为了便于下一步的讨论，我们将《方言凡例》抄录于下（原文释语中替换词目的"｜"符号改为汉字）：

---

① 冼玉清：《粤讴与晚清政治》，见佛山大学文史研究室、广东省文史馆编：《冼玉清文集》，2页，广州，中山大学出版社，1995。
② 谭赤子：《招子庸〈粤讴〉的语言特色及其意义》，载《华南师范大学学报》2014年第4期。

"唉：於开切，音哀，又英皆切，音挨。叹恨发声也。""哩：音里，语余声。元人词曲借为助语。""唎：同上。""咯：力各切，音洛。助语。""啫：'郑'入声。助语。""啰：'罗'去声。助语。""嘛：'巴'去声。语余声。""呀：'鸦'去声。唤人唤物之声。""咁：'甘'去声。""呢：原'呢喃'之'呢'，音尼。方言'你'平声。""吤：擎介切。方言，俾也。""咕：'沽'上声。方言，猜也，与'估'同。""吓：'下'上声。""唔：方言，不也。""嚟：音黎。方言，来也。""嗌：'挨'去声。口舌相争曰嗌。""闹：口舌相骂曰闹。""冇：音毋。方言无也。""乜，方言，什么也。""揾：'温'上声。方言，寻觅也。""弹：音檀。方言，讥诮也。""恼：天偷切。方言，发怒也。""呢吓：方言，此刻也。""呢阵：方言，此时也。""呢回：方言，此后也。""呢处：方言，此处也。""个处：方言，彼处也。""边个：方言，何人也，又那个也。""边处：方言，何方也。又那处也。""丢手：方言，分手也。""罢手：方言，脱手也。又了局也。""埋堆：合而成堆曰埋堆。""埋群：合而成群曰埋群。""咁耐：耐久也。方言，日子如此久也。""吽：'牛'去声。方言，拙也。""呆：'外'平声。方言，拙也。""笨：'扳'去声。方言，拙也。""喋：听禁切。以甜言赚人曰喋。""掳：'罗'上声，以手取物曰掳。""齧：'银'去声。牵扯不断曰齧。""一遍：方言，一次也。""一回：同上。""一勾：同上。""一账：同上。""乜野：方言，何事也，又什么东西也。""丢抛：方言，放离也。""丢开：方言，放开也。""拨埋：方言，放拢也。""将就：方言，将己就人也。""点样：事难定曰点样。""点算：事难筹曰点算。""唔该：方言，不该也。""几耐：方言，日子有几久也。""费事：方言，费心事也。又大费踌躇也。""肉紧：紧急也。方言，心急以致皮肉皆紧也。""着紧：方言，心着急也，又着力也。""人地：方言，别人家也。""我地：方言，我们也。""唔通：方言，莫非也。""屃屭：原介名。方言，闭翳，犹郁抑也。""瘟痴：方言，昏迷也。""昏君：方言，骂人昏迷不醒也，与'瘟君'同。""就手：方言，应手也。""冇味：方言，无意味也。""假柳、假意：方言，俱作假也。""掷纸：方言，挂帛也。""频扑：频扑，犹数飞也。今方言，人之辛苦劳碌皆曰频扑。""灾瘟：二字俱不祥。方言骂人骂物曰灾瘟。""瘟尸：方言，骂人甚，言如瘟尸也。"①

以上《方言凡例》所列方言词共 70 条,其中单音词 28 条,双音词 42 条。

该凡例有不统一之处。其一,"一遍:方言,一次也。""一回:同上。""一匀:同上。""一账:同上。"以"同上"之语标明"一遍"、"一回"、"一匀"、"一账"均为"一次"之义;但"假柳、假意:方言,俱作假也。"则又将二词目之释语合而为一(二词目各占一行,释语居二行之中)。其二,凡例中所列词,正文中有的并未出现,如"一匀"、"一账"等。其三,排列竖排顾及单双音词的整齐,横排顾及词形与语义一致,因此按顺序读下来却有不一致之处。此种不统一之处,说明该书的刊刻似较仓促。此姑存而不论。下面只从正面评价。此书的《方言凡例》以及作品中大量运用粤方言词可以反映出作者的语言态度与方言思想:

其一,《方言凡例》所反映的作者的语言态度。

所谓语言态度,是指"语言使用者对自己所属的语言集团的语言及其他语言集团的语言的主观态度和评价"②。任何一个人,都有可能生活在一个不同语言(或方言)集团共存的社区里。不同的方言使用者就组成了一个语言社区,只要有语言接触,就能产生对这些语言完全不同的态度。这些语言态度主要是针对语言使用者的,因此语言态度可以反映出语言集团之间的评价,这些评价又进一步对语言的使用及其使用者产生影响。招子庸为广东南海人,他的母语是粤方言,所著《粤讴》一卷运用了大量的粤方言词,证明他对粤方言的评价是很高的,对自己家乡的方言是很热爱的。另一方面,招子庸曾出外为官,任山东临朐、潍县知县,亦了解北方方言与通语,对方言的差异应当有所了解。③ 因此,为了方便其他方言区的读者阅读,招子庸特意在卷前附录了《方言凡例》。从这个角度来说,招子庸的语言态度是开放的、进步的。

其二,《方言凡例》与《粤讴》方言词的大量运用所反映的作者的方言思想。

方言与民歌是结合在一起的,也是互相促进的。中国有采集方言与民

---

① 本文所引招子庸的《粤讴》,均据道光八年(1828)登云阁刊本,以下不一一标注。
② 陈国强主编:《简明文化人类学词典》,386～387 页,杭州,浙江人民出版社,1990。
③ 本文曾在第二届广府文化论坛暨招子庸先生诞辰 225 周年学术研讨会上宣读,蒙广州大学美术与设计学院王丹教授指出:招子庸曾在北方为官,应对方言差异有所了解。其说甚是,故增补于正文。谨此致谢!

歌的传统。《文选·张协〈七命〉》："语不传于輶轩，地不被乎正朔。"李善注引《风俗通》曰："秦周常以八月輶轩使采异代方言，藏之秘府。"又，扬雄《答刘歆书》："尝闻先代輶轩之使，奏籍之书皆藏于周秦之室。"采集方言，当然离不开从民歌中取材，而民歌又有助于民俗之研究。招子庸《粤讴》乃仿民歌而作，因此其中也蕴含了大量的粤方言词。上引《方言凡例》即可见其对采用方言与传播方言的重视。此外，从《粤讴》开篇的序和题词中也可以看出时人对其作品运用方言的评价。梅花老农题诗四首，其一曰："生长蛮村操土音，俚词率口几关心。琵琶断续声咿哑，漫作竹枝长短吟。"明确指出了《粤讴》"操土音""俚词率口"的特点。又，红蓼滩边渔者题《沁园春》词一首，其中有"土音曲谱谁修？倘早遇渔洋定见收"之语。"土音"者，方言也。又，瑶仙亦题四诗，其三曰："土音新操自成家，也向旗亭斗丽华。似唱江州肠断句，人人争学抱琵琶。"也明示其"土音新操"的特点。三家题词均对《粤讴》大量运用粤方言的特点作了高度评价。《粤讴》既大量采用方言，则其他方言区的人在阅读、欣赏《粤讴》中的民情风俗的同时，也必然对其中的粤方言有所了解和关注。招子庸以方言入歌的做法，正反映了方言与民歌的互相促进的文化现象，也从一个侧面证明了本文开头所说的：方言是地域文化的载体，也是地域文化的重要组成部分。

《粤讴·方言凡例》的释义与方言词典释义比较

《粤讴》是"三及第"语体（文言、白话与粤方言），因此其中颇多粤方言词。如粤语中常见的"唔"（不）、"佢"（他）、"搵"（找）、"俾"（使）、"咁"（如此）、"睇"（看见）、"点"（如何）等，在《粤讴》中习见。

《粤讴》中运用了大量的粤方言词，这些方言词不仅在文学表达上有重要作用，在今天的方言词典编纂上也有重要作用（以"古今兼收"的《汉语方言大词典》①为例）。先看《方言凡例》中含有"埋"之语素的"埋堆""埋群""拨埋"三词："埋堆：合而成堆曰埋堆。""埋群：合而成群曰埋群。""拨埋：方言，放拢也。"其释义可以与《汉语方言大词

---

① 许宝华，宫田一郎主编：《汉语方言大词典》，北京，中华书局，1999。

典》作一比较。

"埋堆"一词,《汉语方言大词典》"埋堆"条:"〈动〉在一起。粤语。广东。木鱼书《二荷花史》卷二:'亦将密意书鸾字,早晚差人定送来,指日花边和月下,与娇一定就埋堆。'"两相比较,似乎释义不一致。但其实《方言凡例》的"合而成堆"与《汉语方言大词典》的"在一起"是一致的。《粤讴》中的用例《相思结》:"爱了又憎,憎了又爱,爱憎无定,我自见心呆。好似大海撑船撑到半海,两头唔到岸,点得埋堆。""点得埋堆"即"怎么能在一起"。又《相思缆》:"相思缆,带我郎来。带得郎来,莫个又替我搅开。是必缆系心绪绞成,故此牵得咁耐。逢人解缆,我就自见痴呆。缆呀,你送别个阵可憎,回转个阵可爱。总系两头牵扯,唔知几时正得埋堆。"末句谓"不知什么时候才能在一起"。但是,"在一起"的释义比较抽象,如果我们加上《粤讴》之《方言凡例》"合而成堆"的释义,就知道"在一起"实际上是"合而成堆"的引申义。此外,《粤讴》中的两个用例也可以补充《汉语方言大词典》单例孤证之不足,它们能使读者对该方言词的用法理解得更深。

"埋群"一词,《汉语方言大词典》"埋群"条:"〈动〉成婚。粤语。广东。木鱼书《日边红杏》:'妻呀,当年你许士家子读书人家之子许妖(娇)鸾凤佢埋群许女儿与他成夫妻。'木鱼书《蔡伯喈琵琶记》:'状元这段婚姻事,明系从今日共埋群。'"《粤讴》中有一例《心》:"唔信你睇眼泪,重有多得过林黛玉姑娘,自小就痴得个宝玉咁紧。真正系冇忿,就俾你系死心,亦不过干热一阵。佢还清个的眼泪,就死亦不得共佢埋群。""埋群"一词,《方言凡例》释为"合而成群",自然不如《汉语方言大词典》准确,但其释义可以帮助其他方言区的读者理解词义则是没有疑问的。

"拨埋"一词,《方言凡例》释为"放拢",《汉语方言大词典》未收,而该词在《粤讴》中凡二见。《真正恶做》:"想到结局收场,未必真系可保。况且百中无一,个的境遇实在难遭。汝好心采拨埋,寻着地步。唔怕冇路,回头须及早。好过露面抛头,在水上蒲。"《扇》:"虽则话系咁啫,热极个阵只晓得痴迷,点想到后来人事改变。唉,瘟咁眷恋,拨埋心事一便。系啰,呢会丢埋个冷处,总不记得热在从前。"此词《汉语方言大词典》未收。以此观之,则《粤讴》之价值明显提升。

《粤讴》中的粤方言词可为方言词典增补词目

见于《粤讴》而《汉语方言大词典》未收的方言词当然不止"拨埋"一词,就见于《方言凡例》的词而言,尚有其他方言词《汉语方言大词典》未收录。例如:

"假柳",《方言凡例》释为"作假",《粤讴》凡二见。《花貌好》:"一场春梦,点估至今休。往日估你一个真情,今日知道系假柳。"《花本快活》:"月呀,一年四季多少怜香友。边一朵鲜花唔爱月,你把佢香偷。有阵香魂睡醒月重明如昼。总系对影怜香,倍易感秋。点得月你夜夜都会长圆,花又开个不透。唉,唔知真定假柳啫。但得系就好咯,自愿世世为花,种在月里头。"

"假意",《方言凡例》释为"作假",《粤讴》凡二见。《无情月》:"为郎终日肠牵断。叫我点能学得个个月里蝉娟。舍得相逢,学月敢易见个无情面。我唔怕路远,定要去到问明佢心事见点。免使虚担人世呢段假意姻缘。"《心把定》:"总系仙花遇着仙蝶,就会成知己。死命留心,睇佢向边一处飞。有阵深心冷眼重会将人试。假意采吓个的残花,试睇佢知到未知。"

"屃贔",《方言凡例》释义:"屃贔:原介名。方言,闭翳,犹郁抑也。"即原来是介名(有甲壳的虫类或水族动物的名称),方言中读为"闭翳",意思是郁抑。"屃""贔"本同一字,《广韵》虚器切(xì),壮大貌。但方言音、义均有所不同。《粤讴》用例《听乌啼》:"鹊呀!做乜你净系替人地填桥,总唔晓得自己屃贔?两头频扑你嚊揾的挨依。"《别意》:"我近日面上桃花只系凭眼泪洗。唉,君呀,你唔好为我屃贔。知到拗硬个副心肠,唔多愿睇。"

以上方言词,《粤讴》之《方言凡例》已有释义,因而我们将其与《汉语方言大词典》进行比较,以证其方言词的价值。其实,《粤讴》方言词未载入《方言凡例》的甚多,在方言辞书编纂方面的价值是非常明显的,例如:

"村场",《花花世界》:"呢回把'情'字一笔勾消,我亦唔敢乱想。消此孽账,免至失身流落呢处卖笑村场。""村场"一词,指乡村聚集场所,多指集市。这一用法由来已久。南宋陆游《新凉书怀》诗:"潦收溪椴鱼争售,岁乐村场酒易沽。"南宋方岳《题曹兄耕绿轩》诗："共洗老瓦沽村场，相与醉语墙下桑。"该词普通话中未保留，《汉语方言大词典》未收。

"唆搅"，《累世》："思前想后，试睇待薄过你唔曾？做乜分离咁耐哩，就学王魁咁薄行。我定要问明边一个唆搅，你定系自己生心。"《奴等你》："点想你失意还乡事尽非。一定唆搅有人将我出气，话我好似水性杨花逐浪飞。"《愁到极地》："做乜身在天涯，你心就异向？唉！何苦敢样？君呀，切莫听人唆搅，你掉转心肠。"《身只一个》："个的旁人唆搅是非多。""唆搅"犹言唆调、挑唆，《汉语方言大词典》未收。

还有一些固定短语的用法，例如：

"争啖气"，《吊秋喜》："你名叫做秋喜，只望等到秋来还有喜意，做乜才过冬至后，就被雪霜欺？今日无力春风，唔共你争得啖气。落花无主，敢就葬在春泥。"《鸳鸯》："又想话为奴争啖气，正舍得割断情根。我地相隔睇住你相欢，如果系肉紧。""啖"是动量词，"争啖气"是一个比较固定的短语，犹言争口气。《汉语方言大词典》本是收录具有固定形式与固定语义的多音节短语的，如湘方言"争硬气"就在其中，但"争啖气"则未见。

"迷头迷脑"，《灯蛾》："莫话唔怕火，试睇吓个只烘火灯蛾。飞来飞去，总要摸落个盏深窝。深浅本系唔知，故此成夜去摸。迷头迷脑，好似着了风魔。"《相思索》："相思索，绑住两头心。温柔乡里困住情人。君呀，抑或你唔肯放松，定是奴绑得你紧？迷头迷脑好似昏焄。纵有妙手话解得呢个结开，亦无路可问。""迷头迷脑"犹言"昏头昏脑"。《汉语方言大词典》未收此语，字头"迷"义项四"糊涂，迷糊"亦只注明是河南新乡方言用法。

《粤讴》中的粤方言词可为方言词典增补书证

《汉语方言大词典》之"凡例"在述及"口语例证与文献书证"时说："现代方言口语中多数名物词和其他容易理解的常用词，释义后一般不举例。如释义后仍不大明了的，则根据已有资料选用方言例证。"在实际编纂工作中这一凡例执行得不太好。《粤讴》中所录方言词应当不属于"现代方言口语"，其中部分词语在粤方言中是"容易理解的常用词"（如下举二例），但对其他方言区的人来说，就未必是"容易理解的常用词"。

因此，从使用角度来说，最好还是有合适的书证。《粤讴》中所录方言词有的《汉语方言大词典》虽已收录，但所举书证欠妥或无书证，可用《粤讴》补之。例如：

　　"发梦"，《长发梦》："点得长日发梦，等我日夜共你相逢。"又，"君呀，你发梦便约定共我一齐，方正有用，切莫我梦里去寻君，你又不在梦中。"《唔好发梦》："劝你唔好发梦，恐怕梦里相逢，梦后醒来，事事都化空。'分离'两个字，岂有心唔痛。"《汉语方言大词典》"发梦"条收"做梦"与"梦呓，说梦话"二个义项，前者所出方言有西南官话、客话、粤语。粤语所举书证是现代汉语用例，金依《小琴妹妹》："别逗孩子这样哭，她晚上会发梦的。"则《粤讴》用例可提前书证。

　　"恶做"，《真正恶做》："真正恶做，娇呀，汝晓得我苦心无？日夜共汝痴埋，重惨过利刀。近日见汝熟客推完，新客又不到。两头唔到岸，好似水共油捞。"又，"况且近日火烛咁多，寮口又咁恶做。"《人实首恶做》："人实首恶做，都冇日开眉。""恶做"为"难办"之义，《汉语方言大词典》无书证，则《粤讴》可补之。

　　此类例子尚可多举，仅举以上二例，已可看出《粤讴》中方言词在方言词典的书证方面的作用。

余　　论

　　上面举例讨论了《粤讴》在粤方言词研究方面的价值。如果我们把眼光扩大，研究对象不限于《粤讴》，而是扩大到其他粤方言文学作品，如佚名《花笺记》、爱莲主人评点《二荷花史》、邵彬儒《俗话倾谈》，以及记录了大量粤方言词的文献如屈大均《广东新语》等笔记杂著、伊秉绶《谈徵》等俗语辞书等文学作品，对其进行系统的粤方言词研究，一定能取得相当可观的成果。同时，我们还注意到，明清民国以来岭南有不少粤方言辞书，如孔仲南《广东方言》（又名《广东俗语考》）、李一民《粤语全书》、詹宪慈《广州语本字》等；更扩大一步，岭南除了粤方言辞书外，还有闽、客方言辞书，如翁辉东《潮汕方言》、章太炎《岭外三州语》、杨恭桓《客话本字》、罗翙云《客方言》、黄钊《石窟一徵》、温仲和《嘉应方言志》等。如果我们能将粤方言文学作品与岭南方言辞书结合在一起研究，则方言词的范围就会扩大很多。从研究角度来说，方言词的研究当然也不能局限于与当代方言词典作比较研究，还可以从词汇学、语义学、词汇史等不同角度进行研究。这样的研究必须做到古今语料的结合与对比，并将不同的方言词联系在一起，这样才能取得更多的成果。

对历史上的方言词进行研究是很有意义的。然明清民国以来的方言文学作品、方言辞书及蕴含较多方言词的笔记杂著等语料中的方言词的研究还很不充分。兹事体大，本文暂时也只能做一个宏观的设想，相关研究还需要学界同好共同进行。

（曾昭聪：暨南大学中文系教授，博士生导师）

《粤讴》中的"总系"

杨敬宇

招子庸的《粤讴》① 以韵文为基础,大量使用粤方言,地方特色浓郁但又不失典雅。后人评价《粤讴》在语言上是"用字平淡,惜墨如金",这一点从他对大量假设性、条件性句式的运用可见一斑②——由"舍得"、"但得"、"若系"、"千一个"所带领的句式大量出现在招子庸的粤讴里,表面上是女性歌者平实的表述、隐忍的抒情,但是其中包含着的"渴望得到忠实的爱情、希望能过幸福的生活"的心声,与摆在她们面前"凄怨愁苦、可怜可悲"③ 的现实的对比,让那一份无奈和哀伤益发沉重。"舍得"、"但得"、"若系"等词语到了招子庸手里,就不仅仅是一个关联性的词语了,而成为兼具情感表达的话语标记。本文要讨论的"总系",也是这样一个创造性地运用副词,使之具备情感表达作用的例子。

《粤讴》中"总系"的用法

"总系"相当于共同语里的"总是"。在共同语的古籍文献中,"总是"并不是一个出现频率很高的词。例如《全唐诗》中,"总是"出现49次;《元杂剧》中,"总是"才出现27次。但是在《粤讴》里,"总系"在121首短歌中就出现了39次,加上一个"总是"的用例,共有40次。

与这种高频率共现的,是"总系"丰富多样的用法。共同语中的"总是"表现并不复杂。以《汉语大词典》的释义为例,"总是"只有两种用法,一个是"总归是,全都是",另一个则是"总"通"纵"的"纵然是,即使是"。考察唐诗和元杂剧,一个是"总是"作为一个词新出现的唐代,一个是"总是"的用法已经成熟的元明时期,这两种意义确实就是

---

①本文主要参考的《粤讴》版本为陈寂校注版,广东人民出版社,1986年。
②杨敬宇:《粤讴中的虚拟关系词三例》,载《中国语文研究》,2010年第2期。
③陈寂校注:《粤讴·前言》,广州,广东人民出版社,1986。

它的主要用法，例如：

（1）总归是，全都是

例1. 玉门山嶂几千重，山北山南总是烽。（唐诗《从军行》）

例2. 晓来谁染霜林醉，总是离人泪。（元杂剧《崔莺莺待月西厢记》）

例3. 世间万事，总是一场春梦。（元杂剧《张公艺九世同居》）

（2）纵然是，即使是

例4. 想人生总是一南柯，也须要福气消磨。（元杂剧《玎玎珰珰盆儿鬼》）

例5. 总是我业彻，也强如参辰日月不交接。（元杂剧《裴少俊墙头马上》）

相比之下，《粤讴》中"总系"的用法就丰富得多，大致可以归纳为以下六类：

（1）全部是

例6. 唔信汝睇各间察口部，总系见赊唔见结。（真正恶做）

这个意思的用例很少，只见这一例。

（2）老是，经常是

例7. 恐忧形迹露出相思，总系无计丢开"愁"一个字。（诉恨）

例8. 缆啊，你送别个阵可憎，回转个阵可爱。总系两头牵扯，唔知几时正得埋堆。（相思缆）

（3）总归是，毕竟是

例9. 我想心事前条，就有一千样病症。总系心中烦极，讲不得过人听。（解心事之二）

例10. 四条弦涩难成响，总系弹到情深怕惹恨长。（容乜易之六）

（4）用在有转折意味句段中的后句，表示"可是"

例11. 虽乃系绿柳多情，牵紧弱线，总系章台春老，望绝寒烟。（真正拗命之二）

例12. 虽则我心事系咁丢开，总系情实在恶断。（楼头月）

（5）用在有递进意味句段中的后句，表示"反而是"

例13. 花月本系无情，总系人地去眷恋。（月难圆）

例14. 鸳鸯一对，世上难分。总系人在天涯，见佢倍怆神。（鸳鸯）

（6）用在有条件意味句段中的前句，表示"只要是"

例15. 总系一时唔上我钓啫，我就任得你海上逍遥。（生得咁俏）

例16. 总系长命又要长情，正可以渡得鹊桥。（嗟怨命少）

对共同语中的"总是"，研究成果不多，也没有成为主要的研究对象，这与它的表现平淡有关。但是粤讴中的"总系"用法丰富，其内部发展的线索以及它在粤讴中的作用值得探讨。

从总括副词到情态副词

在"总系"的意义发展中，"总"作为关键的语素，它本身在粤讴中的表现会影响"总系"的语义发展方向。用法（1）中的"总系"就是"总"和"系"的组合，还保留了"总"作为总括副词的意思。不过，从《粤讴》的全部用法来看，"总"已经从一个表总括的副词发展出情态副词的用法，而且在表"完全"的情态中，更倾向于表强调。从下面两组例子的对比中可以看出来。先是有无的对比：

例17. 唔怕有路，回头须及早。好过露面抛头，在水上蒲。（真正恶做）

例18. 若系愁苦到不堪，真系恶算。总好过官门地狱，更重哀怜。（解心事之一）

"好过"前后两个比较项，从良好过为娼，生好过死，照理说后者更为理所当然，可是后句用了"总"，前句反倒没有用"总"。说明这里出现的"总"，与其说是"总归、毕竟"的意思，不如说仅有语气上的强调作用。

再看看否定副词前的对比：

例19. 做乜苦尽总不见甘来，汝话有乜了期。（辛苦半世）

例20. 细想人情冷暖，总不堪言。（扇）

例20中的"总"理解为"一直、完全"等较为具体的情态都比较牵强，反倒是直接表示语气的加重、程度的加重更为通顺。

"总"这种单纯表强调语气的用法，对"总系"语义的发展一定是有影响的。可以说，在"总系"的语义发展过程中，"总"从最根本的语素义这里给了一个推动的力量，帮助"总系"从较为客观的语义向更为主观的语义、语气方向发展。而推动的第一步就是从"老是、经常是"发展出"总归是、毕竟是"的语义。这两个语义的差别在于，"老是、经常是"偏向客观的判断，"总归是、毕竟是"则偏向主观的评价。

从历时发展的整体情况来看，"总是"表示"总归是、毕竟是"这个意思应该是从"总则是"、"总之是"省略而来的，而且出现较晚。在元杂剧中可见"总则是"的用例，如：

例21. 叔叔，你便死了，这家私总则是俺两个的。（元杂剧《翠红乡

儿女两团圆》）

例22. 我暗暗的着人转买了，总则是你这五百锭大银子里面。（元杂剧《东堂老劝破家子弟》）

也有把"总则是"省略为"总是"的用例，如：

例23. 管甚么馄饨皮馒头馅和和剩饭，总是个有酒食先生馔。（元杂剧《吕洞宾三醉岳阳楼》）

在元明时期，"总是"表示"总归是"、"毕竟是"的用法已经开始成型。

但是到了《粤讴》，招子庸不仅采用了"总系"已经成熟的这个义项，而且在形式上和语义上都让它有更进一步的发展。

在形式上，"总系"都被安排在了小句之首，而它后面的也不是一个句子成分，而是一个可以独立的句子：

例24. 须要自醒，世间无定是杨花性，总系边一便风来，就向一便有情。（解心事之二）

例25. 你话沦在呢处风尘谁不厌，总系残红飞不出奈何天。（真正揦命之二）

例26. 有阵香魂睡醒月重明如昼。总系对影怜香，倍易感秋。（花本快活）

"总系+小句"，削弱了"总系"的副词特征。

从内容上看，"总系"后面从句子成分变化为小句后，也从判断性的内容，发展为一般人有共识的事实。例如一般人都认为杨花就是"边一便风来，就向一便有情"的性情，流落风尘的后果肯定是"残红飞不出奈何天"了。它所引领的小句既然是大家都承认的事实，那么"总系"原本的判断性被消解，客观性也被消解。

在元杂剧里，表"总归是、毕竟是"的"总系"后面引出的是判断性的句子成分，具有一定的表判断的意思。但是在粤讴里，形式上的副词特征和语义上的判断特征都被"总系+小句"的用法消解了。这时，小句前的"总系"已经可以语法化，成为一个"情态标记"，它的作用也跟"总"一样，带引并标记出某种主观的情感和语气。从粤讴的用例来看，这种主观的语气就是"毕竟都是这样了，也只能这样了，反正就是这样了"，是一份非常沉重的无奈的情绪。

《粤讴》对"总系"的创造性运用

由于引领小句的"总系"越来越倾向于被作者用来表示某种特定的语气,它原有的副词含义被削弱,这就使得它有机会进入其他的语境,并在语气表达上获得进一步的发展。

"总系"可以用在"虽(则)……,……"的后句,如例11、例12。这是进入了一个转折的语境,而"总系"小句所包含的消极情绪很适合用在转折的分句之中。用熟了之后,"总系"还可以进入到其他让步的情况、没有"虽则"呼应的情况,甚至可以单用,例如:

例27. 个阵你在九霄云外,纵有心相印,总系东西寻逐。(花有泪)

例28. 可惜月呀,你有圆时,我地花总系会褪。(花有泪)

例29. 保祐汝一朝衣锦还乡耀。汝书债还完,我花债亦消。总系呢阵旅舍孤寒魂梦绕。(寄远)

"总系"本身所带引的小句内容多包含了负面的、否定性的情绪,如果它前面的句子里所描述的内容也同样是这方面的情绪,那么就可以构成递进的关系,如例13、例14。

还有一种语境,就是条件性的语境,这时"总系"出现在前句,后面有"就"呼应。如例15、例16。这种条件性质的用法,不仅是"总系"有,"总要"也有,例如:

例30. 总要捱到泪尽花残,就算做过一世人。(想前因)

例31. 总要同针合线,正结得丝萝。(结丝萝)

"总要"出现在句首,它所带引的小句是前句,后面有"就"或者"正"呼应。这时的"总要"已经发展出条件句关联词的用法,而这一用法也在《粤讴》中固定下来,表现就是"总要"小句可以出现在后句了,如:

例32. 我想誓使乜定要对住个山,盟使乜定要对住个海,总要心莫改。(相思缆)

例33. 唔怕命蹇,总要你心坚。(唔怕命蹇)

"总要"和"总系"获得共同的语义和用法,这应该不是巧合,而是作者有意识地利用"总"语素的共性进行发挥。

"总系"之所以可以表示不同的意思,主要还是由上下文营造的语境所赋予的。不过,经由前后呼应的小句所获得的这种转折、递进和条件的意味,也被"总系"本身加以吸收,接下来,它就可以带引更多的小句,出现在更自由的语境中，进一步传递"毕竟都是这样了，也只能这样了，反正就是这样了"这种无奈的语气了。在《粤讴》里我们就经常可以看到这样一个"总系"句插在歌中，与前后的句子没有太明显的逻辑关系，例如：

例34. 汝叫我个个待到咁真心，唔得咁易。总系见君君哑，我就唔肯负却个段佳期。莫话珠江尽是无情地，今日为"情"字牵缠所以正得咁痴。（人实首恶做）

例35. 但得月轮长照住你，就系花谢亦见心甜。总系共计十二个月一年，月呀，你亦不过圆十二遍。就系四时花信到咯，亦不过向一时鲜。（月难圆）

《粤讴》还经常以"总系"句作为整首歌曲的结语，例如：

例36. 总系情关难破，就系死亦要追寻。（相思索）

例37. 总系百花头上，莫折错蔷薇。（花本一样之二）

例38. 总系边一个多情，就向边一个抵偿。（"情"一个字）

从这些用例中可以看出，《粤讴》里的"总系"已经发展成为一个较为自由的"情态标记"，它在引出一个完整的陈述内容的同时，帮助强化其中所包含的无奈情感。

在招子庸的《粤讴》里，"总系"从一个表频度的副词发展出多种用法，其中引申的基础、推动力以及过程都相当清晰。其中最重要的一个环节，就是作者把"总系"有意识地提到句首，让它后面带的不是一个句子成分而是一个相对独立的小句。经过这样的调整，呈现在我们眼前的"总系"就不再是一个普通的副词，而是一个突出的情态标记，一个帮助表达情感的话语标记。看到这个标记，我们就能够明确地感受到作者想要传达的那种强烈的无奈的情绪。"总系"是作者招子庸充分调动词汇隐藏的可能性，帮助表达婉转的情绪的一个典型用例。通过对"总系"用法的分析，我们更能体会到招子庸作品"平淡见真情"的力量。

（杨敬宇：中山大学中文系讲师，博士）

说粤方言词"向"

黄小娅

粤方言词"向",口语音 [hœŋ]³⁵,主要表"存在"义,是兼属动词的介词。作动词,例如:我向屋企(我在家)。作介词,可跟名词组合,例如:我向屋企睇电视(我在家看电视)。校巴向晏昼三点钟准时到(校巴在下午三点钟准时到)。作介词还表示"由、从",例如:佢向呢度出嚟嘅(他从这儿出来的)。实际语用中以作介词为常。

笔者以清代道光八年(1828)勋学斋版的《越讴》为本,共得六个"向"字句(本文例句的"向"字下划线均为笔者所加):

例1. 边一个唔知道行路咁艰难,须要谨慎。总系临行个一种说话,要先两日向枕畔嘱咐殷勤。若系临时提起,就会撩人恨。不若强为欢笑,等佢去得安心。(《分别泪》之一)

例2. 宁愿去后大大哭过一场,或者消吓怨恨。哭到个一点气难番,又向梦里寻。(《分别泪》之一)

例3. 大抵红粉与及青衫,终会变改。所以情根唔肯向雪泥栽。(《三生债》)

例4. 我共你同病相怜,你便将我书信远送。你莫向江关留恋,阻滞行踪。(《听哀鸿》)

例5. 点信痴梦会短,定要追寻香梦,向梦里团圆。(《蝴蝶梦》)

例6. 月呀,你亦不过圆十二遍。就系四时花信到咯,亦不过向一时鲜。(《月难圆》)

以上的"向"均不表示趋向。其后或接处所名词,表示"在……处",如例1~例5;或接时间名词,表示"在某时",如例6。

这是"向"保留在粤语里的一个古词义。研究者包括辞书编纂者,其例证均以唐宋诗为上限。[①] 例如:

---

① 例如:蒋绍愚的《杜诗词语札记》和王锳的《诗词曲语辞例释》,仅列举唐宋诗例。另《汉语大词典》(第三卷),136页,举三例:唐、宋诗各一首,《西游记》一例句。上海,汉语大词典出版社,1989。

例 7. 绿条映素手，采桑向城隅。（李白《陌上桑》）

例 8. 花间昔日黄鹂啭，妾向青楼已生怨。（李嘉佑《杂兴》）

例 9. 都人望翠华，佳气向金阙。（杜甫《北征》）

例 10. 妒令潜配上阳宫，一生遂向空房宿。（白居易《上阳人》）

例 11. 已矣可奈何？冻死向孤村。（陆游《风云昼晦夜遂大雪》）

例 12. 一声似向天上来，月下美人望乡哭。（李贺《龙夜吟》）①

例 7～例 11，介词"向"均表示"在……处"；例 12 则表示"从……"。

据《杨慎诗话》记："或问予：'诗人多用扁舟，何处为始？'予按《南史》：'天渊池新制鯿鱼舟，形甚狭。'故小舟称扁舟。六朝诗惟王由礼有'扁舟夜向江头泊'之句，至唐人则多用之。"②杨慎所举诗句例："扁舟夜向江头泊"，其"向"显然表"在"义，作者乃六朝王由礼。可见，这一意义的"向"至迟六朝即已使用，多见之于唐宋时期应是比较合乎事实的说法。再者，研究者都以诗歌为例，其实，这个意义的"向"不仅用于诗，还见用于史志。如唐代岭南风土志《北户录》：（猪肉）"著水令淹没于釜中炒之，肉熟水尽，更以向所炒肪膏煮肉……。"③是说肉熟水尽，猪肉再放在所煎取的肪膏内熬煮。"向"表在义。

大概及至清代，"向"的这一义项在通语里逐渐消退。许少峰编纂的《近代汉语大词典》，收词50306条，是专门解释自唐代至清代古籍中出现的口语词的工具书，"向"例举至明代。④《汉语大词典》也同样如此。与之相反，"向"在清代的粤语文献里却极为常见，除了招子庸的《越讴》，清代粤地民间广为传唱的《竹枝词》，其用例亦不少。例如：

例 13. 要向罗浮深处宿，轻舟泛入彩虹桥。（清·大汕和尚《岭南竹枝词》）

---

① 诗例分别转引自蒋绍愚：《杜诗词语札记》，北京大学中文系《语言学论丛》编委会编：《语言学论丛》（第六辑），118 页，北京，商务印书馆，1980。王锳：《诗词曲语辞例释》（第二版），260 页，北京，中华书局，1986。

② 《杨慎诗话·辑录二〇五条》，见吴文治主编：《明诗话全编》第三册，2787 页，南京，江苏古籍出版社，1997。

③ [唐] 段公路：《北户录》卷二《食目》，见 [清] 永瑢，纪昀等纂修：文渊阁《四库全书》（影印本）589 册，49 页，台北，台湾商务印书馆，1986。

④ 许少峰：《近代汉语大词典》，下册，2032 页，北京，中华书局，2008。另编纂者自述是"解释自唐代至清代古籍中出现的口语词"的工具书（见词典《凡例》）。

例14. 妾向江头唱竹枝，郎来多在月明时。（清·胡鹤《羊城竹枝词》）

例15. 舟人也解怜春色，都向船头插柳枝。（清·袁树《清明踏歌词》）①

还有用粤语写的小说。如：

例16. 你话佢卖俏，唔通做新妇，向家婆处卖俏么？此等家婆就是恶得无理。（《横纹柴》）

例17. "……今者被不孝之名赶逐出来，有何面目归家见父兄叔伯，不如一死便了。"想完，即向袖里拿出一张铰剪仔。（《横纹柴》）②

例17 的介词"向"表示"从……"。当然，也见诸粤地的史志笔记。

例18. 罗恭向桌上整读，至一处，指画之曰："不状元者，此也。"

例19. 内庭妇女，触烟尽毙，独梁母伏向坎中，得不死。③

由于常用，19世纪来粤的西方传教士 W. Lobscheid（罗存德）编纂的广州话词典里就收了"向"，记录其实际读音，保留民间书写的同音字"响"。注明是口语词，以英文释义："响 call, to be at."④ 以此推之，"向"的声调由阴去变读阴上，至迟在两个世纪前即已发生。语音发生了变化，记录口语词的字也随之而变，由"向"写作"响"。粤语区的人至今仍然如此，写本字"向"，也用同音字"响"。

当代出版的各种广州方言词典也反映了这种用字情况。粤语以"向"构成的熟语不少，如欺压弱者，粤语区的人以在乞儿碗里扒食为喻，说"向乞儿兜掬饭食"。"衫烂从小补，病向浅中医"是"防微杜渐"之义。成语"目中无人"广州话则说"眼睛生向头顶"。收录到词典里，这些熟

---

①例13、例14、例15 分别引自钟山、潘超、孙忠铨主编：《广东竹枝词》32 页、111 页、150 页，广州，广东高等教育出版社，2010。

②例16、例17 分别引自［清］博陵纪棠氏评辑：《俗话倾谈》上卷，3 页、10 页，上海古籍出版社，1994。

③［清］欧苏：《霭楼逸志》，见李龙潜、杨宝霖、陈忠烈、徐林等点校本：《明清广东稀见笔记七种》，196 页、221 页，广州，广东人民出版社，2010。

④《汉英字典》A Chinese and English Dictionary W. Lobscheid 1871 Hong Kong Printed and English Dictionary. 62 页。按：W. Lobscheid，生卒年不详。中国名罗存德，英国人，德国礼贤会（Rhenish Missionary Society）教士，1848 年 5 月抵达香港。罗存德对字典所收入的字词全都注上了当时的广州音。又字典正文附有一篇写于 1869 年的前言，据此推断，该字典至少在 1869 年即已成书。

语用"向",也写作"响"。① 当然,也有原写同音字后改本字的。如广州增城镇龙镇旺村所辖一自然村,因建在背河,村名"响河背"。今按地名标准化写作"向何背"。②

  这个古词义的"向"在普通话里早已消失,根据现有资料,也不见于其他的汉语方言。以四十二个方言点调查编纂的《现代汉语方言大词典》表明,"向"的这个意义仅留存在粤方言里,不仅是粤语区的人们极为活跃的口语词,还是我们学习古汉语的一则极为珍贵的语言材料。③

(黄小娅:广州大学人文学院副教授,广府文化研究中心研究员)

---

① 请分别参见魏伟新:《粤港俗语谚语歇后语词典》,106页,广州出版社,1997。欧阳觉亚,周无忌,饶秉才合编:《广州话俗语词典》,181页,广州,广东人民出版社,2010。吴开斌:《香港话词典》,211页,广州,花城出版社,1997。按:《广州话俗语词典》把"衫烂从小补,病向浅中医"中的"向"标读作本调,不正确。又《香港话词典》单列词条将"向"写作"响"。
② 赖邓家主编:《增城地名大全》,141页,广州,广东省地图出版社,1993。
③ 李荣主编:《现代汉语方言大词典》第二册,1467页,南京,江苏教育出版社,2002。

招子庸《粤讴》研究文献综述

金 琼

粤讴是华南一带的民间说唱艺术，是"一种用粤语方言写成的民间说唱文学"。研究招子庸及其《粤讴》的专著与专论，本人搜集到的有冼玉清先生的《招子庸研究》（1947年12月《岭南学报》第八卷第一期刊载）以及梁培炽先生（美国）的《南音与粤讴之研究》（1988年旧金山州立大学亚美研究学系初版）。郑振铎先生的《中国俗文学史》（1938年商务印书馆初版）所言招氏与《粤讴》之篇幅不大，但于第十四章《清代的民歌》对招子庸的《粤讴》给予了相当高的评价。相关论文文献资料，据知网统计，有关招子庸《粤讴》的研究论文有22篇，有关招子庸的研究文献有243篇。另有《第2届广府文化论坛文集》中有关《粤讴》的论文14篇。学界围绕招子庸《粤讴》的研究主要从以下五个方面展开：

1.《粤讴》的思想文化价值

此类文献包含三个层面的梳理与挖掘：第一个层面是《粤讴》的社会背景、创作动机、题材特征、情感态度与思想内容研究。冼玉清先生的《招子庸研究》第七章《子庸之〈粤讴〉》中《内容》专节指出："《粤讴》全书四集，为一册。凡九十八题，得词一百二十一首。……其内容多写男女之情，尤偏于写妓女生活，写沦落青楼者之哀音。"① 据梁鉴江先生考证，《粤讴》一百二十二首（其中《别意》与《还花债》文字大同小异，故实得一百二十一首），集中抒写了烟花女子的离愁别恨、痛苦不幸、从良愿望、爱情心理。② 刘禺生先生曾慨叹冼玉清先生的《粤讴与招子庸》"贯串源流"，"足为地方文学，发一奇光，班孟坚所谓'摅怀旧之蓄念，发思古之幽情'，冼女士有焉"。③ 充分肯定了冼玉清先生在招子庸粤讴整理与研究中的重要贡献。许地山先生认为其写作动机是伤悼妓女秋喜甚而

---

① 冼玉清：《招子庸研究》，载《岭南学报》，第八卷第一期，1947（12），96页。
② 梁鉴江：《论招子庸的〈粤讴〉》，载《岭南文史》，1988年第1期，142～145页。
③ 刘禺生：《世载堂杂忆续编》，65页，北京，海豚出版社，2013。

"对于青楼生活便起了无量悲心,所以《粤讴》里头十之八九是描写妓女可怜的生活的"。① 叶春生先生在其《〈粤讴〉的思想艺术特色及其对后世文学的影响》一文中指出招氏"打破了当时士大夫文学单纯娱乐性情的倾向,特别是小市民通俗歌曲中那种情意绵绵的格调";"借寻花问柳,揭发官场的世态炎凉,借描述男女的恋情,抒发作者的愤懑之情"。② 陈颖聪《粤讴竹枝唱珠娘———清末民初广州娼妓生活情思管窥》则指出"招子庸的《粤讴》及当时的文人竹枝词,从民间诗人的角度,记载了清末民初广州妓女的生活状态、喜怒哀乐的情思,为后人深入了解清末民初的这个群体,提供一个新颖的角度"。该文阐析了沦落烟尘的女子的情缘、情真、情痴、情怨、情幻与情空,在嗟叹自身的"薄命"与"命蹇"的同时,寄希望于以当下的"修善"换取将来或来世的"善报"。亦有一少部分妓女对社会的不公抒发了难以抑制的愤懑之情。耿淑艳博士的《珠江、韩江花舫与清中期文人的风月之情》一文以丰赡的史料为蓝本,广征博引,条分缕析,揭示了清中期文人笔下的珠江、韩江的地理景观与人文环境,指出广东本土文人和流寓广东的文人所作的风月之作。"抒发对花舫胜景的热爱之情;借花舫胜景抒发离愁别绪和人生感慨;歌颂妓女高洁的品质,表达作者的人生理想;反映妓女的悲惨命运,并寄予作者深切的同情"。③ 文中对招氏文学成就给予颇高评价。第二个层面是揭示了从《粤讴》到"新粤讴"的蜕变。冼玉清先生的《1905 年反美爱国运动与'粤讴'——纪念广东人民反美拒约运动六十周年》《粤讴与晚清政治(上、中、下)》详尽论证了"新粤讴"的政治启蒙意义与思想价值。陈方先生《论"新粤讴"》则在分析大量"新粤讴"作品之基础上,从史实特质、启蒙特质、平民特质和地方特质等层面辨析了"新粤讴"所具有的"别派新声"特征:在题材内容上,注重时事政治、民间疾苦、历史事变、风土习俗,时称"时事讴"或"政治讴"。在创作意识上,视粤讴为"开启民智、革除旧弊、抨击时政、移风易俗"的工具,出现了大量"启蒙讴"。在表现方式上,赋体(叙事体)和散体(散文体)占据主导,产生大批时代实录的"叙事讴"。并进一步指出"'新粤讴'之景观处处呈现岭南风土

---

① 许地山:《粤讴在文学上的地位》,见陈平原编:《许地山散文选编》,杭州,浙江文艺出版社,1992。转引自招煊编撰:《世说招子庸》(史料专辑)第 170 页。
② 叶春生:《〈粤讴〉的思想艺术特色及其对后世文学的影响》,转引自《第 2 届广府文化论坛文集》,第 10 页。
③ 耿淑艳:《珠江、韩江花舫与清中期文人的风月之情》,转引自《第 2 届广府文化论坛文集》,第 47 页。

人情",具有明显的粤府地域文化色彩。① 论文资料宏赡,立论公允,既不回避招子庸《粤讴》对"新粤讴"的深厚影响,又充分论析了"新粤讴"的发展与超越。朱水涌、曹小娟《许地山与粤讴》则论析了清末民初粤讴"一改柔美表'情'的风格,而担当起知识分子启蒙民众、传播新思想的使命,在晚清的政治舞台上发挥了'开启民智'的重大作用",完成了从民间抒情小调到政治话语的蜕变。② 第三个层面是对《粤讴》文学地位的总体评价。冼先生在《招子庸研究》引言中言明:"近日言民俗文学者,多推重《粤讴》,以推重《粤讴》,因而推重《粤讴》之作者招子庸。甚者以为诗之后有词,词之后有曲,曲之后有《粤讴》。"极言《粤讴》在民俗文学研究者眼中的重要地位与深远影响。③ 郑振铎先生在《中国俗文学史》亦明确指出:"最早的大胆的从事于把民歌输入文学的工作者,在嘉庆年间只有戴全德,在道光间仅有招子庸而已。"④ 谈及招氏影响之巨,竟慨然嘉许:"拟《粤讴》而作的诗篇,在广东各日报上竟时时有之。几乎没有一个广东人不会哼几句《粤讴》的,其势力是那末的大!"⑤ 许地山先生于《粤讴在文学上的地位》中说起自己的"癖好"——每到一地便搜集本地的"民谣或民众的文学"时,特别夸赞广东通行的南音、龙舟歌、粤讴、山歌之形式活泼、丰富多彩,而其"单要说的,就是招子庸的《粤讴》"。⑥ 而梁培炽先生慧眼独具,认为"从历史的角度和观点来品评",招子庸之所以在众多的粤讴传唱与写作者中一枝独秀的原因,在于"他一反过去旁观者的姿态,昂首阔步地站出来,以第一人称的写法,描写了下层姐妹的悲凉与感愤"。"故招氏被文学史家推重为清代民歌作家中能充分表现出民歌精神"的人,"不愧为广东民间文学的巨人"。⑦

2.《粤讴》的美学风格

石道人在《粤讴》序言里总括其美学风格为"音悲以柔,词婉而挚";

---

① 陈方:《论"新粤讴"》,载《周口师范高等专科学校学报》,2002年第1期,36~38页。
② 朱水涌,曹小娟:《许地山与粤讴》,载《中国现代文学研究丛刊》,2010年第5期,116页。
③ 冼玉清:载《招子庸研究》,载《岭南学报》,第八卷第一期,1947(12),69页。
④ 郑振铎:《中国俗文学史》,532页,北京,中央编译出版社,2013。《中国俗文学史》初版为1938年商务印书馆发行。
⑤ 同上,533页。
⑥ 许地山:《粤讴在文学上的地位》,见陈平原编:《许地山散文选编》,杭州,浙江文艺出版社,1992。转引自招煊编撰:《世说招子庸》(史料专辑),169页。
⑦ [美]梁培炽:《南音与粤讴之研究》,162页,广州,广东人民出版社,2012。

其美感效应为"凄人肝脾，哀感顽艳"。① 又据刘禺生先生之《世载堂杂忆续编》中言："若粤讴者，文辞典雅，颇近昆曲，杂以俚语，又近弹词，雅而能俗，俗而能雅……"② 叶春生先生亦认为《粤讴》文辞"朴素清丽"，"俗而不僻，风韵自然，正表现了粤讴问字拶腔的特点"。③ 朱水涌、曹小娟《许地山与粤讴》，赵义山《论清代文人的小曲创作》等亦对其美学风格进行了阐发。

3.《粤讴》的语言特征、《粤讴》与其他民间艺术形式的渊源关系等方面的研究

谭赤子《招子庸〈粤讴〉的语言特色及其意义》一文称"招子庸的《粤讴》是一本奇书"。在量化分析文本语言语料后指出《粤讴》的语言风格特征为：第一，因"大量引用化用古典诗词和古书中的典故"而"使之带上古典民歌的风格"；第二，因"善于将俗语和流行民间的佛教词语入歌，使讴歌语言通俗化"；第三，"方言口语俯拾即是，地方性特色鲜明"。④ 曾昭聪《招子庸〈粤讴〉与粤方言词研究》从两个方面论析了《粤讴》的语言学意义与价值：一，《粤讴》反映了作者进步、开放的语言态度与方言思想；二，《粤讴》中的粤方言词在方言词典编纂中具有重要作用。⑤ 区文凤（香港）《木鱼、龙舟、粤讴、南音等广东民歌被吸收入粤剧音乐的历史研究》、杨敬宇《三部粤讴作品中的可能式否定形式》与《〈粤讴〉中的"总系"》、陈勇新《粤语曲艺的种类、唱腔、影响和价值》等论文对此亦进行了卓有成效的发掘与梳理，论析了《粤讴》所具有的历史文化、文学、语言学、民俗学等方面的研究价值和现实价值。万钟如《"私伙局"对岭南音乐文化的历史贡献》中指出："文人招子庸常与粤中名士纯熟运用木鱼的唱法，加上文学的辞藻而创制粤讴。这种曲艺形式唱

---

① 赵义山：《论清代文人的小曲创作》，载《河南大学学报》（社会科学版），2005 年第 6 期，20 页。
② 刘禺生：《世载堂杂忆续编》，65 页，北京，海豚出版社，2013。
③ 叶春生：《〈粤讴〉的思想艺术特色及其对后世文学的影响》，转引自《第 2 届广府文化论坛文集》，第 10 页。
④ 谭赤子：《招子庸〈粤讴〉的语言特色及其意义》，载《华南师范大学学报》2014 年第 4 期。
⑤ 曾昭聪：《招子庸〈粤讴〉与粤方言词研究》，转引自《第 2 届广府文化论坛文集》第 90 页。

腔优美，唱词极佳，曾经长期在岭南的民间步领风骚。"①

4.《粤讴》的广府地域文化特色研究

龚伯洪先生的《广府文化的奇葩——粤讴》一文从粤讴的发展历程入思，条分缕析，论析了《粤讴》作为广东诗歌与音乐的广府文化的创新性、大众性、远儒性、实用性等鲜明的文化特性。② 曾大兴教授的《文学地理学视域下的〈粤讴〉研究》从文学地理学的方法或眼光观照招子庸的《粤讴》，获得了全新的审美感受与体验，其探讨与阐析，颇具创新价值与启迪意义。曾先生认为："总体来讲，《粤讴》建构了两个地理空间，一个是以珠江为背景的水上空间，一个是以京都为背景的陆上空间。这两个空间都是以具体的地理形象、地理景观和民俗物象为基础而构建的，因而空间轮廓相当清晰，识别度也相当高。"而正是"以珠江为背景的水上空间和以京都为背景的陆上空间，容纳或承载了两个内涵不同而又彼此关联的情感世界，体现了两种人生和两种价值观，从而构成了《粤讴》丰富的情感内容与较强的艺术张力"。在此基础上，作者以翔实的文学史料为基础，论析了招子庸《粤讴》赖以产生的地理环境以及这种独具特色的地理环境（"半农半儒"的家庭人文环境与"前临珠江"的自然和社会文化环境）对作家强烈的功名意识与放诞的浪漫情怀的孕育、滋养、强化与塑型效用，从而揭示出作为典型的广府文学之范本的《粤讴》所彰显的地域文化特质与突出的地域文化地位。陈方先生的《粤讴生成之人文生态》则生动描述了疍家族群的生存及其花艇生涯的状况。认为花艇广州帮的粤调、潮州帮的潮曲、扬州帮的吴声，经冯询、招子庸"调适融会"，原本单调的"木鱼"、"龙舟"、"叹情"，"渗透了粤东延绵悠长的潮乐，融进了江南说唱柔曼的南词，还混搭北地词曲华美的子弟书，再加进琵琶弦乐的伴奏……就这样，'南音'扬起，'粤讴'生成，新声别创，流遍珠江"。并感慨"珠江花艇之盛况，庶不减桨声灯影之秦淮与舞台歌榭之苏州"，具有自身的地域特色与文化风情。③

5.《粤讴》译介、传播与接受研究

梁培炽先生（美国）《粤歌源流远，云山总是情》（南国红豆1995年

---

① 万钟如：《"私伙局"对岭南音乐文化的历史贡献》，载《南国红豆》，2012年第4期，18页。
② 龚伯洪：《广府文化的奇葩——粤讴》，载《广州大学学报》2000年第1期，41～46页。
③ 陈方：《粤讴生成之人文生态》，转引自《第2届广府文化论坛文集》第21～22页。

第2期)论及了香港总督和香港大学校长金文泰对《粤讴》的翻译与推介。日本的波多野太郎教授、伦敦大学赖宝勤教授亦在《粤讴》的研究与推介方面功效卓著。梁培炽先生本人还在香港和美国整理出版了《南音与粤讴之研究》，对《粤讴》走出国门、声名远播起到重要的桥梁作用。欧安年先生《〈客途秋恨〉琐话》中亦论及"香港总督金文泰，又将其译为英文，名为《广州情歌》，在英国牛津大学出版，这是距今约百年前的盛事。此后又有澳门葡人庇山将其译为葡文，发表于葡国"。[①] 姚达兑先生的《〈粤讴〉的英译、接受和叙事》（《文化遗产》2011年第3期）指出，1904年英国金文泰爵士（Sir Cecil Clementi, 1875—1947，第十七任港督）将《粤讴》翻译成英语，金文泰译本风格稍近维多利亚时期诗歌。1994年香港学者彼得·莫里斯（Peter T. Morris）重译的 Cantonese Love Songs, An English Translation of Jiu Jiyung's Cantonese songs of the early 19th century，其译本风格则近当代散文化的英诗。论文比较了两个译本对《粤讴》的接受和批评；在此对比基础上，指出两译本的承继关系；最后关注《粤讴》的叙事性。姚先生认为："译文方面金文泰译本较为古典，而重译本则近于散文化的当代英诗。译者的接受方面，在金文泰那里，《粤讴》仍不失为一种音乐文学；而到了彼得·莫里斯（Peter T. Morris）那里，则被摒弃掉音乐性，单纯把它当作诗歌对待。"论文视野比较宏阔，既注重爬梳译介者对文本的解读与评析，又注意到译者将中国诗歌、音乐与西方古罗马诗歌、古希伯来民歌，莎士比亚、波德莱尔等人的诗作以及西方音乐进行评点式比较的做法，在比较文学与文化视野下，展示了招子庸的《粤讴》所具有的中国传统思想的文化特色。周文萍博士的《现代著名作家许地山与粤讴》则探索了许地山创作中的"粤讴"影响与自觉传播粤讴，指出"粤讴是广府文化的一朵奇葩，作为现代著名作家，许地山不仅会唱粤讴，写文章推广粤讴，还在自己的小说中直接使用粤讴，这对粤讴的推广是非常有价值的"[②]。

当然，研究者们针对招子庸及其《粤讴》的研究还存在一些分歧：

1. 招子庸先生的生卒年问题

目前搜集到的最早研究文献《清同治南海县志·招子庸传》中只言明

[①] 欧安年：《〈客途秋恨〉琐话》，载《岭南文史》，2004年第4期，54页。
[②] 周文萍：《现代著名作家许地山与粤讴》，转引自《第2届广府文化论坛文集》第70页。

"招子庸,字铭山,横沙人,嘉庆丙子举人。……子庸罢官后卒于家"。①而许地山先生认为"招子庸生平无从稽考;所知的,是他的别号叫明珊,在清道光年间曾做过山东青州府知府"。②冼玉清先生在《招子庸研究》中恳切指出:"许地山撰《〈粤讴〉在文学史上之地位》谓'招子庸先生生平无从稽考'。以地山之博,犹谓其不可考,则文献之难征可知,因就同时人著作,载籍所及者,为撰次如下。"③冼先生在传略中提及招子庸"生于乾隆五十四年乙酉(1789)","道光二十六年(1846)丙午十二月十六卒于家"。④梁培炽先生《南音与招子庸研究》载"子庸生于乾隆五十八年(1793)","道光二十六年(1846)丙午十二月十六日于其故里辞世",并注明卒年采用的是冼玉清先生之说。⑤至于以后的研究者注其生卒年亦不同,或采纳"冼说"或依据"梁说",抑或采用其他说法,显得颇为随意。

2. 招子庸先生是否为《粤讴》之始创者问题

《清同治南海县志·招子庸传》中载:招子庸"曾辑粤讴一卷,虽巴人下里之曲,而饶有情韵"。⑥冼玉清先生在《招子庸研究》的《〈粤讴〉不始自子庸》一节中论及:"薰花浴月,即景生情。杯酒未终,新歌又起。……好事者采其缠绵绮丽,集而刻之,曰《粤讴》。与子庸辈所作同时擅场。然《粤讴》中凡善转相关合者,皆询作也。""观此可知《粤讴》实始于冯询,不过其书已不存,今所传者,惟子庸刻本耳。"⑦但冼先生刊于1983年《岭南文史》上的《粤讴与晚清政治》(上)一文中却道:"粤讴是广东地区通俗说唱文学形式之一,它与南音、木鱼、龙舟,同属粤曲歌谣系统,而各有其特点;这一文学形式是十九世纪中叶招子庸所创始。"⑧ 二说前后矛盾,令人颇为费解。

梁培炽先生则在《南音与粤讴之研究》中提供了粤讴非招子庸首创的

---

① 《清同治南海县志·招子庸传》,转引自招煊编撰:《世说招子庸》(史料专辑),167～168页。
② 许地山:《粤讴在文学史上的地位》,转引自招煊编撰:《世说招子庸》(史料专辑),170页。
③ 冼玉清:《招子庸研究》,载《岭南学报》,第八卷第一期,1947(12),70页。
④ 同上,70～71页。
⑤ [美] 梁培炽:《南音与粤讴之研究》,147～150页,广州,广东人民出版社,2012。
⑥ 《清同治南海县志·招子庸传》,转引自招煊编撰:《世说招子庸》(史料专辑),168页。
⑦ 冼玉清:《招子庸研究》,载《岭南学报》,第八卷第一期,1947(12),96页。
⑧ 冼玉清(遗作):《粤讴与晚清政治》,载《岭南文史》,1983年第1期,26页。

诸多实证资料。在第二篇《粤讴之研究》第二节《粤讴非始自于招子庸》中，梁先生论道："据丘鹤俦在其《琴学新编》中谓：'粤讴一曲，乃粤人之歌调也（又名解心），凡所唱该调之字音，皆用羊城土音唱之方合。'这显然是认为粤人之土歌了。所以，与其说招子庸是粤讴歌体的创制者，倒不如说招氏乃为粤讴歌体创作的模拟者和积极的推广者更为恰当，更何况在招子庸以前，已有番禺县冯询开始粤讴歌体的模拟创作了。"①"又据邱炜菱《客云庐小说话》中也有同样的记述：'粤之摸鱼歌，盖盲词之类，其为调也长；一变而解心，其为声也短，皆广州土风也。其时盛行解心，珠娘恒歌之以道意。冯子良先生以其词多俚鄙，间出新意点正，复变为讴。……好事者采其销魂荡魄，一唱三叹之章，集而刊之曰：粤讴。招铭山大令奋其捷足，成百数十阕，冀与先生相上下。'"梁先生认为后人不知有"询作"而只知有"招书"，盖为"岁时日久，积习相传"之故。②

叶春生先生《〈粤讴〉的思想艺术特色及其对后世文学的影响》中论及"《百越先贤志》卷一还记载了这么一个事实：西汉时南海人张买'能为粤讴'。可知'粤讴'在招子庸之前已经存在。但现在一般人的观念中，'粤讴'则专指招子庸的《粤讴》"。③龚伯洪先生认为"最早创作出粤讴作品的是冯询、招子庸，邱梦旗、温汝遂、李长荣等文士亦有创作"。④目前不少文献直言粤讴始自招子庸，应为谬误。笔者认为，招氏的影响巨大与成就颇高不会因为其非粤讴之首创者而受到些微影响，但客观严谨的治学态度和实事求是的学术精神则是学人必须谨守的。

3. 有关招氏《粤讴》到"新粤讴"之不同学术见解的碰撞与对话问题

学界对此有两种观点：一种认为"新粤讴"对粤讴是一种超越和发展；另一种则认为蜕变为政治话语的"新粤讴"其实已经失去了文人雅趣和民间生机，成为思想与口号的传声筒。启蒙也好，时政也好，时事也罢，都只能见证时代精神的灌注；而不能在以情感人、情真意挚上具有更多的优势与进步，无非是政治话语的历史要求所造就。时过境迁之后，情歌还是要回复到原来的主情、笃情的轨道上来。因而招氏《粤讴》的"益

---

① [美]梁培炽：《南音与粤讴之研究》，137页，广州，广东人民出版社，2012。
② 同上，138页。
③ 叶春生：《〈粤讴〉的思想艺术特色及其对后世文学的影响》，转引自《第2届广府文化论坛文集》第12页。
④ 龚伯洪：《广府文化的奇葩——粤讴》，载《广州大学学报》，2000年第1期，41页。

益相关之情"与绮丽柔媚的艺术魅力,已然在21世纪重新获得肯定与青睐,就毫不令人意外了。

由是观之,目前学界对招子庸的研究已经从思想意蕴、艺术价值、语言风貌、地域色彩、译介影响等各个层面展开。作为冼玉清先生所褒扬的"时代的史诗"之粤讴,也必将因其活泼鲜亮、跌宕悠扬的艺术特性吸引更多的学者关注与研究这一民间艺术的"奇葩"(冼玉清《粤讴与晚清政治》)。显而易见,招子庸《粤讴》的研究依然是一个充满学术生机的领域。不同学术见解的对话、交流、碰撞、互补,加之域外研究的深化与拓展,或可为招子庸及其《粤讴》研究开拓更为广泛的文学观照与理论探讨的空间。

(金琼:广州大学广府文化研究中心研究员)

广府文史研究

孙中山与太平天国的宣传及其影响
——以《太平天国战史》《洪秀全演义》为例

纪德君

孙中山先生是中国第一个公开褒扬太平天国的人。他早年从事革命活动，深受太平天国运动的影响，曾以"洪秀全第二"自居。虽然他对太平天国运动的局限性有深刻认识，但是为了争取海内外洪门组织及华人华侨的支持，他积极倡导同盟会员、革命志士宣传太平天国运动，为推翻清廷制造舆论。例如，由他授意刘成禺编写的《太平天国战史》，就是他进入北美洪门组织的敲门砖；而黄世仲撰写的小说《洪秀全演义》，则是他从事的种族革命的助推器。本文试以这两部书为例，探讨一下孙中山与太平天国运动的宣传及其造成的影响。

一、孙中山何以要宣传太平天国

1. 对洪秀全种族革命的认同

19世纪中叶，西方列强相继侵入中国。广州作为中国沿海的极重要门户，首当其冲地受到帝国主义的严重侵害；同时，广东又历来是清王朝横征暴敛之地，每次战败赔款，都以广东摊派最多。在帝国主义与满清政府的双重压迫下，广东民众生活之艰难困厄较其他省份更为剧烈，从而对清廷之失望较中国其他地区更决绝。与之相应，广东汉民族民气在积弱中崛起，广州遂成为反帝、反满的旗帜性阵地。如三元里人民抗英运动、洪秀全起义、陈开起义，以及后来孙中山领导的资产阶级革命等一系列斗争，或抗侮图存，或反满自立，一时主导了近代中国革命的潮流。与这种历史潮流相对应，洪秀全在广东民间的形象，绝非清政府所定性的恣行邪教之"发逆"、"乱匪"，而是伸张种族大义的英雄。孙中山的童年就是在这种社会文化氛围的熏染下长大的。

孙中山从小就闻说太平天国事迹。在他出生前不到一年，太平军余部谭体元才在嘉应州（今梅县）被镇压，因此长辈们都熟知太平天国的事迹。他小时候就喜听同村曾参加过太平军的老人冯爽观等讲述革命故事，对太平天国革命产生了朦胧的景仰心情，敬慕洪秀全，痛恨清政府的腐败。①

12岁时，孙中山去檀香山投靠了已在那里谋生5年的哥哥孙眉，并在当地读书，接触了西方文化，滋生了以反清革命拯救中国的思想。其后孙中山又回到香港的中央书院及广州的华南医学堂读书，结识了广东洪门人士郑士良、陆皓东，及反清人士陈少白、尤列、杨鹤龄、黄兴、章太炎等，这些革命派的元勋都充分肯定洪秀全和太平天国革命，并以反清为至高理想，这更加坚定了孙中山效法太平天国革命的信念。在孙中山看来，太平天国运动是"民族大革命"，太平天国的领袖们是"老革命党"、"民族英雄"，他"常常谈起洪秀全，称之为反清第一英雄"②，并以"洪秀全第二"自励，在种族革命的思想上揉入西方民主理念，最终构筑出三民主义的思想框架。

2. 争取洪门会党组织的需要

鸦片战争以后，中国社会传统自然经济逐渐解体，清政府在历次战争后又大批裁减官兵，致使游民数量不断增加，帮会得以迅速发展和蔓延。至19世纪末20世纪初，帮会组织已遍及全国。在广东惠、潮、嘉三府，"其人民十居八九已入反清复明之会"，"一月之内必可集山林剽悍之徒三十四万"③。广西游勇横行，"积年游勇，胁从拜会……遍地皆贼"。湖南"夙为哥老会之巢窟。其会员约十二万，会员中多有兵士，又间有高等武官，以阴成其大势力"。湖北"军营散勇、无业游民，结会放飘"。江西"痞滥游民"加入帮会，"归之如鳌"，"常备巡防各军，多有哥老会"。浙江哥老会支派众多，有伏虎会、白布会、终南会、双龙会、龙华会、平阳党，还有青帮私贩党。江苏"盐枭，会匪，频年到处充斥，蔓延勾结"，"贫民者，以沿江五六省之青红帮私枭为最多"。四川"会党之风甲于天下"，"各属乡场市镇，……各有码头，各有公口名片、大小图章"。在云南贵州，哥老会"纠伙结合，献血放片"。北方的山东、河南、山西、陕

---

① 中国科学院近代史研究所中华民国史组编：《孙中山年谱》（上），10页，北京，中华书局，1976。
② 陈少白：《兴中会革命史要》，见《辛亥革命》第1册，24页，上海人民出版社，1957。
③ 孙中山：《与宫崎寅藏等笔谈》，见《孙中山全集》第一卷，183～184页，北京，中华书局，1981。

西、甘肃等省,帮会也很活跃,义和团余众"投入江湖等会,劫案益多"。①

各地帮会的各种反抗斗争,不断地冲击着清王朝的统治秩序。如1898—1905年广西天地会起义,1901—1902年广东、浙江、湖南的反洋教斗争,1904—1910年江西、湖北、湖南、安徽等地的抗捐抢粮斗争等,都是由当地帮会发动而至蔓延的。事实表明,至19世纪末到20世纪初,帮会已成为中国社会中一支不可忽视的重要势力,是孙中山革命派和康梁保皇改良派所可以利用的,其利用价值主要是会众本身,他们只要有先进阶级的领导,就能转化成社会运动的执行力量。

在海外,洪门组织主要分布在南洋、美洲檀香山岛及北美大陆的美国、加拿大。加拿大、美国的洪门组织多为致公堂,有数十处堂口,拥有比较雄厚的经济实力,且会众众多,美洲"华侨列籍堂内者,占十之八九"②,会众20余万,其中许多是太平天国逃亡海外的余党或遗裔。这样一股势力的价值,就在于其对于革命初期活动经费的支持,因此也深受康、梁保皇派及孙中山革命党所重视。

在对国内洪门会党组织的争取上,革命党占有优势。如1895年2月,孙中山在洪门人士郑一良等人的大力支持下,在香港建立了兴中会总会。在香港兴中会有案可查的49人中,帮会分子约占百分之三十。而香港兴中会在筹备广州起义时,"以会党为基本队",预定由已在香港集结的三点会员3000人作为起义的主力。当然,康梁也争取到了相当一部分洪门人士,策动了1900年的两广勤王和自立军起义等运动。

而对于海外洪门组织的争夺,是1898年戊戌变法失败,康梁流亡海外后,才进入白热化状态的。在争夺中,保皇派走的是"勤王"路线,将拯救光绪帝的崇高感赋予洪门人士,一时支持者颇夥。孙中山反击的方式是,强调种族界限,指出保皇派所勤之王,为异族夷种,而非汉家正脉,故海外洪门人士当行之事不在勤王,而在"驱逐鞑虏""反清复明",恢复汉家天下。孙中山此论,颇合海外华人的内心诉求,对康梁的打击是致命的。此外,为获取洪门各领袖及会众的好感和同情,孙中山采取了一种非常巧妙的方式,即充分肯定太平天国运动,加强太平天国运动的宣传,对洪秀全等太平军将士赋以民族英雄之光华,从而赢得洪门会党中太平天国遗裔及其他具反清倾向的会众的好感。总体上说,这正是孙中山赞美洪秀

---

① 邵雍:《中国秘密社会》,第六卷,4~5页,福州,福建人民出版社,2002。
② 冯自由:《美洲致公党与大同报》,见《革命逸史》,137页,北京,中华书局,1981。

全，宣传太平天国运动的根本原因所在。

二、太平天国运动的宣传方式及其效应

以孙中山为首的革命派宣传太平天国运动的方式很多，比如在报刊上对太平天国运动领袖洪秀全、石达开、李秀成等予以赞美，宣传太平天国运动和种族革命理念，但这些都偏于零散。真正集中宣传太平天国运动，在争取海外及国内洪门会众支持方面产生极佳效应，并在海内外华人中产生巨大而深远影响的是两部书，即刘成禺的《太平天国战史》和黄世仲的《洪秀全演义》，前者为战争史，后者为历史演义小说。

1.《太平天国战史》——孙中山进入北美洪门组织的敲门砖

早在1895年，广州起义失败后不久，孙中山就从檀香山北上，进入北美大陆，开始接触北美洪门组织，进行反清革命的宣传，但宣传效果并不理想。一直到1898年，孙中山才结识了檀香山洪门领袖之一钟水养，赢来了深入接触檀香山及北美大陆洪门会党组织的较好契机，只是一时仍无切实有效的方法，以赢得檀香山及北美洪门会众的真正支持，孙中山对此颇为苦恼。

此后直至1902年，因一个偶然的机会，孙中山在日本友人曾根俊虎、犬养毅处，获得了《洪清纪事》等有关太平天国的珍贵史料，于是决定以之为基础，撰一部太平天国运动史，赞美太平天国事迹，塑造太平天国领袖的英雄形象，以赢得海外洪门会众及广大汉族民众的支持，将反清革命的理念植入海内外华人的心中。思路确立后，孙中山立即着手此事，约刘成禺前来商讨撰写《太平天国战史》，并郑重嘱托道：①

> 太平天国一朝，为吾国民族大革命之辉煌史，只有清廷官书，难征文献。曾根先生所著《满清纪事》，专载太平战事，且多目击。吾欲子搜罗遗闻，撰著成书，以《满清纪事》为基本，再参以欧美人所著史籍，发扬先烈，用昭信史，为今日吾党宣传排满好资料，此亦犬养先生意也。吾子深明汉学，能著此书，吾党目下尚无他人，故以授

---

① 孙中山：《与刘成禺的谈话》，见《孙中山全集》，第一卷，217页，北京，中华书局，1981。

子①，此吾党不朽之盛业。

刘成禺深知此事意义重大，立即根据孙中山、曾根俊虎及犬养毅提供的书籍，参考英日有关书籍、中国野史及官书着手编撰，并迅速于1903年写成，全书共十六卷。其时孙中山正亟须用该书影响、统领、匡正洪门会众思想，强化种族革命信念，遂迫不及待地在东京祖国出版社印行前六卷，并亲自为之作序，云：

满清窃国二百余年，明逸老之流风遗韵，荡然无存。士大夫又久处异族笼络压抑之下，习与相忘，廉耻道丧，莫此为甚。虽以罗、曾、左、郭号称学者，终不明春秋大义，日陷于以汉攻汉之策，太平天国遂底于亡。岂天未压胡运欤？汉子孙不肖应使然欤？抑当时战略失宜有以致之欤？

洪朝亡国距今四十年，一代典章伟绩概付焚如，即洪门子弟亦不详其事实，是可忧也。汉公搜辑东西太平遗书，钞译成册，中土秘本考证者不下数十种，虽当年遗老所见所闻异辞，文献足征大备，史料官书可据者录之，题曰《太平天国战史》，洵洪朝十三年一代信史也。太平一朝，与战相终始，其他文艺官制诸典不能蔚然成帙；又近时官书伪本流行，关于太平战绩，每多隐讳。汉公是编，可谓扬皇汉之武功，举从前秽史一澄清其奸，俾读者识太平朝之所以异于朱明，汉家谋恢复者不可谓无人。洪门诸君子手此一编，亦足征高曾矩镬之遗，当世守其志而勿替也。予亦有光荣焉②。

序中所言"洪门诸君子手此一篇，亦足征高曾炬镬之遗，当世守其志而勿替也"，很明白地道出《太平天国战史》的撰写意图在于争取洪门会众的支持。

《太平天国战史》印行后，即在海内外洪门会党中广泛地赠送发行，并很快就取得了预想的效果，在洪门人士中形成了良好的反响，而孙中山立足于洪门帮派组织的障碍，也随之扫除。终于在1903年阴历十一月二十四日（阳历1904年1月11日），在檀香山洪门山堂"致公堂"领袖钟水养帮助和亲自主持下（或云非钟水养亲自主持，因为钟水养在1900年6月三洲田起义失败后，于1901已逝去），孙中山正式加入洪门，并得以镇封

---

① 曾根先生即曾根俊虎，犬养先生即犬养毅，皆孙中山在日本之友人，商谈时亦俱在场。
② 孙中山：《太平天国战史序》，见《孙中山全集》，第一卷，258～259页，北京，中华书局，1981。

为"洪棍"之职（洪门职位在海外分为三级：元帅称"洪棍"，军师称"白纸扇"，将官称"草鞋"）。①保皇派闻讯大惊，急忙设法多方阻挠刁难，然终无济于事。自此，孙中山开始一步步改造洪门的组织与章程，吸纳革命党人入会，使之逐渐蜕去保皇的成色，而向种族革命靠拢，而保皇派遂江河日下。因刘成禺撰《太平天国战史》有功，孙中山在檀香山加入洪门后不久，即招刘成禺前来，入主《大同日报》笔政。

《大同日报》本保皇派领袖康有为弟子欧榘甲所创，为檀香山洪门会党——致公党之机关报，其言论带有明显的保皇色彩。孙中山加入洪门后，即着手改组此报。于是欧榘甲被赶走，刘成禺应命而来，"自是大倡革命排满，放言无忌，美洲华侨革命思潮之激荡，刘之力为多焉"。②未几，刘成禺亦被封"洪棍"，可见《太平天国战史》作为宣传种族革命理念的史书，具有为洪门修史的性质，在洪门会党中有笼络人心的重大作用。

有了这些铺垫后，孙中山在海外的影响日盛。1904年，孙中山再接再厉，赴美国进行革命活动，争取美国大陆洪门组织的支持。在抵达波士顿时，致公堂的元老司徒美堂发动当地洪门人士热情接待，获得广泛支持。1904年4月孙中山赴美国旧金山，向旧金山致公堂盟长黄三德提议实行全美洪门会员总注册，藉以加强联系，筹集资金。从5月24日起至9月28日，黄三德陪同孙中山前往沙加缅度（萨克拉门托）、洛杉矶、纽约等地，"演说洪门宗旨，发挥中国时事，各埠同人始如大梦初觉，因知中国前途"。1905年1月孙中山为致公堂重订新章，宣布以"驱除鞑虏，恢复中华，创立民国，平均地权"为宗旨，大大提高了旧金山致公堂的地位，增强了它的实力，为同盟会在美国与致公堂合并奠定了基础。③

由孙中山初期进入洪门组织的受挫，到授意编撰《太平天国战史》一书后的一帆风顺，可以看出《太平天国战史》在孙中山争取洪门会党支持，进而得封"洪棍"的过程中，起到了敲门砖的作用，并产生了更深远的影响。

2.《洪秀全演义》——反清种族革命的助推器

《太平天国战史》的发行，为洪秀全赢得了海内外洪门会党组织的有

---

①任贵祥：《孙中山与华侨》，73页，哈尔滨，黑龙江人民出版社，1998。
②冯自由：《美洲致公党报述略》，见《革命逸史》，第四集，130页，北京，中华书局，1981。
③邵雍：《中国秘密社会》，第六卷，35～36页，福州，福建人民出版社，2002。

力支持。然而，作为一部史书，其在记述太平天国运动时，终究不宜明显失实、夸张，并过于美化洪军领袖的形象，其故事性和趣味性是有限的，对洪门会众及华人华侨的吸引力也就有限，因而无法让洪门会众及广大民众感动、喜爱并形成深刻印象。这时，孙中山等革命派领袖及其舆论制造者们认为，更深入地宣传太平天国运动的任务，必须由一部专门描写太平天国运动的小说来承担，这一部小说就是黄世仲的《洪秀全演义》。

虽然无史料明确记载，黄世仲撰写《洪秀全演义》出于孙中山的授意，但种种迹象表明，《洪秀全演义》的撰写，与孙中山等革命党领袖的授意有密切关系。

黄世仲本身就是革命党的舆论制造主将，早在保皇派与革命党争夺南洋华侨支持的1902年，黄世仲担任《天南新报》笔政时，孙中山的密友尤列就结识了黄世仲，并介绍黄加入了兴中会在新加坡的外围组织中和堂。从此，黄世仲开始"倾心民族主义，尤喜读香港《中国日报》，恒不去手"①，并"益好读欧美新思想论著……关注中山先生言论、革命取向……政论旨趣渐弃维新，而与中山思想若诸音符之协耳"。② 1902年冬，尤列推荐黄世仲出任香港《中国日报》记者。1903年4月，世仲离开新加坡前往香港，正式开始在《中国日报》工作，从此成为资产阶级革命派舆论制造的主力战将。

1905年6月4日开始，黄世仲即在《有所谓报》上连载《洪秀全演义》。此后不久，即1905年10月中旬，孙中山批准黄世仲作为香港第一批会员，加入刚成立的同盟会香港分会，并于乘船赴越南西贡的匆忙行途中，在香港做短暂停靠，亲自在轮船上为黄世仲等主持入会宣誓仪式。未几，黄世仲便当选为同盟会香港分会之交际员，进入革命派领导层。孙中山对黄世仲的重视与嘉赏，与黄世仲撰写《洪秀全演义》无疑是有内在关系的，可以推想，尤列在孙中山面前隆重推荐了黄世仲。而获得孙中山的提携后，黄世仲是知恩图报的，他在甫加入同盟会香港支会未几日，就于10月下旬开始发表了《康有为》《明夷》《呆人》《偵人》《北海南海》《为，母猴也》《先生，牛也》《爱亲恶罗》《康庄大道》《长素》《伪革党》《保太子》等一系列谐文，支持孙中山，讽刺和批判康有为③。孙中山

---

① 冯自由：《〈洪秀全演义〉作者黄世仲》，见《革命逸史》，第二集，41页，北京，中华书局，1981。
② 郭天祥：《黄世仲年谱长编》，43页，北京，中国社会科学出版社，2002。
③ 同上，96～102页。

与黄世仲之间的这种示好与回报，正好发生于《洪秀全演义》开始连载之同年，令人不能不说《洪秀全演义》的连载发表，适当其时地迎合了孙中山种族革命的主张及以各种形式宣讲资产阶级种族革命的迫切需要。

《洪秀全演义》在革命派中的反响，也证实了该小说与革命派宣传密切相关的观点。1906 年，章炳麟在日本与孙中山亲密合作，共举种族革命大旗，并主持同盟会机关报《民报》之际，欣然于百忙中拨冗为尚未成书的《洪秀全演义》作序，而《民报》亦刊登了《洪秀全演义》的广告，足见革命派对《洪秀全演义》的重视。其后不久，1907 年香港同盟会机关报《中国日报》又发行了《洪秀全演义》单行本，单行本发行后，在南洋、美洲、港澳的洪门党众及华侨中风行，并产生了巨大反响。

据冯自由回忆：

> 是书出版后风行海内外，南洋美洲各地华侨几于家喻户晓。且有编作戏剧者，其发挥种族观念之影响，可谓至深至巨。①

冯秋雪也说：

> 在我个人回忆中，《洪秀全演义》一书发表之后，省港澳门风行一时，几于家喻户晓，在鼓吹民族革命作用上，可与甲辰年间东京出版之《太平天国战史》，后先辉映。②

再如卢信公 1908 年在美洲时也说：

> 余友小配，工小说，所为《廿载繁华梦》《洪秀全演义》等，风行海内外，大受社会欢迎。③

罗香林在《乙堂札记》也指出：

> 黄氏预舆论外，特创作《洪秀全演义》等小说以协助中山先生排满革命运动，尤臻宣传于无形，以易思想变化，于革命成功，与有力焉。④

并且，他还说：

> 尝闻于陈树人、高剑父诸公及先君幼山公、罗群翼兄，称黄世颂（仲）氏于港主持……报刊以宣传革命外，兼撰小说互为推广，灌输

---

① 冯自由：《〈洪秀全演义〉作者黄世仲》，见《革命逸史》，第二集，46 页，北京，中华书局，1981。
② 冯秋雪：《辛亥前后同盟会在港穗新闻界活动杂忆》，见《孙中山与辛亥革命史料专辑》，101 页，广州，广东人民出版社，1981。
③ 卢信公：《大马扁序》，见阿英：《晚清小说丛钞》，（小说三卷），213 页，北京，中华书局，1960。
④ 郭天祥：《黄世仲年谱长编》，228 页，北京，中国社会科学出版社，2002。

种族革命、民主主义以感导国民，同反满清政权于南中国，收效至巨。①

《洪秀全演义》之所以能风行海内外并"收效至巨"，除了它顺应了洪门会众及海内外华人华侨反清的潮流外，其原因更在于该小说所取得的艺术成就。在《洪秀全演义》中，黄世仲着力将太平天国革命描写成一场壮观激烈的种族革命，将钱江、冯云山、洪秀全、李秀成、陈玉成、林凤翔等太平天国革命的领袖塑造成可歌可泣的种族革命英雄，对他们为种族革命前仆后继、不计生死的革命气概做了艺术化的强有力的渲染烘托，以求激发读者的种族革命情感，在读者心中树立起种族革命的信念。因此可以说，这部有着明确种族革命宣传意图的小说，其功非在"存古"，而在鼓动风潮。正如章太炎在序言中所指出的，《太平天国战史》虽"文辞骏骤，庶足以发潜德之幽光，然非里巷细人所识"，而《洪秀全演义》则有文辞"适俗"的好处②。言下之意，《洪秀全演义》于宣传种族革命，在效果上较《太平天国战史》更具有普及性，从而影响更广更深。

综上所述，可见孙中山宣传太平天国运动的动因，虽然有其认同洪秀全的一面，但更多的是出于争取海内外洪门组织及华人华侨支持的需要。事实上，抛开获取洪门会众支持的目的性的一面，孙中山个人对太平天国革命的肯定其实是有限的。他认为太平天国运动"只知有民族，不知有民权；只知有君主，不知有民主。即使成功了，也不过是历史上的又一个封建王朝而已"。而"革命后仍不免为专制。此等革命，不能算成功"。③

值得一提的是，孙中山革命派的革命宣传对象，因为过度集中于洪门会党组织，这使其领导的民主革命过于依赖洪门帮会，而忽视了中国社会最广大的力量——农民，这就对资产阶级民主革命的进一步发展造成了不利的影响。孙中山本人也意识到了这一点。在清廷垮台，革命取得初步成功后，他便有意识地对洪门组织加以改造。如民国三年（1914），孙中山即发表声明，号召改组洪门，在充分肯定洪门会党组织在反清革命中的贡献的同时，要求去其组织的秘密性，实现规范化和公开化。其辞曰：

当民国纪元以前，我洪门以自由组织，继续活动，为国艰辛，垂数百年，辛亥一役，鞑虏政权遂覆，种族目的，完全已达。回顾秘密

---

① 郭天祥：《黄世仲年谱长编》，235 页，北京，中国社会科学出版社，2002。
② 章炳麟：《洪秀全演义序》，见黄世仲：《洪秀全演义》，北京，人民文学出版社，1984。
③ 孙中山：《孙中山选集》，（上卷），84 页，北京，人民出版社，1956。

结社之时代，尚幸不负初衷，有志竟成，诸公伟力，诚不容没也。……文参属洪门一份子，以密切关系所在，意欲各洪门团体，急起直追，共图革命之事业，并全部填写誓约，加入中华革命党……望诸公极力提倡国家主义，破除门户各立之微嫌，迅速筹办致覆，以便正式委任。倘天佑民国，完全之日的能达，则洪门之名誉事功，将来益垂无穷矣。①

然而，其时会党观念及组织已深入革命党的肌体，改组已很难有实质性的改变，仅流于形式，以至于此后的中华革命党、国民党皆无法彻底抹去其帮会色彩，包括后来与蒋介石过从甚密的上海青帮，及国民党各党魁与军阀间的称兄道弟，以义气代组织纪律的倾向，使国民党军队及政府的群众基础受到相当程度的削弱。孙中山所领导的资产阶级革命在中国的最终失利，部分原因或可归根于其过于依赖帮会之弊。

（纪德君：广州大学新闻与传播学院院长，广府文化研究中心主任）

---

① 万仁元，方庆秋主编：《民国帮会要录》，272～273页，北京，档案出版社，1993。

一座城市的诗歌风景
——广州当代诗歌文化概观

李俏梅

在不少人的印象中,广州不过是一座浮躁的物质性城市,精神生活的空气是很稀薄的。这种印象对,也不对。之所以说对,是因为我们时代生活的总的环境是物质追求胜于精神的,广州当然也毫不例外;说不对,是因为任何一个城市或地方,尤其是像广州这样的现代性大都市,在具备了一定的经济基础之后,它的精神文化生活更可以是多元的,更具备某种精神追求的向度和动力的。广州的诗歌生活也正是在这样的背景上发育和发展起来的。虽然诗歌向社会发言,影响公众思想和生活的能力在减弱(并不是没有),但在一部分人的生活中,诗歌却依然是最有魅力,并占据他们主要精神空间的事物。这部分人不需要太多,只要在整个人口中占据一个极小的比例,在一个人口基数这么大的城市,就足以凝聚成一种力量和一方风景。广州诗歌的情形就是这样,在一种似乎总体不利于诗歌生存的环境中,20世纪90年代以来,广州诗歌竟然是风生水起,影响骤增,达到了历史所能达到的最好水平。如果说全国范围内有几个城市可以称得上是诗歌重镇,广州可以忝列其中之一,它们是北京、上海、武汉、成都、广州、杭州等。下面以我多年来观察和参与广州诗生活所了解的为限(仅限于新诗),对这方风景做一个备忘录式的描述和力所能及的分析。

广州诗人群体的构成特征

曾经有人用"满天繁星,没有月亮"来描述广东或广州的诗人阵容。"满天繁星"是极言其多,"没有月亮"是指没有特别大的、有影响力的诗人,也因此有人认为广东或广州"晋升"为诗歌重镇有些不够格。但是,对于一种文化来说,它的生命力,它的强大恰恰在于有群众基础。中国古代的诗歌文化靠的是每一个读书人都能写诗,虽然写出好诗来的总是少数。有人喜欢嘲讽现在写诗的人比读诗的人还要多,其实我们也许可以把它看成某种古代诗歌文化的回响或余绪。当内心充盈着某种表达的冲动，而又有一定的文字能力，可能最先写出来的就是诗，这是诗歌的人类学基础。广州的诗人人数众多，并且还在源源不断地生长出来，说明它拥有强劲的发展势头。

广州现在到底有多少诗人？这是很难统计的，加入到省市作家协会的大约有500人左右，但现在是一个作协的文化权威资本在降低的年代，很多写诗的人是没有加入作协的。据著名评论家张清华的一篇文章，他参加广州的一个国际诗歌节时，广东本地来的诗人超过了200人。2014年三八妇女节在广东外语外贸大学搞一个女诗人朗诵会，有50多名女诗人（加少数男诗人）参加，多数居住在广州。著名批评家谢有顺曾在一次诗歌活动上感慨道，都说诗歌边缘，怎么每次诗歌活动到的人都那么多呢？比参加小说会议的人积极多了。这或许也是因为诗歌有某种表演性，或许是因为诗歌的边缘化使得人们有抱团取暖的必要，总之，有名无名的诗人是很多的。除了诗人的数量多之外，我们还可以看到广州诗人群体构成的一些特点。一是作为曾经的改革开放前沿地和省会城市，广州汇聚了本省及外省的许多优秀诗人。知名诗人里，籍贯属本省的有马莉、黄礼孩、世宾、林馥娜、浪子、黄金明、唐不遇、翟文熙、温志峰、粥样、燕窝等人；而籍贯属外省的似乎更多，杨克、东荡子、郑小琼、凌越、阿斐、老刀、宋晓贤、杨子、李明月、欧亚、安石榴、梦亦非、冯娜、舒丹丹、杜绿绿、巫小茶等人都是。一个有吸引力的城市总是吸引了各个地方的人才，广州尤其显示出它强烈的移民特征，我们甚至经常可以在诗歌集会上见到外籍诗人的身影。这或许也是广州诗歌之所以走向兴旺的一个重要原因：多元文化的冲击与融汇。不管他们原籍在哪里，大多数人还是在广州成长为真正的或有影响力的诗人。二是诗人们来自于各行各业，记者、编辑、教师、警察、医生、护士、画家、舞蹈家、公务员、企业员工、农民工，各行业、各阶层的都有。真正意义上的职业诗人已经消失了，大家都是"业余写作"，或者说以专业的精神进行业余写作。这个不难理解，没有人可以靠诗歌养活自己。诗人的"光环"消失了，但也没有太多的身份"尴尬"，总之诗人是人群中最普通的一个人，有一样自己的特殊爱好而已。相对来说，某些职业写诗的人更多一些，而媒体人员的写诗则是广州引人注目的一个现象。这可能有两种情况，一是写诗小有名气之后进入了媒体；另一种是本来在媒体工作，文字工作者涉足诗歌也很自然。稍稍了解一下，我们就能知道广州媒体与诗歌的关系之深。陈朝华，大学时代已经是小有名气的诗人，长期在南方报系工作，曾担任《南方都市报》总经理等职务，现任搜狐网总编。温远辉，诗评家兼诗人，《羊城晚报》报业集团副总经理。杨克，著名诗人，《作品》杂志总编。杨子，《南都周刊》执行副主编。陈会玲，《南方农村报》记者。唐不遇、阿斐，《南方都市报》记者。朱又可，《南方周末》记者、编辑。黄金明，曾为《南方都市报》记者、编辑。马莉，退休前长期任《南方周末》编辑。安石榴、浪子，也曾供职于多家媒体。这样的情形实在使得广州的诗歌有一个很好的媒体支持环境。诗歌界一有较大的活动，不管是民间的还是官方的，都能得到媒体的重视。比如今年的"诗歌与人"民间诗歌奖，波兰诗人扎嘎耶夫斯基来广州领奖，就有《南方都市报》《新快报》《羊城晚报》《信息时报》等多家媒体做深度报道。但在繁重的本职工作和生存压力之下，广州诗人的写作也有一个特点，那就是创作的量都不算大。他们基本上也不再追求量的增长，每年能写几首自己满意的诗就很满足，诗歌成为生活之中那个超越的部分。

现代诗歌与城市生活的关系极其密切，丰富复杂的城市生活体验甚至影响了诗歌的美学标准。什么样的城市是产生诗人的温床呢？19世纪后期至20世纪初的巴黎可以看作是一个样本。当时的巴黎处于资本主义高速发展的时期，成为世界的"首都"。它吸引了各式各样的人，容纳了各种各样的生活，它的迷人之处和各种矛盾同样突出，这种生活能最大限度地激发人的感受和思考。波德莱尔、兰波、马拉美、瓦雷里都是此时诞生的诗坛巨子。当下的广州可以说也处于现代化高速发展的时期，它也包容了各种各样的人，各种层面的生活；它也如此的变动不居，各种元素相激相荡，使得人们的内心无时不在发生或大或小的戏剧。这些都要求着外化和文字的表达，它们是产生诗歌的生活基础。而广州诗人中媒体工作者的比例明显高于其他职业，也因为他们尤其与这个大都市丰富奇特的现实短兵相接，他们活跃的感受与思想在化为报道的同时也化为了诗歌。当然这不是妄言在广州也将产生当年巴黎式的诗歌艺术成就。任何人、任何地方的艺术成就都是不可复制的，它是文化传统、当时语境和艺术家才能等多种因素综合的结果。但是，某个时代和环境更容易酝酿产生诗歌以及诗歌艺术的新变，却也是不谬的。

最具影响力的广州诗人

广州诗人人数多，而在20世纪90年代中后期之后水平可以说是集体上升，写得不错的诗人至少有二三十人之多。而在这些诗人里，如下几位是有全国影响力的广州诗人，下面对之做一简评。

　　杨克（1957年生），出版有《陌生的十字路口》《笨拙的手指》《杨克诗歌集》《有关与无关》等8部诗集。杨克是最早对历史转型中的城市经验进行书写的诗人之一，"开启了消费时代和都市符号的一种写作向度"①。他的名篇包括《天河城广场》《人民》《在商品中散步》《逆光中的一棵木棉》《石油》《在东莞遇见一小块稻田》等等。杨克写都市，跟一般诗人喜欢写一种个人化的"私情绪"不同，他是有一种宏阔纵深的历史眼光的。比如他的《天河城广场》就从一个词语含义的改变入手，书写了中国经验的一种历史性变化。过去的"广场"是带有政治性的群众集会的场所，而"天河城广场"中的"广场"命名完全失去了它的庄严的、政治的意义，它不过是"一间挺大的商厦"，"进入广场的都是些慵散平和的人／没大出息的人，像我一样／生活惬意或者囊中羞涩"。杨克的写作意图宏大，但又善于从小处着手，"将宏大意图与诗学具象的关系处理得甚为精当"②。《在东莞遇见一小块稻田》也是这样的作品。它写的是在厂房与厂房之间遗存的一小块稻田，从中我们真切地"看见"了工业化的进程如何挤压农业的生存空间。"厂房的脚趾缝／矮脚稻／拼命抱住最后一些土"。总之，杨克是一个善于从城市生活的细小切片中看到历史文化变化的纹路与内涵的诗人。

　　对现代都市体验的书写，是广州诗人书写的重要主题之一。杨克之外，广州还有两位专力于书写都市生活体验的，一是杨子，一是凌越。杨子（1963年生），1993年从新疆来广州，2007年出版诗集《胭脂》。他是带着对广州的严重不适，带着一种激越的批判情怀在书写广州。在杨子的笔下，广州城就是一座冷漠的沙漠，河流是发黑腐臭的，月亮不过是"灰色的发光体悄悄移动"。所谓的"胭脂"不过是金钱，"而钱不过是抹在／他们死去的生活上的／胭脂"。他写"这挤满了人的广场是多么荒凉"，他写人们的脸色是多么疲惫，所有人都追逐同一个梦想是多么可怕。与杨子相比，显得更为细腻、优雅、富有书卷气息的书写者是凌越。凌越的长诗《虚妄的传记》写的是一个年轻人在广州这座城市的精神自传。作为一个对西方现代诗歌有钻研的写作者，凌越已经能够熟练地使用隐喻、反讽、象征、叙述等多种现代诗歌技巧，将一个年轻人内心的矛盾、痛苦、反抗

---

① 杨克，代雨映：《现时代诗意切片的在场者》，载《山花》，2011年第11期。
② 赵思运：《本土性生活经验的诗意切片——杨克诗歌论》，载《南京师范大学文学院学报》，2014年第3期。

和妥协等非常冷静地表现出来，复杂性、冷抒情和深度是他的长处。这三位诗人是属于书写广州都市体验最集中的，从中我们也可以看出这一题材书写的某种变化。黄灿然评价凌越是把都市当作自然一样的描写，这的确是一种值得肯定的方式。但即使如此，他自己也意识到，他的写作离都市生活本身的复杂和真相可能还是有一段距离。

马莉（1958年生），出版有《白手帕》《杯子与手》《马莉诗选》《金色十四行》《时针偏离了午夜》等诗集。马莉早年的诗歌，虽然也真挚动人，但基本上是在一种日常理性和意识的层面展开。越到后来，我们越是能感觉到她开掘记忆、想象、潜意识、幻觉的层面。她的诗营构的往往是奇诡的梦境般的场景，但是对于现实和心灵，却又有出人意外的击中，似乎她能在超现实的事物上建立起对现实的敏锐感应。她的《安息者问》这样开头："白天消失了，巨鸟在哀叹／翅膀展开黑暗又收拢黑暗／影子跌落在地上，枝桠呢／到处颤栗，产下晶莹的小鸟"。在这样一个带有某种童话或神话色彩的开头后，诗人描写了夜的静谧，房间里爱情的空气，可即使如此，仍有孤独和不息的追问："我只想飞，可飞往哪儿呢／安息者问：谁能承载你的翅膀／谁能用无穷的力量，让黑暗不被粉碎／不再沉入悲伤的地平线，我注视着／风暴离我很远，又迅速袭来／在它的边缘聚集，又缓慢消失。"马莉总是猝不及防地从一个天真的孩童和一个诡异的巫女变成了哲人。从形式上看，自新世纪以来，她越来越痴迷于"十四行"这种形式。她的《金色十四行》和《时针偏离了午夜》都是十四行集，从这一点上来说，马莉可能是新诗史上运用十四行的形式创造了如此之多诗歌的第一人。她的十四行，不是非常严格的按照西方十四行诗的形式押韵或起承转合的，应该说它只是诗人用"一定的尺寸"限制自己的文字长度，从而达到凝练、紧凑、有张力效果的方式。马莉从不认为松散的日常口语是诗的语言，"我追求想象的诡异和辞藻的高华，这与当下诗歌的口语和日常完全相左。"① 马莉是一个有坚定的诗歌审美理想并且旁若无人地按自己的内心走下去的诗人。

东荡子（1964—2013），原名吴波，湖南人，2013年因心脏病突发去世，年仅49岁。生前出版有诗集《王冠》和《阿斯加》等，死后友人余丛和浪子分别编辑出版了诗选集《东荡子的诗》和《杜若之歌》。东荡子正如他的笔名所昭示的，在长达一二十年的时间里一直处于颠沛流离的状

---

① 诗人马莉新浪博客 http：//blog.sina.com.cn/lima，2010年6月18日博文"中国诗人肖像梦亦非"。

态,换了十几种工作,在多地短暂居留(主要往返于湖南与广东之间)。丰富的直接生活经验对东荡子诗歌的有益影响是显见的,它们是他透视社会和感悟人生的基础。像"让他习惯挣扎／奔走于刀尖"(《安顿》),"我攀着绳子向上／不断地感到快要滑向深渊,我握着的是什么?"(《我永不知我是独自一人》)尽管诗句高度概括和凝练,依然透露出背后深厚的原生生活的气息。但东荡子的诗,又极少对日常生活做形而下的叙述,他的诗有明显可见的思想质地。他的诗歌语言非常凝练、精到、惜墨如金,黄礼孩在授予他第八届"诗歌与人"奖时授奖词中说他的诗具备"钨金般的硬度和光芒",这对于东荡子来说并不完全是溢美。东荡子不但自己的诗写得不错,他还影响了周围一大批写诗的人,不少诗人坦然承认自己的诗歌写作受益于东荡子,比如黄礼孩、黄金明、浪子、世宾等人。他的诗歌观念比如语言要"直击核心",要做到像江湖艺人的老鼠药广告那样:"药在哪里,老鼠就死在哪里";或者像伐木者那样,准确地砍开木头,做到速度、力量和美学的综合。诗人要不断地消除诗歌写作中的黑暗(过分的技术化也是黑暗之一)和做人的黑暗,做到诗人合一,等等。东荡子是在诗歌的路上正道直行的诗人,他的所言所行深刻地影响着广东的诗歌圈,对于广州诗歌文化的健康发展起到了不可抹杀的作用。

黄礼孩(1972年生),湛江徐闻县人,中学时代开始学习写作,20世纪90年代来到广州,目前已是全国知名的诗人、诗歌编辑家和诗歌活动家,结集出版的诗集有《我对命运所知甚少》《热情的玛祖卡》《礼物》等。黄礼孩的诗优美、洁净、简约,在他的诗里,我们可以读到光明、温暖、感恩和爱这些我们这个时代稀缺的情感和价值元素。黄礼孩总的文化态度是建设性的,如果说他对这个时代的缺陷有所感知,他不会通过一种激烈的批评方式去体现。他是一个行动主义者,他会通过他的建设性的行动去弥补和改变,而不会以个人的力量微薄为借口予以逃避。他的诗实际体现的也是这样一种精神。他说:"写诗就是采集光的过程"。他从细小的事物出发,以一颗敏感的心去发现事物的美、坚韧和尊严,又带点淡淡的忧伤。"晨风吹着芦花上的蛛丝／蛛丝上的光多么细腻"(《我们不比它们更懂得去生活》)"枝条的阴影／落在地上／划伤大地的皮肤"(《坏消息》)正是黄礼孩式的句子,而《窗下》中"这里刚下过一场雪／仿佛人间的爱都落到低处"也是黄礼孩式的经典情怀:他关心原本有价值的"在低处的事物",能发现它们隐含的价值。黄礼孩的诗大多数形体是小的,观察和感觉也非常精微,但里面有一个大的精神,这是他的诗歌的可贵之处。

梦亦非(1975年生),来自贵州,布依族。他曾在北京、南京、上海、武汉等地居住，2005年来到广州。梦亦非是写作的多面手，诗歌、小说创作以及评论都不错，是才华和勤奋兼具的诗人。诗歌方面出版有《苍凉归途》诗歌卷和评论卷，长诗《儿女英雄传》，评论"70后"诗歌写作的专著《爱丽斯漫游70后》等。梦亦非是中国少数坚持长诗理想的诗人，他明知"中国不是一个有胃口消费长诗的国家，这也不是一个有智力消费长诗的时代"①（《苍凉归途》诗歌卷序，花城出版社2012年版），但他认为唯有长诗才有足够的容量去"处理一个世界"。写作长诗是不容易的，它需要深厚的文化积淀、语言功力和结构的能力。作为一个有惊人阅读量且阅读的兴趣多在学术性读物方面的诗人，梦亦非良好的文化素养为他写作长诗提供了底蕴。贵州的地域文化，尤其是水族文化（他说布依族已经完全汉化了）给他的写作提供了源源不断的灵感，但他也警惕地域文化的狭隘性。梦亦非是一个用后现代的思想方式处理地域文化的诗人，他的眼光是宏阔的，他也在尝试用长诗反思和处理革命文化。大众对梦亦非的长诗至今缺乏有深度的解读。

郑小琼（1980年生），来自四川，她是有全国影响的年轻诗人。整整五年她在东莞的一家五金厂打工。她将打工生活的辛酸用诗歌和盘托出，"每一句诗，每一个字都是从打工生活中提炼出来的一滴血，或一滴泪，一段梦想与一声叹息"②。它们来自个人经验，但又超越了个人经验的限度，是现代化进程中广东血汗工厂生活的写照和深刻透视，是数以亿计的农民工无名无声的历史性经验的见证人和说出者。她的出现如谢有顺所言，是我们这个时代一个"意味深长的诗歌事件"③。《打工，一个沧桑的词》《铁》《生活》《黄麻岭》《钉》等是她的名作。郑小琼于2006年来到广州，目前担任《作品》杂志的编辑，已经出版有《郑小琼的诗》《女工记》《纯种植物》等诗集。从某种程度上来讲，郑小琼是一个天才的诗人，在她写作之前，可能从来没有受过诗歌方面的训练，但"她确实是一个很有语言才华的人。她那些粗粝、沉重的经验，有效地扩展了诗歌写作中的生活边界，同时也照亮了那些长期被忽视的生存暗角。她的文字是生机勃勃的，她所使用的细节和意象，都有诚实的精神刻度。她不是在虚构一种

---

①《苍凉归途》，诗歌卷序，广州，花城出版社，2012。
②柳冬妩：《什么样的人在回答这个世界——郑小琼诗歌阅读札记》，见方舟编：《承担之镜》，167页，北京，大众文艺出版社，2010。
③谢有顺：《分享生活的苦——郑小琼的写作及其"铁"的分析》，见方舟编：《承担之镜》，140页，北京，大众文艺出版社，2010。

生活,而是在记录和见证一种生活——这种生活,是她亲身经历过的,也是她用敏感而坚强的心灵所体验过的。所以,她的写作能唤起我们的巨大信任,同时也能被她所深深打动"。①

此外,浪子、世宾、林馥娜、黄金明、安石榴等都是相当不错的诗人,由于篇幅的关系,不一一介绍。

媒体、刊物及诗集出版

一个地方的诗歌文化的发展以及它的影响力,也取决于诗歌的载体——媒体、刊物及出版。广州在这个方面明显地走在全国的前列。

自从北岛、芒克在20世纪70年代末期创办民刊《今天》,当代诗歌的传播就形成了以民刊为重要阵地的传统,一些优秀的民刊甚至比官刊更有影响力,官刊也往往通过民刊来发现优秀诗人和诗歌。广州在诗歌的民刊创办方面可以说非常有影响力,甚至形成了自己的"品牌"。

首先值得一提的是《面影》。1986年创刊,1998年停刊,2002年复刊一期之后彻底沉寂。现在的广州诗人都非常怀念《面影》,诗人林馥娜称它是"当时整个广东唯一具有先锋性、实验性的诗歌刊物,也是当时全国屈指可数的几家诗歌民刊之一"。② 诗人群体来自医生、警察、记者、生意人等各行各业,为办这份刊物,每个人都出资,集中后交给其中一两个人具体操办。诗人江城长期担任主编,杨克、陈朝华、宋晓贤、阿斐、潘茗萱等参与组稿。作为广州第一个有影响的民刊,《面影》的特点首先在于打破了"小圈子化",它刊发了全国众多优秀诗人的作品,包括翟永明、黄灿然、张执浩、安琪、马莉、东荡子、叶匡政、马永波、伊沙、海上、孙文波、黄礼孩等等,也发表评论,诗歌及文章多次被官方刊物转载。《面影》虽然已经沉寂,但是它的诗歌理想以及大的气度被广州以后的民刊所继承。

1999年创刊的《诗歌与人》是广州民刊史上的重要一页,是广州民刊进入辉煌的开始和标志。《诗歌与人》由黄礼孩主编,被称为"中国第一民刊"。这个"中国第一"不仅由于它的印刷设计之精美,更由于它的主

---

① 谢有顺:《分享生活的苦——郑小琼的写作及其"铁"的分析》,见方舟编:《承担之镜》,148页,北京,大众文艺出版社,2010。
② 林馥娜:《历史行进中的广东诗歌现场》,见《旷野淘馥·诗论卷》,177页,广州,花城出版社,2011。

编理念。这是一份有理想、有抱负的刊物，这个刊物从它创始之日起，就主要不是用于登载诗人们所写的新近诗歌的，而是有非常明确的文学史意识。它的每一期都有特定的专题策划，至今为止，它推出了"中间代"、"70后"、"女性诗歌"、"少数民族诗歌"、"5.12 汶川地震诗歌"、"海洋诗歌"等诗歌专题，推出了"完整性写作"的理论，并为许多优秀的中外诗人出了专集，不仅在理论上，而且在史料（包括过去的史料和新鲜的活的史料）上为诗歌研究做出了贡献，陈晓明先生称"《诗歌与人》是非常珍贵的文学史文本，是活的当代诗歌史和精神史"。黄礼孩的办刊理念是"做别的诗歌不做或遗忘的部分，从而竭力呈现一个不可重复的诗歌现场"①。办刊的经费主要来自他辛苦所得而并不丰厚的个人收入，有时接受少量资助。早在2004年，北京师范大学张清华教授就这样评价《诗歌与人》："某种意义上也可以说他创造了另一个范例，一个以民间和个人力量，推动诗歌媒介与载体传播方式在新的时代条件下发生深刻变革的例子。"② 当然不能说，所有这些事都是黄礼孩一个人所作，但他有相当的眼光和策划能力，有对于诗歌的奉献之心和一种坚忍不拔的精神，所有热爱诗歌的朋友、诗人和学者都愿意为他提供力所能及的帮助，他的力量就在于他已经成了力量的一个集结点，这是更难能可贵的。

杨克主编的《1998中国新诗年鉴》于1999年在广州出版，并从此持续不间断地推出《中国新诗年鉴》系列选本，迄今已出版15年，"是中国新诗诞生以来甚至是自《诗经》始连续出版时间最长的诗歌选本"。"填补了中国没有年度诗歌选本的空白"。③《中国新诗年鉴》是中国第一本非官方性质的文学年鉴，奉行民间出资、民间策划、自谋市场的路线，杨克称"从未用过纳税人一个子儿"，所以也应有"凭艺术良心和个人判断选诗的权力"④。它是一本有明确的诗学立场的年鉴，每一期的封面都明确标出——艺术上我们秉承："真正的永恒的民间立场"，并因这一立场而在编选之初就引发了上世纪末最大的诗学论争："民间写作"与"知识分子写作"的论争，这也是这本刊物获得影响力的开始。当然经过十多年的运

---

① 黄礼孩，明飞龙：《名刊观察——诗歌与人专辑·黄礼孩访谈》，见《扬子江评论》，2011年第5期。
② 张清华：《热带的熔点——关于〈诗歌与人〉的三言两语》，载《上海文学》，2004年第12期。
③ 杨克主编：《中国新诗年鉴十年精选》之内容简介，北京，中国青年出版社，2010。
④ 杨克：《2011——2012〈中国新诗年鉴工作手记〉》，见《2011——2012中国新诗年鉴》，606页，南京，江苏文艺出版社，2012。

作,"民间写作"的理论内涵和表现形态也在发生着变化,它所标榜的"独立"和"自由创造"也很难和"知识分子写作"分出界限,但它实际上还是以包容的度量,对于十多年以来中国新诗的发展进行了每年的年度展览和总结。每期《年鉴》都分成"作品"与"理论"两部分,编选范围包括了纸面和网络,厚度达 600 余页,最大限度地保留了诗歌现场的样貌和气息。不过对于一般读者而言,过于巨大的诗人数量,以及每人一两首的编选方式,也使得人对年度的优秀诗人和诗歌产生茫然的印象,优秀诗人与诗歌被淹没在众多平庸者之中。

《中西诗歌》:2000 年创刊,由澳门基金会和广东省作家协会合作主办,它的核心人物是澳门诗人、翻译家姚风和广州的黄礼孩,在澳门和广州分别设有编辑部,并在多个国家和地区设有联络处,目前已经出到总第 50 多期,诗人温志峰、浪子、安石榴、魏克、卢卫平、世宾、林馥娜等都参与过编辑工作。《中西诗歌》的特点在于除了发表中国当代诗人的诗作之外,它的每一期都会推出重量级的国际诗人,关注视野非常广阔,比如 2014 年的第二期(总第 50 期),它的"开卷"栏目推出的国际诗人是朝鲜的"脱北"诗人张真晟的诗;而"翻译"这一栏目则重译或新译了庞德《诗章》(8—11),西胁顺三郎诗选,扎波洛茨基诗选和马町卡姆普诗选,达近 40 个页码。《中西诗歌》目前是一本达到 168 个页码,包括 7～8 个栏目,容量和信息量非常之大的诗歌刊物,甚至它的封面、封底、封二、封三都在传播诗歌内容,不会浪费版面的"一寸土地",当然也不是说它的版面"节约"到这个程度,它的版面设计总体是朴素而新颖的。几乎所有重要的中国当代诗人都在《中西诗歌》上发表过诗作,对于诗歌新人它也给予提携,提供"一首诗"这样的阵地,而它译介或重新译介的西方诗人也已达一两百人次之多,包括许多大师级和最新有影响的诗人。从某种程度上说,目前中国的诗刊,很少达到有如此巨大的信息量和编选质量的,并且这一编选指数处于上升状态。

以上是大型而连续的民间诗刊出版物。此外,有不定期出版的一些民刊,如《零点》等。《零点》是 1996 年梦亦非在贵州创办的诗刊,据说开始的时候,由于经济上的拮据,印刷非常粗糙。梦亦非到广州之后,这个刊物也到了广州,2010 年《零点》出版"复刊号 70 后诗歌专号",达近 400 页,非常精美,但未能有规律地出版。林馥娜等人主编的《南方诗歌报》也是如此。

官方出版方面,花城出版社出版了反映广东青年诗人实力的《出生地》《异乡人》等诗集以及梦亦非、林馥娜、浪子、余丛等人的诗歌专集。

《花城》杂志、《作品》杂志每期都有诗歌专版,《南方都市报》和《羊城晚报》等有不定期推出的诗歌版面,尤其是《南方都市报》,它的"阅读周刊"经常有诗歌内容。《华夏诗报》也是不能不提到的一份元老级刊物,于1985年创刊,主编是现年93岁的老诗人、诗评家野蔓,评论家熊国华参与编辑,曾经为诗歌的传播做出很大贡献。只是现在它的影响力明显偏弱了,一方面是由于主编的诗歌观念的某种程度的老化,另一方面因为更新锐的诗歌媒体的出现。但作为一份坚持时间达30年的刊物,理应表达对它的敬意。

在一个多元媒体的时代,广州诗歌的传播除了纸媒之外,网媒和声音媒体也是不应忽视的。广州诗人苏一刀创办了"一刀文学网",其中诗歌也是重要的部分。而朗诵家马莉(不是前面提到的诗人马莉)主持的广东电台的一档诗歌节目"好听周末之诗人在线"也做得非常精彩,黄礼孩、林馥娜等诗人积极参与推介点评,甚至暨南大学著名教授蒋述卓先生也两次做客节目,听众可以直接听到点评人或诗作者的声音。选诗新锐,不少诗歌是当前诗歌中的精品,再配以精当的点评和优美的配乐诗朗诵(朗诵有时是诗人自己和点评人的),的确给人极好的精神享受。电台播出之后,听众和读者可以方便地通过网络和微信平台随时再收听。这个节目在大学生中的反响相当不错,可以说创造了又一个诗生活的空间。

重要的诗歌活动

广州重要的诗歌活动包括几个诗歌奖,各种诗歌节和朗诵会、诗歌沙龙和诗人之间的私人交往活动。

诗歌奖某种意义上就是一次诗歌的盛会。全国范围内诗歌奖可能不少,但是像广州这样办出了名气和特色的不多。"华语文学传媒大奖"是2003年由《南方都市报》设立的纯文学奖项,每年颁发一次,"年度作家奖"奖金10万元,其他单项奖2万元,是国内第一个有公证人全程参与的奖项,目前来说不但奖掖了一批优秀的作家,也取得了良好的公众影响力。虽然目前尚未有"年度作家奖"颁发给诗人(都是小说家得了此奖),但是每年选出的"年度诗人奖"的确奖给了我们这个时代最优秀的诗人们,他们分别是于坚、王小妮、多多、李亚伟、雷平阳、杨键、臧棣、朵渔、黄灿然、张执浩等,推广了诗歌文化,提高了诗歌在公众中的影响力。

广州第二个有影响力的奖项是"诗歌与人·国际诗歌奖",2005年设立，地地道道的"一个人的诗歌奖"，评委为黄礼孩一人，每年奖励一位评委认为值得奖励的诗人，迄今为止，已颁奖了九届，获奖人分别是安德拉德（葡萄牙）、彭燕郊、特朗斯特罗姆、东荡子、扎嘎耶夫斯基等，国际诗人已经多于了中国诗人。特朗斯特罗姆在2012年获取诺贝尔奖之前首先得到了黄礼孩的"诗歌与人"奖，使他的这一奖项获得了更高的名声。2014年扎嘎耶夫斯基亲自从波兰来广州领奖，再一次将这个奖的影响力（至少是在国内）推向了高潮。这里面其实反映了黄礼孩的一个颇有技巧性的思路，他要通过给这些原本已有很高声誉、并且也获得过不少著名奖项的人的颁奖，来扩大刊物的影响力。

第三个诗歌奖是今年才设立并颁出第一届的"东荡子诗歌奖"。东荡子于2013年因心脏病辞世之后，他的妹妹吴真珍女士出资设立了此奖，全权委托"增城市东荡子诗歌促进会"负责评奖活动，"促进会"主任为世宾，黄礼孩、龙扬志是重要的成员，本届奖他们邀请了著名批评家、学者张桃洲，著名诗人蓝蓝组成评委，评选出的第一届获奖人是两位诗评家西渡和耿占春，一位诗人宋琳。这个奖项有两大亮点，第一，这是国内第一个重视诗评家的诗歌奖，并且由两位公认非常富有原创性和影响力的诗评家（他们本身也是诗人）获得，这将大大提高这个奖项的影响力；第二是它的目光也非常长远，并不局限于"东荡子研究"，也不局限于给广东诗人颁奖，而是着眼于整个现代汉语诗歌。

有影响力的奖项对于聚拢诗歌的人气、提高一个地方诗歌活动的档次很有意义。除了这三大奖之外，每两年一届的"珠江国际诗歌节"，每年的"新年诗歌朗诵会"，每年的"三八女性诗歌朗诵会"都是盛会。"珠江国际诗歌节"创办于2002年，由珠江地产、《南方都市报》和龙脉传播三方合作，总策划人陈朝华、秦彤、拉家渡等，确立了"以节日的方式推动诗歌走向公众"的宗旨，至2013年已成功举办六届，邀请了国内著名诗人、诗评家包括食指、余光中、舒婷、王小妮、孙文波、翟永明、姜涛、胡续东、张清华以及德国、英国、美国、埃及、巴西、法国、委内瑞拉等国家的著名诗人200余人次参加，以立体的形式展现诗歌的魅力，"重塑诗歌的高贵形象"并给予诗人"自唐朝以来所获得的最高礼遇"[①]，这个活动也成为南中国的文化盛会。每年的新年诗歌朗诵会，例行由黄礼孩策划，已经有过各种不同的形式，或在大学校园，或在咖啡酒馆举行，

---

① 《"唐朝以来诗人的最高礼遇"》，载《东方早报》，2007-08-15。

无一不是美轮美奂。从去年开始，黄礼孩开始尝试与公共图书馆合作，将诗歌与其他艺术相结合的唯美享受推向群众。今年的主题是"诗歌与建筑"，不但主题新颖，邀请的嘉宾也并不是小圈子内互相熟络的诗人，包括中科院院士、华南理工建筑学院教授吴硕贤，中山大学天文与空间学院院长李淼也来到现场，朗诵他们的诗歌，并进行了诗歌与建筑艺术的对话。另外，还邀请到西藏诗人吉狄马加以及美国、波兰、西班牙和香港等地的诗人，美国和波兰驻广州的总领事也来到朗诵会，是名副其实的"国际诗会"。所有人，不分级别，不论头衔，都盘坐在自己的小蒲墩上，作为"诗歌的孩子"领受诗歌"静与光"的洗礼。新年诗会之外，由谭畅组织的"三八女性诗歌朗诵会"也已经坚持了六年，也在由过去的诗人聚会开始在走向校园和大众，2014 年的一届在广东外语外贸大学举行，2015 年在广州图书馆举行。而由诗人梦亦非所出资和组织的"东山雅集"则是一个高端的诗歌学术沙龙，从 2010 年开始已经举办五届，每届都有讨论的专题，并要求每位与会者提交论文，论文结集出版。

不能不提到的一个诗歌活动是从 2010 年开始举办、每年一届的"诗润南国·小学生诗歌节"，这是一个首先是由南方日报社发起，得到中国移动广东公司全程技术和经费支持，而后得到广东省委宣传部、省教育厅、省作协等多家官方单位支持的活动，这样的活动在全国也是独此一家，已经列入广东建设文化强省的品牌工程之一。小学生及所在学校参与的热情十分高，著名批评家谢有顺，诗人于坚、王小妮、黄灿然、马莉、黄礼孩、郑小琼等都担任过终评评委，主办及参与者的共识和理念在于诗教从娃娃抓起，也确实令人惊喜地发现了不少富有语言天才的"诗歌小苗苗"，《中西诗歌》及《南方都市报》等也为获奖诗歌提供发表园地，甚至结集出版，不过更为重要的是借这样的活动，在小学生中传播诗歌文化。

在谈及广州的诗歌活动时，我们往往只言及那些公共性的活动，其实这些活动里有关诗人之间的私下交往的，也是非常重要的诗生活的一部分，只是这一部分的资料不容易被掌握。比如我从诗人浪子那里听到，当年他写出了《镜像》组诗中的第一首《神秘的梦》，给东荡子看了之后，东荡子第二天早晨六点钟就来敲门，非常激动地来谈这首诗。经常可以听到诗人们之间就诗的问题彻夜倾谈的逸事，世宾、东荡子、黄金明等都有谈到。除了这些不可见但其实是重要的诗歌活动内容之外，我们可以找得到的一些"文化地标"也是重要的。一个是东荡子的居所。他居无定所，但不管是在哪里，是在"圣地"还是"出租屋"，还是在增城的"九雨楼",那里都是诗人们吃饭、喝酒、倾谈的地方。还有一个地方就是黄礼孩的"沙河顶",广东画院那栋旧楼的八楼,黄礼孩的工作室。几乎没有诗人不光顾他的工作室的,这是一个重要的诗歌交流空间。另外,创办于2011年的广州"方所"书店也经常有诗歌的讲座和交流活动,韩东、沈浩波、黄灿然、凌越、黄礼孩、杨子等都担任过它的主讲嘉宾。

诗歌的学院派研究力量也在上升。目前的中青年学者中,谢有顺、陈希、龙扬志、伍方斐、刘小平、付祥喜、李俏梅、杨汤琛、李荣明、吴高泉等等,都关注诗歌也包括本土诗歌的研究。诗歌教育也逐渐得到重视,综合性大学里一般都开设有诗歌研究课、诗歌写作课等,文学系选修、全校通识课都有。暨南大学的校园诗歌活动,广州大学的"现代诗学研究中心",广东外语外贸大学的"诗歌圆桌论坛"都颇有起色。但遗憾的是,广州的学院诗歌力量极少共同组织有关诗歌的学术性活动。总的来说,在广州的诗歌活动中朗诵活动较多,有理论含量的、就一个专题或诗学问题进行深入探讨的学术性活动较少,这是今后可以加强的。

对近年广州诗歌文化的总体评价和分析

总的来说,近十多年以来,广州的诗歌文化还是处于一个发展、上升的趋势之中,这是无论从诗歌的写作还是传播方面都可以看到的可喜现象。而在总体的态势之中,总有一些人成长为更中心的、堪称领袖式的人物。通过我前面的一些描述,我们也可以看到,在广州的诗歌文化活动中,黄礼孩、杨克、世宾、东荡子等是更为核心的人物,东荡子生前一度是一群广东诗人的精神领袖式的人物,死后也成为近一年来广州很多诗歌活动组织的缘由,如果"东荡子诗歌奖"能顺利地延续、成长,可以说他就依然在充当旗帜和精神领袖。而在广州的绝大多数诗歌活动中,尤其不能缺少黄礼孩的身影,包括东荡子诗歌的传播和诗歌奖的设立,黄礼孩做了重要的工作。一个地方的诗歌事业,在一定的时间段里会成长出领袖或领军式的人物,这是不难理解的,这甚至也是一方力量汇聚的一个标志。黄礼孩就是这样的渐渐成长起来的人物。在为诗歌奉献的过程中,他个人的力量也得到壮大,目前,他的诗歌写作、诗论随笔和艺术随笔的写作已经渐趋高峰,刊物编撰、奖项及其他活动堪称品牌,他一个人的文化舞台所发挥的作用目前尚未得到充分的评价,他对于广州诗歌的重要性其实是怎么评价都不过分的,虽然他一向行事低调,以实干著称。世宾近年也由一个纯粹的诗人成长为了一个诗歌理论家、评论家和活动家,他的能量也正在释放之中。至于杨克，那是更老牌的诗歌事业的促进人。其实这也是正常的现象，正如当年"文学研究会"，一个偌大的协会，一个卓有影响的刊物《小说月报》，绝大部分时间是茅盾一人在编。某几个人成了诗歌力量的汇聚点，当他们想干一件事，背后就有一个强大的团队力量在支持，这些人都愿意在此时称当无名英雄和"诗歌的义工"，这也正是一项事业常有的秩序。他们的成长，实际上也结束了所谓"繁星满天，没有月亮"的时代，还是有几个月亮的，或者说月亮渐渐地升起来了。

而从总体生存环境来说，也许诗歌依然处于社会生活的边缘，但是在一定的范围和人群中，它是具有号召力的美好事物。诗歌的处境在广州，并不比自新诗诞生以来的任何时期更差，只能说更好。一方面，广州作为经济发展处于前列的城市，吸引了省内外大量人口前来，而其中就有或者其中就生长出不少诗人。而经济上相对的优势，也使诗歌文化的发展更加蓬勃，或者说使诗歌的种子更容易找到着床的土壤。明飞龙在研究诗歌民刊时说："广东有浓厚的民间文化氛围，很多公司老板都愿意无偿支持文学事业，尤其是民间文学事业。多年主编《中国新诗年鉴》的杨克曾多次说到，他主编这本诗歌选刊，都不是自己外出找赞助，有很多商人表示愿意无偿提供资金，如果不是在广东的话，要连续九年做好这样一本书是不可能的。"而黄礼孩的诗歌事业则有两个资金来源，他自己的收入和来自企业的一些赞助。其实一些企业老板本身就是诗人或诗歌爱好者，如程祖晧、汪治华、林旭㳽、翟文熙、吴珍真、石文娟、胡燕群等就是。不过我们也不应过高估计经济因素在广州诗歌文化生成中的作用。近年来广州的经济实力一直在相对下降，尤其是民营经济方面。老百姓手头并不有钱。黄礼孩这些在诗歌方面投入相当大的人都不是什么有钱人，不过是愿意把自己辛辛苦苦赚来的小钱投入进去。诗歌在广州得到的赞助甚至不如在杭州和武汉。这两个城市都有老板每年无偿赞助十万元以上设立诗歌奖项。那么是什么使得广州的诗歌在一个良性的成长之中呢？我认为有三个原因很重要。一是广州是一个民间社会比较发达的城市。民间的点滴力量可以得到聚集。二是广州也是一个相对比较自由的城市，有相对独立的个体价值观念，在这里没有人阻止你去做自己想做的事。第三，从诗人或诗歌写作生长的机制看，经济的发展和诗歌发展之间其实并没有直接的关系。常言道："痛苦出诗人。"广州的生活不一定比其他地方更痛苦，但是它的飞速发展的现代性进程的确在带给人们更好的物质享受的同时也带给他们更大的压力，尤其是从内地或本省偏远地区来到这个城市的人更能感受到一种巨大的物质和文化反差，这些都会激发他们内心的感受和思考，这种感受的丰富性和变异性才是诗歌生长的真正沃土。文学常常源于与生活的紧张关系，诗歌也是如此。考察广州诗人的写作，包括我前面所列举的知名诗人，我们都可以看到这种紧张关系的存在。第四，我们不能不指出，广州的诗歌界没有"山头"，没有互相拆台、互不往来的"小圈子"，包容性和亲和力很好。这是难能可贵的。也许这和广东一向标榜的"海洋文化"的包容性相关，也许作为一个在文化上一直处于比较边缘的城市，这个领域没有多少可争夺的名利资源。

最后，我们得指出，从《面影》创办以来，我们就发现广州的诗歌圈是有大的文化抱负的，从来不是为了某个小圈子更方便地发表东西或出名，没有狭隘的地方主义。不过我们也从中看到在总体上还是有一种谦逊的态势，总在替别人加冕，在给别人提供舞台和讲台，虽然它自身的实力也不错。这大概有点像中国改革开放政策，先把外资引进来，使广州诗歌界和外面有一个更好的交流，而在开放的姿态中，我们看到了广州诗歌更高的可能空间，而它所提供的当代诗歌文化"范本"的价值也正在显露出来。

（李俏梅：广州大学人文学院副教授，广府文化研究中心研究员）

自然诗歌中的格拉斯米尔与岭南地域景观
——威廉·华兹华斯与华海创作之比较

龙其林

中国当代生态诗歌创作已经形成蔚为大观之势,而华海又是其中的杰出代表。在华海思想逐渐成熟和世界观成型的过程中,诗人对西方浪漫派和现代派文学及美学等都有着广泛的涉猎,尤其是英国著名诗人威廉·华兹华斯对于华海的影响非常明显,这不仅对他早期的创作产生了重要影响,形成了优美、浪漫、哲思而又冷峻、激烈、雄浑的特点,而且也对其近些年通过生态诗歌进行生态审美、赋予自然以神性的创作具有重要的启示。

生态创作:浪漫色彩与现实批判

华兹华斯深受卢梭回到大自然去的思想的影响,认为大自然是人类的幸福源头和欢乐所在。华兹华斯的思想中形成了这样一种观念:自然界的一切都是上帝恩赐的产物,上帝的本质精神渗透在自然界的一切事物之中,人只有和自然友好相处才能时时感受到神性力量的存在。"从生态文学的角度来看,华兹华斯诗歌的突出成就之一,是从自然对人的美好影响这个方面来探讨和表现自然与人的关系。"[①] 诗人描写自然景物时更强调对于自然事物背后精神的发现和领悟:"现在,爱正在普天下滋生/在心灵之间悄悄地交流——/从人到大地,由大地及人——/这是去感受的时候"。诗人认为置身于自然之中是生命力翻腾的原因,因此人们更应该珍惜自然、回归自然,让自然来充实性灵,使性灵充满爱:"大自然使我躯体中的灵魂/同她自己的美好作品结合/我呀,想起了那问题就心疼:/人把自己同类变成了什么?"华兹华斯凭借自己对于自然的敏锐观察和对其神性的领悟,在瑰丽的文字中绽放着浪漫的色调,将人与自然的友好刻画

---

① 王诺:《欧美生态文学》,100~101 页,北京大学出版社,2003。

出来。

在华海早期的诗集《一个人走》中，诗人便已表现出对于优美意境、浪漫色彩的追求。而向生态转向的过程中，歌咏人与自然和谐相处的华兹华斯更在华海的创作视野中得到了聚焦和体认。华海在生态诗歌创作中十分注意领会自然所具有的内在力量，通过对自然浪漫性的领悟来揭示自然的生命力，从不及物的、以自我为中心的文学语境中抽身而出，在对自然魅力的重新认知中传达出人与自然和谐相处、回归自然以寻找自我的文化冲动。在《喊山》中，山成为了生命的主体，具有了细微的感受力："山有时候睡有时醒/醒的时候/想说话/山的声音/灌进樵夫的血管/他站在峭崖上/喉咙里跳出/一条弓形弧线/弧线被优美地/弹了回头/樵夫就倚着老松/想远处/也有一个樵夫/花狐狸倏地闪过/山灿烂了一下/又黯了/许多声音。"诗人直接将自然作为诗歌主体，诉说着人与自然的和谐相处，从而反映了诗人对于人与自然关系的深切思考。在《雷雨》中，华海表现出对于自然界蕴藏伟力的敬畏："顷刻　照亮黑暗中蜥蜴的秘密　闪电之火/牵引一种不可知的力量　在血液中/积聚、升腾　这也是完成/一次膨胀的恋爱和孕育吧/电流　在岩石的神经上奔跑　弹跳到/极至　树枝的每个毛孔颤栗……"自然的气息不自觉中已深入到诗人的灵魂，让诗人忘记了世俗的物质语言，而直接倾听灵魂的诉说写下了自然的心声。华海对于自然所具有浪漫色彩的领会与表现不仅仅是作为一种对于自然魅力的重新发现，引发读者的自然意识和回归自然的文化冲动，而且还是对于自然所具有的净化心灵、治愈精神病症作用的看重。

华兹华斯长期隐居于英国西北部的湖区，他认为大自然能够给予人们以优美、善良的引导，能够激发人性中的博爱与善良，而疏离自然之后的人们则逐渐地远离了上帝的精神，从而也无法寻找到真正的幸福。在《劝诫》一诗中，作者对于人们无时无刻不在涌动着的欲望保持了警惕，规劝人们面对大自然的动人和美丽时不可产生占有的欲望："你就停步吧，闪烁的双眼盯住！——/僻静的环境护着的可爱小房，/使你深受感动；它还有小牧场、/自己的清溪、像是独有的天幕！/可是别渴慕地看着这个住处——/别叹息，别像其他许多人一样；/闯入的人会从大自然的书上/把这珍贵之页撕下……是啊，凡现在使你着迷的一切，/从你插手的日子起就将消失！"华兹华斯在展现自然柔美、博大和神性的同时，对那些阻碍人与自然交流的行为和思想明确表示了反对。《作于伦敦，一八〇二年九月》一诗则对城市中人们疏离自然后的欲望躁动与社会失常进行了批判："最大的财主便是最大的圣贤；/自然之美和典籍已无人赞赏。/侵吞掠夺，贪婪，挥霍无度——/这些，便是我们崇奉的偶像；/再没有淡泊的生涯，高洁的思想；/古老的淳风尽废，美德沦亡；/失去了谨慎端方，安宁和睦，/断送了伦常准则，纯真信仰。"华兹华斯凭借着诗人的直觉，已经预感到了人们不断膨胀的欲望可能带给自然的伤害以及古老淳风的尽废、精神的溃败，并在诗歌中发出了富于警醒的呼号。

如果说华兹华斯对于自然的喜爱和亲近是由于他坚信上帝的精神即蕴藏在自然界的一切之中的话，那么华海对于自然的喜爱以及对于人类中心主义文化的批判一方面固然受到华兹华斯诗歌的潜在影响，但则更多地来源于其对现实生态危机的认识，同时也受到了西方当代生态理论的影响，这是他们之间在表现对于破坏自然行径的批判中内在的差异。在《悬崖上的红灯》中，诗人将人类唯发展是从、践踏生命价值的行为进行了淋漓尽致的批判："钢铁的车　惯性的车/朝着那既定的完美方向/一路狂奔　辗过所有的/星光和青草/辗过夜鸟的惶恐/山峰的沉默/甚至辗过从来没有恩怨的/那些无辜昆虫/在浓黑的夜色中　它呼叫/因为你们就是世界/世界就是你们。"在《窗外，飘来怪味》中，诗人对都市中的恶劣生态及其背后的经济、体制、文化因素进行了深刻的揭露："窗外，有股怪味飘来……/我说：忍忍吧，它有产值、税收，还有奖金……小区住户再不像当初/怒上心头拍案而起/日报上说工厂建立了治污机制/人大督查了，政协过问了/专家也论证怪味并无大害/还有啥好说，专家论证/有益无害　我也信/只能怀疑自己的鼻子。"华海通过一首诗歌形象地再现了破坏自然生态来谋求政治、经济利益的内在链条，并对造成生态危机的人类局限表达了愤怒和忧虑。诗人并未停留在环境污染、破坏的表象上，而是深入到了生态危机的社会、人性根源，其批判力度和反思锋芒无疑是深刻的。

华兹华斯与华海都表现出了对于回归自然的渴望、对于人与自然和谐关系的追求，并都以浪漫、瑰丽的笔墨表现出自然对于人的精神引导和熏陶作用，对于人类侵害自然的行径表达出了强烈的愤慨和批判。

生态地域：自然的在场与诗意地栖居

华兹华斯很多诗歌均创作于隐居时期，且主要以当地的自然风光作为表现对象。正因为其诗歌有固定的自然背景，所以他的诗歌虽然浪漫气息浓郁，但并不玄奥、不着边际，而是有着切实可感的自然场景和具体的地域特征。诗人在表现自然景物时总是会表现出具体的地理时空和特点，以此建构其故乡昆布兰郡科克茅斯的自然之境。"华兹华斯不尚奇幻，以其宁静的沉思和富于想象力的风格写得真挚自然，亲切质朴，既注重自然的可感性而着意捕捉细节，又从人们的日常生活中开挖感情宝藏，以取得新鲜感和奇迹般的效果。"①

由于有了地域的支撑和对于自然的细腻观察，华兹华斯的诗歌不像其他浪漫派诗人那样抽象而玄妙，而是脚踏实地于故乡的秀丽山川之间，使诗歌充满了在场感。在《"我独自游荡，像一朵孤云"》中，诗人独自游荡，仿佛一朵孤云飞越了峡谷和山巅，感受着隐居地风景的魅力。这首诗歌以水仙为表现对象，但其地域色彩依然明显，"湖边"、"湖湾"的隐居环境在诗中也得到了鲜明的体现。诗人隐居之地的山水、树木、花草、虫鸟等自然界的一切事物，都成了作者感悟自然、体会神性的对象。在《自然景物的影响》一诗中，诗人以动人的笔触描绘自己隐居地的自然景物和对自己的巨大影响："初冬十一月，/潮雾漫出了山谷，荒凉的景色/更显得凄清；或者，林间的中午；/或者，静静的夏夜，柔波荡漾的/湖水旁边，昏黑的山脚下，我独自/徐行于幽寂的孤途；这些时机，/我便有幸与自然亲密交往。"诗人融自然景物、地域环境、生活细节于一体，在清晰可感的形象中为我们勾勒出回归自然生活的乐趣与幸福。可以说，正是由于有了这种鲜明的地理因素，华兹华斯的浪漫诗歌才有了一个坚实的根基，在对现实自然切身体验的基础上建构起一个富于个性的艺术世界。

无独有偶，华海的生态诗歌创作也有着鲜明的地域色彩。在早几年的生态诗歌中，华海大多以清远的笔架山为表现对象，创作了《天湖》《初冬》《雨后》《山气》《把笔搁在笔架山旁》《笔架山下》等众多生态意识鲜明、地域色彩浓厚的作品。对于这种选择具体的地域环境为表现对象的方式，诗人有着自己的理解和追求："这几年的创作，我主要围绕'笔架山'这个特定地域展开，构筑一个笔架山生态诗歌的天地。在写作中强化'在场感'"，"重视心灵与自然的默契感、跳动感，以及对自然生命伤痛的触摸、体验，把在自然深处的理趣、感悟同意象、情绪联结为一体，而不作理性分明的界隔，从而构成浑然、幽秘的生态幻美诗境。"② 这与华兹华斯以隐居地的自然景物入诗、再现科克茅斯的环境氛围有着异曲同工之妙。

---

① 黄杲炘：《译者前言》，见［英］威廉·华兹华斯著，黄杲炘译：《华兹华斯抒情诗选》，13 页，上海译文出版社，1986。
② 华海：《我与生态诗歌》，见《生态诗境》，10～11 页，北京，中国戏剧出版社，2008。

在《笔架山下》中，都市中涌动着的欲望在笔架山下渐渐趋于平静，取而代之的是重返自然与故土的宁静心怀："故土已远，太阳很近／烟火贴着肉身／一条岭南的江，无数欲望／在半睡半醒间浮荡／不远的城，市声喧闹／波动夜的幻影流光／当目光返回山间木屋的／宁静，半生行囊／伴一支笔搁在月亮身旁／若永恒里的瞬间／秋虫声落，一场梦的恍惚／一阵沉默对火焰的怀想。"到了《把笔搁在笔架山旁》一诗中，笔架山不仅意味着一个地域概念，而且演变为一个精神的陶冶地。在笔架山中，一切世俗的欲望都已消退，心灵深处的隐疾和暗伤也在自然这个药工的治愈下渐渐恢复。诗人置身于笔架山中，与动物为伴，临风品景，听任自然界的音籁奔涌，臻于人与自然浑然一体的境界："把笔搁下来／操一口土话做一个山野闲人，与橘农、猎户／药工为邻，悄悄疗治肉体深处的隐疾和暗伤／与唱粤曲的鹧鸪、白鹇、山蚌为邻，夜来临风……听任自然界的音籁从地下涌上来，／穿过肠胃的消化，抵达感动和呼吸。"在诗人的心目中，笔架山已经成为一个独立的主体，有着自己的身体气息与精神感受。在华海的生态诗歌中，我们总能够体验到诗人对于具体的自然场景的描写，然后进入到自然的内部，把握其脉搏跳动的规律。华海的生态诗歌不是对抽象自然的书写，也不是对生态理念的演绎，而是在具体场景、细腻感悟的背景下，由实在自然的体验得到一种真实的、可以进入的生态胜境，并从中汲取自然的启迪，领悟自然生态的可贵。

在华兹华斯体验到的这种诗意栖居的境界中，人与自然的关系是和谐而非对立的；是美好的、正面的影响而非负面的、邪恶的辐射，人不仅可以而且应该通过自身的努力实现自己与自然界的情感和精神交流。怀着这样一种精神追求，华兹华斯在其诗歌中向我们展现了他诗意地栖居于大自然之中的胜境，这既是其个体精神特点的显现，也是诗人关于人类与自然关系的一种理想和期待。在《颂诗：忆幼年而悟不朽（不朽颂）》中，华兹华斯充满深情地写道："我爱流去的小溪——它把河床冲刷，／比我以前同它们一样轻快时还爱；／一天刚诞生，它的光纯洁无邪，仍十分可爱；／一片片云霞在落日的周围聚集，／在一直观察人生无常的眼睛前，／把一种沉静朴素的色彩呈现；／又跑完一程，赢得了别的棕榈枝。／感谢我们赖以生存的人心，／感谢这心中的柔情、欢乐和恐惧，／对于我，最微贱的花朵常能给人／深刻得眼泪也无法表达的思绪。"正是因为坚信聆听自然能够找回失落的本性，华兹华斯才始终如一地回归自然。在《廷腾寺》中，诗人甚至将这种对于诗意栖居理想的追求视为其全部精神生活的灵魂，并作为一种牢固的信念加以坚持："我深为欣慰，／能从自然中，也从感官的语言中，/找到我纯真信念的牢固依托，/认出我心灵的乳母、导师、家长，/我全部精神生活的灵魂。"华兹华斯希望人们通过回归自然的方式，实现人的本真状态的复归，弥合心灵分裂的鸿沟，在人与自然和谐相处的淳朴环境中诗意地栖居。

华海认为："本来人是生活在自然中的，人与槐花之类的自然物并没有什么高下尊卑之区别，自然既是生命之源又是生命之所。可是，随着我们对人类自我能力的不断盲信，对自然物的认识发生了根本的改变；于是，人们便由自然中抽身而出，自然世界与人类的心灵感应便由此越来越淡漠。"因此，作为对现代人盲目自信、唯科技是从心理的矫正，重新感悟自然、领悟自然成为文艺家们持续不断努力的方向。这种诗意栖居的可贵，是通过诗人对出入自然内外的人们的感受体现出来的，融入自然后的宁静与疏离自然后的躁动形成了鲜明的对比。《山行》中，诗人如此描写山中的景物与个人的感悟："山一声不吭　以旁观的姿态/站在暮色里……我们坐在老树根上/陷入一段沉默　岚气愈来愈浓/天边霞彩//维坦油画般凝重……"诗人从尘世中走入大山，在对自然的感悟中获得身心的自由。

静福山系列诗歌是华海近期关注自然生态与精神生态的作品，它们较为集中地体现了诗人关于现代文明世界下自然生态与人类的精神健康问题的思考。华海超越了对现实环境问题批判的单一维度，而是借助语言的多义性、想象性、朦胧性赋予自然以内在、厚重的精神魅力，使读者在其诗作中能获得一种静谧、祥和的自然体验。在《静福山（之四）》中，我们看到了这种自然语言所体现的精神乐趣："一座山醒来　一座山所有的声音醒来/然后我打坐在一片绿荫里　那是谁说/山风放飞流浪的灵魂　其实是灵魂/在风的步履里找到了安居/又是谁说　一阵急雨就会敲碎/梦境　其实所有破裂的幻象　在一滴滚动的/水珠里　重新浑圆　闪耀光晕/只有一个人的时候　我就是一座静福山。"无论是早先的笔架山系列还是近年的静福山系列，华海对自然生态的关注是持久而有力度的，他选择了熟悉的连州和清远作为关注的中心，建构起一个属于自我的生态诗歌领域。作为一名有精神根基的生态作家，华海将自己的情感和生态基点建立在广东西北部这片土地上，他朝着自然的精神领域持续挺进。

华兹华斯和华海的诗歌分别选择了一块自己熟稔的地域进行集中表现，以切实可感的形象和在场意识向人们揭示出人们生活与自然、与生态的密切关系，在此基础上表达了诗意地栖居的美好理想。地域因素的介入，对他们的诗歌创作来说具有十分重要的意义，它不仅是诗人进行体验和观察的基点与文学根据地，而且是他们生态诗歌创作的精神源泉，是一个由学科地理上的概念上升为精神栖居地的重要诗歌概念。

生态审美：神秘性与梦想性

华兹华斯相信所有的自然都是上帝旨意的体现，人们所需要做的就是回归自然并聆听它的指示。"他之所以能这样别具只眼地观察自然，把自然看作是与他一样或相近的精神和个性，也许是因为他确信：整个自然界充满了不朽的宇宙精神，在一切事物中都体现了所谓'神灵'的存在。"①在《致杜鹃》中，自然界的动物也焕发出别样的神采，成为令人敬畏的事物所在："春天的骄子！欢迎你，欢迎！／至今，我仍然觉得你／不是鸟，而是无形的精灵，／是音波，是一团神秘。"杜鹃在诗人笔下不是单纯的自然生命，还代表了上帝在自然中赋予的意志和精神，它是代表上帝精神的神秘物种，是无形的精灵。在《廷腾寺》中，诗人表达了自己对于自然神秘性的敬畏和尊崇，自然界在华兹华斯笔下成为灵性的象征："对自然……我感到／仿佛有灵物，以崇高肃穆的欢欣／把我惊动；我还庄严地感到／仿佛有某种流贯深远的素质，／寓于落日的光辉，浑圆的碧海，／蓝天，大气，也寓于人类的心灵，／仿佛是一种动力，一种精神，／在宇宙万物中运行不息，推动着／一切思维的主体、思维的对象／和谐地运转。"华兹华斯的自然诗歌，不仅充满了浪漫色调，揭示自然的优美与壮丽，而且洋溢着浓郁的神秘气息，透露着诗人所追求的人与自然关系的理想状态。

在华海看来，"生态诗歌正是通过回归自然的体验和想象，触摸生态悲剧的忧伤，实现在语言中复活和再造一个整体性的诗意世界（生态乌托邦）"。这种神秘力量不仅可以使诗人获得一种内心的宁静与舒缓，而且以昭示自然力量的方式向迷途而不知返的人类发出了震聋发聩的警示。在华海看来，神秘性在现代诗人笔下大多呈隐遁的状态，他们对于自然的关注不是出于生态的观照，因而没有能够捕捉到自然恢宏、神秘的一面。到了华海笔下，自觉的生态意识与对现代文明的反思，使他对于自然所蕴藏的力量与神秘价值倾注了相当的精力。于是，在诗人笔下日光也成了一种亘古不变的力量源泉："所有的事物在坠落　深陷亘古洪荒／……那声呼唤／便是天际滚动的雷鸣　是一双／神秘的手　把无数生灵／从肉体中唤醒　把光从影子里／唤醒　一切重又明净如初。"（《时光三重奏》）当诗人走进一片树丛和荒草遮

---

①黄杲炘：《译者前言》，见［英］威廉·华兹华斯著，黄杲炘译：《华兹华斯抒情诗选》，12页，上海译文出版社，1986。

蔽的矮丘岭，似乎感觉迷失了方向，这时涌上作者心头的是"那神秘的忧惧在前面／隘口　隐隐地　投下幽影／林中的气息清鲜而陌生　'这是／原初的家园　却恍若他乡的异客'"（《距离》）。华海追求的不是不可知式的自然诡秘的一面，而是有着对于现代文明主客二体界限绝对分明认知方式的反拨。

华兹华斯在对自然现象和景物的描写中，始终保持着一种超拔与梦想的态度，希望能够重新寻找到人与自然原初和谐的理想状态。由于华兹华斯坚信自然界是欢乐和美的天堂，因此他对更能够领悟自然魅力的婴儿表现出了绝对的崇敬和怜爱。华兹华斯在他的诗歌中反复吟唱的一大内容就是对婴儿和童年的崇敬，以及对人类返回自然、感悟自然的期待。在《永生的信息》中，作者表达了对人们通过接受自然熏陶重新感受天国精神的乐观信念："哦！流泉，丛树，绿野，青山！／我们之间的情谊永不会中断！／你们的伟力深入我心灵的中心；／我虽舍弃了儿时的那种欢欣，／却更加亲近你们，受你们陶冶。"在诗人看来，人们成人后不应抛弃与自然固有的亲近，而应该在回归自然的过程中重新找回那日渐失落的自然本性。在《自然景物的影响》中，诗人对自然景物予人的精神启迪有着如此的描绘："无所不在的宇宙精神和智慧！／你是博大的灵魂，永生的思想！／是你让千形万象有了生命，／是你让它们生生不息地运转！／早在我童年最初的日日夜夜，／你就把种种情感（构成人类／灵魂的要素）交织于我的身心；／不是用凡俗鄙陋的人工制品，／而是用崇高景象，用恒久事物，／用自然，用生命，涵煦滋养，使我们／思想感情的元素都趋于净化。"到了近现代社会之后，诗人所追求的这种自然梦想逐渐地为理性主义所抛弃，人们不是从对彼岸世界的坚守、对神性的信仰来看待自然；而是从功利主义的视野、现实经济利益的目的出发；面对自然时以攫取代替倾听、以利用代替友好；从而导致了自然生态的失衡与人类精神生态的症候。

华海生态诗歌对和谐生态胜境梦想的追求更是自觉。在华海看来，生态诗歌必须实现生态诗歌中生态思想与诗歌美学范畴的融合。华海提出了生态诗歌的三大特征，即"批判性、体验性和梦想性（或想象性）的美学特性。并认为生态诗歌可以从正题和反题两个侧面展开，它既能发挥危机警醒、现实批判的作用，又能引领人们寻找正在消失的生态美"[①]。华海对生态梦想的执着书写，根本目的乃在于引导人们重新发现和体验自然中的生态美。与华兹华斯不同的是，华海诗歌对生态梦想的追求是为了唤醒现

[①] 华海：《我与生态诗歌》，见《生态诗境》，5页，北京，中国戏剧出版社，2008。

代人日渐麻木的自然意识，引导他们关注自然、关注生态；而华兹华斯的诗歌则是为了寻找内化于自然界的宇宙精神而进行的诗意升华，是其万物有灵的世界观在诗歌中的必然折射。从这个角度来看，华兹华斯和华海的诗歌都有着对自然梦想的追求，但其出发点却是有着根本性的差异。

诗人在重回自然的过程中，获得了心灵的宁静，并从自然中汲取了无穷的力量，实现了对凡俗事务的超越。在《起风》这首诗中，我们发现了诗人从实在的自然环境中生发出的对自然魅力的神奇体验："隔着这座山岭　在巨大的／投影下　悄然翻看岁月书简／蝴蝶飞舞　在那半空中／布设奇异的迷阵　隐隐地／心有感应　大风就起了。"在诗人的笔下，大自然中平常的起风被赋予了一种神奇的光彩，它是自然界生命伟力的隐秘体现，也是诗人对自然所具有的精神力量的认知和思考。在《辉腾锡勒》中，诗人凸显了人的主体性在体验自然梦想中的重要性："下午二时　有一个人／独自走进辉腾锡勒／那神秘的一小时／只一小时　没有人看见／他跟草原的阳光在一起／跟鹰　跟昆虫／跟结籽的草和清亮的水洼／在一起／草原静了下来／只一会儿　天低下来／风走开去／他听到了辉腾锡勒／内心的隐秘。"诗人是有意将生态梦想作为一种与现实的对照而融入创作的，即在关注现实生态、抒发批判精神的同时，更从精神深处构建对于美好生态的崇敬与向往，并以此作为精神动力激励人们为自然生态的保护贡献自己的力量。从某种意义上来说，对生态胜境的执着勾勒和向往，在生态环境不断恶化的当下，二者构成了强烈的对比效果，因而也颇具悲剧气息和乌托邦色彩。

应该看到，华兹华斯和华海诗歌对于自然的表现存在着宗教、文化、信仰上的巨大区别。尽管如此，我们仍然可以发现华海的生态诗歌受益于华兹华斯诗歌之处甚多。可以说，华海生态诗歌的生态自觉可能来源于其对生态理论的吸收，但华兹华斯诗歌中流露出的回归自然、感悟自然的精神和执着发现蕴藏于自然之中的浪漫与伟力仍然对华海生态诗歌创作具有视野、体式、艺术和精神上的潜移默化的影响。华兹华斯诗歌对华海生态诗歌的影响，一方面从内容上给予华海有益的启示，另一方面更多的是从艺术特质、创作手法上给予的熏陶。而他们诗歌创作的不同之处，更多地反映的是中西文化的根本落差，而非诗人创作个性和艺术禀赋的差异。

（龙其林：广州大学广府文化研究中心研究员，文学博士后，硕士生导师）

岭南文化三论

曾大兴

岭南文化的三个发展阶段与三个主要来源

任何一种地域文化,都有空间(横向)和时间(纵向)两个维度。岭南文化尤其如此。从空间上看,它是一种地域文化;从时间上看,它则是一种历史文化乃至时代文化。如果我们把它理解为一种静止的、凝固的、封闭的、亘古不变的地域文化,那就大错特错了。岭南文化的最大特点,就在于它的多元性、包容性和轻质性,它乐于吸收、便于吸收、善于吸收中原文化和海外文化的长处,是一种贯通南北、折衷中西、融合古今、与时俱进的文化。

纵向地看,岭南文化有三个发展阶段;横向地看,岭南文化则有三个主要来源。

第一个阶段,秦始皇统一岭南之前,这是岭南土著文化阶段。

最早的岭南人属于先秦"百越"的一支。先秦时期的越人广泛分布于今中国的安徽、江苏、浙江、江西、湖南、广东、广西、福建、台湾诸省区和越南北部,因部落众多,故称"百越"。《汉书·地理志》注云:"自交趾至会稽七八千里,百越杂处,各有种姓。"见于史籍的则有南越、句吴、于越、扬越、东越、闽越、瓯越、西瓯、骆越、山越、夷越、夔越等,其中南越、骆越、西瓯分布于岭南地区,南越分布于今广东、广西一带。百越有自己的语言。其特点是发音轻利急速,它不像汉语那样一字一音,而是一字数音。有的词与汉语不同,名词类的音缀有复辅音和连音成分,词序倒置,形容词或副词置于名词或动词之后。百越有自己的图像文字。崇信巫鬼,行鸡卜。以龙、蛇、鸟等为图腾。从事渔猎和农耕。农业以稻作为主,兼及粢、黍、赤豆、粟、麦、大豆、蔬菜等作物。已能驯养牛、羊、鸡、鸭等家禽家畜。善使舟楫,长于水战。手工业较发达,可纺织丝麻织物,有玉、石器制造,青铜冶铸、陶瓷烧制、竹木器编造等制造业。越人习惯断发文身,错臂左衽,椎髻箕踞,喜黑齿或凿齿。岭南越人则穿筒裙,椎髻徒跣,着贯头衣,住干栏建筑,行悬棺葬,流行铜鼓。宋代以后，文献中不再有百越的记载，这是由于秦汉以后，百越部分与汉人融合，部分则独立发展，形成中国南部、西南部的壮、黎、布依、侗、水、仫佬、毛南等少数民族。① 我们所讲的岭南土著文化，即是先秦百越文化的一个分支。今天的岭南本地人仍然信鬼，善舟楫，仍以稻米为主食，喜食蛇、蚌、鸡、鸭、鹅、海鲜及蔬菜。喜穿拖鞋，喜穿宽松贯头的T恤衫，不喜欢住楼房的首层，等等，即是岭南土著文化的遗留或变异，其源头则是先秦百越文化。

第二个阶段，秦始皇统一岭南至鸦片战争以前，这是岭南土著文化与中原文化和海外文化长期交流、碰撞、融合的阶段，也可称为贯通南北、融合中西阶段。

岭南土著文化接受中原文化的影响，早在秦始皇统一岭南之际即已开始，并非许多学者所讲的迟至魏晋南北朝以后甚至是唐代以后。《史记·秦始皇本纪》载："三十三年（公元前214年），发诸尝逋亡人、赘婿、贾人略取陆梁地，为桂林、象郡、南海，以適遣戍。""三十四年，適治狱吏不直者，筑长城及南越地。"② 《汉书·西南夷两粤朝鲜传》亦载："秦并天下，略定扬粤，置桂林、南海、象郡，以適徙民与粤杂处。"③ 当时留驻岭南的秦军，以及贬谪岭南的尝逋亡人（曾经逃亡过的人）、赘婿（入赘于妻家的男子）、贾人（商人）、治狱吏不值者（未当值的闲散狱吏）等，大约10万人，后来又迁1.5万名中原妇女至岭南供留驻军人婚配。④ 正是这些人最早把先进的中原农耕文化带到了岭南。

岭南文化接受中原文化的影响有多种途径或者媒介：一是留驻岭南的中原军人，二是因战争或其他原因而迁徙岭南的中原移民，三是与中原的贸易往来，四是岭南士人赴中原应考和为官，五是大量的朝廷官员贬谪、流寓和仕宦岭南。其中第五点尤为重要。郝玉麟《广东通志·谪宦录》载："唐以前得罪至岭南皆迁徙为民，至唐始谪为宦，有责授、左授之分。"⑤ 又欧阳修《新五代史·南汉世家》载："唐世名臣谪死南方者往往有子孙，或当时仕宦遭乱不得还者，皆客岭表。"⑥ 据刘庆华统计，从东汉

---

① 罗香林：《百越源流与文化》，台北，国立编译馆，1978。
② [西汉] 司马迁：《史记》，44页，杭州，浙江古籍出版社，2000。
③ [东汉] 班固：《汉书》，1151页，杭州，浙江古籍出版社，2000。
④ 葛剑雄主编：《中国移民史》，第1册，182页，福州，福建人民出版社，1997。
⑤ [清] 郝玉麟：《广东通志》，卷262，文渊阁《四库全书》本。
⑥ [北宋] 欧阳修：《新五代史》，北京，中华书局，1974。

至明代，仅仅是"谪宦"广东一地且有著作传世者，就多达271人。① 除了"谪宦"，还有许多由于其他原因而客居岭南者，也就是"流寓"。如三国时的许靖，六朝时的谢朓，唐代的刘言史、杨衡、李群玉、许浑、陈陶、曹松、李郢，宋代的陈与义、朱敦儒、留正、张栻、朱熹，明代的李承箕等等。这些贬谪、流寓和仕宦岭南者，有许多都是在文化史上有影响的人物。笔者根据黄雨的《历代名人入粤诗选》一书统计，从西汉到晚清，有128位有影响的中原诗人在广东留下了至少400多首优秀作品，仅唐代就有杜审言、宋之问、沈佺期、张说、刘长卿、韩愈、刘禹锡、李绅、李德裕、许浑、李商隐、李群玉、陈陶、曹松等28位优秀诗人留下了100多首优秀作品。这些优秀作品对岭南文化的深远影响是不可低估的。除了文学创作，这些贬谪、流寓和仕宦岭南的文化人，还通过讲学授徒的方式来传播中原文化。如虞翻徙南海，"虽处罪放，而讲学不倦，门徒尝数百人。"郑侠徙英州时，"英人无贵贱，皆加敬礼。争遣子弟从学。"② 刘禹锡在连州，"以词章自适，而郡中文学日兴。论者多其振作之功。"韩愈在潮州时，"命进士赵德为之师，自是潮之士笃于文行。"③

正是由于中原文化的深刻影响，所以早在初盛唐时期，岭南就出现了像六祖惠能、张九龄这样的享誉中外、辉映古今的宗教家、政治家和文学家。当出生在广东的六祖惠能和张九龄蜚声大江南北、引领一代潮流的时候，湖南、福建等地还是一片文化蛮荒之地，更不要说东北、西北和西南的广大地区了。

岭南文化最早接受海外文化的影响则始于南越国时期。1983年，位于广州象岗的第二代南越王赵胡的陵墓被打开，墓中出土了大量的来自海外的珍宝，如主棺室出土的波斯帝国的银盒、金花泡和西耳室出土的非洲原支象牙等。这些海外珍宝是如何到达南越国的呢？据《汉书·地理志》记载，汉代中国与东南亚、印度有一条海上通道，即从今越南岘港或我国广东徐闻、广西合浦（当时均为南越国的管辖范围）沿印支半岛南下，经越南南坼、泰国花富里、暹罗古都佛统、缅甸蒲甘、印度马德里到斯里兰卡。汉武帝派出的使者到达此地后又沿原路返回。此书还记有黄支国（今印度东岸建志补罗，出海口为马德拉斯）"其州广大，户口多，多异物"。所产明珠、璧、琉璃、奇石异物，自武帝以来源源流入中国。中国的丝绸（杂缯），则通过馈赠和贸易，不断输往上述各地。据考古学家推断，这条

---

① 刘庆华：《广东贬谪文人的时空考察》，载《学术研究》，2009年第5期。
②③ [清] 郝玉麟：《广东通志》，卷38，文渊阁《四库全书》本。

南海交通航线很可能早在南越国时期就已经开辟了。① 正是通过这条最早的海上丝绸之路,波斯帝国的银盒、金花泡和非洲原支象牙才得以进入南越国,岭南文化才得以最早接受海外文化的影响。现在许多学者讲海上丝绸之路,往往是从唐代的"广州通海夷道"讲起,这实际上是把海上丝绸之路的开辟史推迟了一千年,也把岭南文化接受海外文化影响的历史推迟了一千年。

正因为岭南文化最早接受海外文化的影响,所以曾经是南越国国都的番禺早在汉武帝时代就成为国内的九大都会之一。司马迁《史记·货殖列传》记载:"番禺亦其一都会也,珠玑、犀、玳瑁、果、布之凑。"② 班固《汉书·地理志》亦载:粤地,"近处海,多犀、象、玳瑁、珠玑、银、铜、果、布之凑。番禺,其一都会也。"③ 番禺和中原地区其他八个都会相比,最大的特点就是对外贸易活跃,外国商品丰富。也正因为早在汉武帝时代,番禺就是国内的一个滨海贸易城市,所以至唐代,广州就有了朝廷专设的"市舶使";至北宋初期,更有了朝廷最早设立的"市舶司";至清代前期,则成为"一口通商"之地。随着滨海贸易的发展,广州出现了专供外国人居住的"夷坊"和"夷馆","夷人的生活习俗以及种类繁多的宗教由此不断在这里落地,外国的科技、教育、医疗、建筑、艺术、工艺以及各种新奇器物等也不断地被引进来。这一切都造就了中外文化在这一地域的并存、碰撞、发酵和交融的局面。因此,这里成为中华文化与外国文化的交接地带,既成为外国文化,尤其是西方文化进入中国的重要通道,也成为中国文化向外展示的重要窗口。与此同时,生活在这片土地上的民众,也由于较早就与异国人交往,较多接触异国文化而更具包容和开放的文化气度。由此不断发酵和催生出一种与中原文化不同的、以'折衷中西'为重要特征的亚种文化——岭南文化。"④

第三个阶段:鸦片战争至今天,这是岭南文化引领时代潮流的阶段。

从鸦片战争到今天的170多年间,在中国这块古老的土地上发生的意义最为深远的事件,就是社会变革和对外开放。第一次社会变革运动,无疑是岭南人策划、领导的太平天国运动(1851—1864)。许多人习惯于把

---

① 麦英豪,王文建:《岭南之光——南越王墓考古大发现》,75～77页,杭州,浙江文艺出版社,2002。
② [西汉] 司马迁:《史记》,984页,杭州,浙江古籍出版社,2000。
③ [东汉]:班固《汉书》,577页,杭州,浙江古籍出版社,2000。
④ 徐俊忠:《重要的是唤起广州人的文化自觉与自信》,见徐俊忠主编:《广州培育世界文化名城探索》,8页,广州出版社,2013。

太平天国运动和陈胜吴广起义、黄巢起义、李自成起义等农民起义相提并论，其实它在治国理念、制度设计和思想文化诸方面比历史上的任何一次农民起义都要先进得多。如果说，由洪秀全主持起草的《天朝田亩制度》还只是一个糅合了儒家的大同思想、农民的平均观念以及基督教的某些教义的纲领性文件，它的现代色彩还不怎么鲜明的话，那么由洪仁玕撰写的《资政新篇》则是一部纯粹的资本主义的治国方略，它的现代气息是非常浓厚的。《资政新篇》主张效法西方先进国家，"兴车马之利"、"兴舟楫之利"、"兴银行"、"兴器皿技艺"、"兴宝藏"、"兴邮亭"、"兴各省新闻官"、"兴市镇公司"，也就是建设现代型的交通运输业、工矿业、金融业、专利业、邮政业和新闻业等等，同时提出借鉴西方文化中的某些先进成分改造国民精神，期"与番人并雄"。洪仁玕的这个治国方略虽然由于太平天国的失败而未及实施，但是却被曾国藩、李鸿章等人所主持的洋务运动所借鉴。① 洪仁玕实为洋务运动的思想先驱。

洪仁玕死后35年，近代中国掀起了第二次社会变革运动，这就是戊戌变法（1898），它的策划者还是岭南人。戊戌变法虽然只进行了100天就失败了，但是它所留下的精神遗产和思想遗产却深刻影响了此后中国的历史走向。康有为、梁启超的社会变革主张毋庸赘言。需要强调的是梁启超在息影政坛之后，在中国的思想文化界掀起了一波又一波的革新浪潮。他是中国资产阶级新史学的开创者，也是把西方的人文地理学介绍到中国的第一人；他是中国现代图书目录学的开山，是现代白话文的先驱，也是"小说界革命"、"诗界革命"的倡导者。除了以上这些领域，他还在哲学、经济学、法学、社会学、语言学、佛学等领域做出过许多开拓性的贡献。他还是现代中国第一流的报人，一生创办和主持过10多家报刊，有着丰富的新闻实践和新闻理论，被时人誉为"舆论界之骄子"和"天才的宣传家"。胡适在论及梁启超在清末《时务报》《新民丛报》所作政论文的效应时指出："二十年来的读书人，差不多没有不受他的文章的影响的。"② 如果要在清末民初的中国思想文化界推选一位最能引领时代潮流的大学

---

① 按：曾国藩办洋务，同时得益于另一岭南人（广东香山人）容闳（1828—1912）。容氏毕业于耶鲁大学并获荣誉博士学位，为获美国名校学位的第一位中国人。曾入曾国藩幕，赴美选购机器，筹建江南制造局，为中国培养第一批工程技术人员。从1872年开始，前后组织四批共120名幼童赴美国留学，开创中国官费留学之先河。著有《西学东渐记》，为西学东渐第一人。
② 胡适：《五十年中国文学的变迁大势》，见《论中国近世文学》，34页，海口，海南出版社，1994。

者,除了梁启超,还能有谁呢?

戊戌变法失败13年之后,近代中国掀起了第三次社会变革运动,这就是辛亥革命(1911),它的策划者和领导者仍然是岭南人。辛亥革命不只是结束了几千年的封建帝制,更重要的是留下了许多国共两党都在继承和弘扬的思想成果。在举国上下高唱"中国梦"的时候,我们有必要回顾一下孙中山的《建国方略》。《建国方略》包括"孙文学说"、"实业计划"和"民权初步"三部分。"孙文学说"又名"知难行易学说",是对传统的"知易行难"思想的一个颠覆;"实业计划"是中国有史以来第一部详细周密的经济建设计划,这个计划的最大亮点,就是把国家的经济发展问题与社会问题相联系,视经济建设为社会变革的一部分;而"民权初步",后来被提炼为"三民主义",既是国民党的理论基础,也是共产党从事民主与法制建设的先声。

辛亥革命以来的最为深刻的一次社会变革无疑是肇始于1978年的改革开放。改革开放的发起人、领导者和总设计师是邓小平,但是他选定的改革开放的四个特区,有三个是在广东境内。广东充当了改革开放的先行者和排头兵的角色。广东在当代中国的意义,绝不仅仅是创造了世界经济的奇迹,更重要的是把国外的先进思想、技术和经验引进来,在广东先行先试,然后推广到全国各地。广东是名副其实的中国改革开放的试验区、桥头堡和孵化基地。30多年来,全国的大、中、小城市甚至某些边远的乡镇,都在使用广货,都在吃粤菜,都在听粤语歌,都在看广东人办的报纸,甚至都在学说广东话。作为外地人的易中天在《读城记·广州市》中这样写道:"显然,广州文化或以广州为代表的广东文化对内地的影响已远远不止于生活方式,而是直接影响到思维方式和思想方法,其势头比当年上海文化之影响内地要大得多、猛得多。如果说,上海人曾在全国造就了许许多多的'小上海',那么,广东人却似乎要把全国都变成'大广州'。"[①] 由此可见广东文化也就是新岭南文化在当代中国的重要地位和影响。

以上对岭南文化的三个发展阶段作了一个简要的划分和总结,从中不难看出,岭南文化总是处在不断地更新、变异、扬弃和丰富之中,如果说在秦始皇统一岭南之前,它还只是一种相对落后的纯粹的土著文化,那么在秦始皇统一岭南之后,它就开始大量地吸收中原文化与海外文化的精

---

① 易中天:《读城记·广州市》,见黄树森主编:《广东九章》,320～321页,广州,广东人民出版社,2006。

华,并逐渐成长为一种贯通南北、折衷中西、融合古今的极具个性的地域文化。由于完成了长期的积累,所以到鸦片战争以后,岭南文化就由一种地域文化上升为一种引领潮流的时代文化了。

许多人讲岭南文化,只认可鸦片战争以后的岭南文化,不认可鸦片战争以前的岭南文化,甚至认为鸦片战争以前的岭南是一个文化沙漠。这种认识是十分错误的,既不符合历史事实,也不符合文化的生成规律。罗马不是一日建成的。如果没有鸦片战争以前的长期修炼,怎么可能会有鸦片战争以后的独领风骚呢?

认识岭南文化,既要注意到它的三个不同的发展阶段,也要注意到它的三个不同的组成部分:即土著文化、中原文化和西方文化。秦始皇统一岭南之前的岭南文化是一种纯粹的土著文化,秦始皇统一岭南之后至鸦片战争之前的岭南文化是一种融合南北、折衷中西的文化,鸦片战争以后的岭南文化是一种引领时代潮流的文化。如果对岭南文化的认识缺乏一种时空并观的眼光,那么对于它的特点和局限就不可能看得清楚。

岭南文化的最大特点在一个"新"字

地域文化有三种类型,一种是封闭的,一种是开放的,一种是处于封闭与开放之间的。封闭型的地域文化迟早是要消亡的;开放型的地域文化不仅不会消亡,还会由一种地域文化上升为一种引领潮流的时代文化;处于封闭和开放之间的文化既不会消亡,也不可能上升为一种时代文化。岭南文化就是一种开放型的地域文化。无论是对中原文化还是对西方文化,无论是对儒家文化、道家文化,还是佛教文化、基督教文化、伊斯兰教文化,或者其他学派、教派的文化,它都取一种开放、接纳的态度。它的包容性、多元性和轻质性,使它敢于、乐于、便于、善于接受任何一种异质文化,这就使得它永远具有一种与时俱进、历久弥新的品质与个性。

岭南文化的最大特点,就在一个"新"字。

所谓"新",就是能够走在时代的前面,充当时代文化先行者的角色。以岭南画派为例。关山月指出:"岭南画派之所以在中国现代美术史上产生广泛的影响,受到进步人士的支持肯定,主要原因是它处在新旧交替的历史时期,代表了先进的艺术思潮。它揭起的艺术革命旗帜,主要以新的科学观念对因袭、停滞的旧中国画来一番改造。它主张打破门户之见,大胆吸收外来的养料,使具有千百年古老传统的中国画重获新生。它反对尊古卑今的保守观念,强调紧跟时代的步伐,创造出能够反映现实生活和时代精神的新中国画。它强调新中国画不是为了表现自我，只满足个人陶醉欣赏，也不是狭隘地为少数人服务，而是为了更多人能够接受它，即为了时代的需求去追求一种大众化的、雅俗共赏的美的艺术。"由此可见，"岭南画派之诞生于 20 世纪二三十年代的中国画坛，是历史的必然。它和当时蓬勃发展的民主思想与科学观念是紧密结合的，因此可以说它是那个时代的进步思想的产物"。因此岭南画派的意义，就不仅仅是一种地域文化的意义，同时或者更多的具备了时代文化的意义。长期以来，许多人讲岭南画派，只讲它爱用熟纸、熟绢及撞水、撞粉法，因而仅从师承关系把它的创始人推到居廉、居巢以至宋光宝、孟丽堂等。作为岭南画派的传人，关山月对此是很不以为然的。他认为这种说法"没有抓住问题的本质"。据他介绍，"当时高（剑父）、陈（树人）诸先生对'岭南画派'这个称号，并不满意，因为它带有狭窄的地域性，容易使人误解为只是地区性的画家团体；更主要的缺陷是没能体现出吸收外来营养使传统艺术更加发扬光大的革新国画的思想，所以剑父老师从来没有使用过'岭南画派'这一名称，而宁可自称是'折衷派'。"①

"折衷中外"，"融合古今"，以"中"为本，以"今"为魂，是岭南画派重要的艺术主张和主要的艺术特色，也是粤剧、广东音乐等蜚声海内外的岭南其他艺术门类得以与时俱进、历久弥新的根本原因。在"中"、"外"、"古"、"今"四个因素中，"今"是很重要的。所谓"今"，就是适应时代需要，反映时代精神，体现时代特色，成为时代文化的先行者。失去"今"，或者忽视"今"这个要素，岭南文化就没有了创新的原动力，它的这个"新"字也就无从谈起了。

艺术的"新"缘于思想的"新"。思想大于艺术，思想是文化的灵魂。许多人讲岭南文化，往往只讲到岭南的艺术（绘画、音乐、戏曲、盆景、建筑、园林、粤绣、三雕一彩、龙舟、飘色、七夕、迎春花市等），或者岭南的语言（广府话、潮汕话、客家话），甚至只讲到岭南的饮食（广府菜、潮州菜、客家菜），而不讲岭南的思想。这也是一个很大的误差。笔者认为，讲岭南文化，绝对不能忽略岭南的思想。如果没有先进的思想灌注其间，岭南文化恐怕还停留在先秦土著文化阶段，恐怕都是一些土得掉渣、老得掉牙的东西。

岭南这个地方位于中国的最南端，山高皇帝远，儒家思想对它的约束

---

① 关山月：《试论岭南画派和中国画的创新》，见黄树森主编：《广东九章》，215～217 页，广州，广东人民出版社，2006。

力十分有限，因此岭南拥有思想的自由空间，可以产生许多新思想。许多有新思想的人士在中原不能发声，贬谪、流寓或迁徙到岭南，就可以自由发声了，这就是经济学所讲的"洼地效应"。还有一点就是岭南面朝大海，大海辽阔无限而又变化无常，可以极大地激发人的想象和思想，这也是内陆深处的中原所无法比拟的。在中国这样一个经学传统深厚而思想又定于一尊的国家，做一个"我注六经"的学者并不难，难就难在做一个"六经注我"的思想家。所以中国的总体情况是学者远远多于思想家，思想家不到学者的十分之一，而岭南则是一个例外。岭南的思想家是相对较多的。一般人说到岭南的思想家，说来说去只有孙（中山）、康（有为）、梁（启超）三人，而不知在孙、康、梁之前，还有东汉的牟子，唐代的惠能、张九龄，宋代的余靖，明代的丘濬、陈献章、湛若水、陈建、黄佐、海瑞、屈大均，清代的陈宏谋、梁廷枏、朱次琦，近代的洪秀全、洪仁玕、容闳、何启、胡礼垣、郑观应、黄遵宪，以及现代的刘师复、朱执信、廖仲恺、邓演达、张荫麟等一大批人物。尤其是惠能和陈献章这两个人，不仅是古代岭南思想界的两面高高飘扬的旗帜，也是古代中国思想界的两个举足轻重的人物。

六祖惠能（638—713），唐时新州（今广东新兴）人，少孤贫，不识字，但不识字也有不识字的好处，就是没有"文字障"，可以"直了成佛"。惠能和他创立的禅宗南宗，提倡心性本净，佛性本有，觉悟不假外求，不读经，不礼佛，不立文字；强调"以无念为宗"，"即心是佛"，"见佛成性"；认为"一悟刹那至佛地"，故被称为"顿门"或"顿教"，与力主渐修的"北宗"相对，世称"南顿北渐"。惠能的思想可以说是新意扑面，其最为新颖、最能吸引众生者有五：一是把"真如"视为世界本原，认为宇宙万物都是由"真如"派生的。自性就是精神本体"真如"。自性中本来就具有佛教智慧"般若"。二是主张众生皆有佛性，人人皆可成佛。三是主张顿悟，认为众生可不必经历累生累世的修炼，只要能够开悟，当下即可成佛。四是主张即心是佛，认为佛国不在西方，也不在身外，就在心中。五是"立无念为宗"。"无念"不是百物不思，而是与外物接触时，心不受外界的任何影响，"不于境上生心"。这些主张对普通知识分子和广大民众极具吸引力，所以在中唐以后，南宗成为禅宗正统，而北宗不传于世。禅宗南宗由一种地域性的宗教上升为一种时代性的宗教，对人们的人生理想、生活情趣与文学艺术创作产生了广泛而深远的影响。唐诗研究学者指出："禅宗讲体的自性，是言语道断、心行处灭的，借着具体的物象，来表现难以言传的一点禅机。这是一种更深层的影响，也是一种更为重要的影响。它给唐诗带来一种新的品质。唐诗中空寂的境界，明净和平的趣味，淡泊而又深厚的含蕴，就是从这里来的。"① 事实上，禅宗南宗对唐代以后的历朝历代的诗歌，乃至绘画、书法等等，都产生了重要的影响。更令人称奇和敬佩的是，六祖不识字，却留下一部《坛经》，此乃中国所有的佛教著作中唯一被称为"经"者。《坛经》是禅宗基本理论的代表作，它的问世，使印度禅学真正得到彻底的中国化，在中国佛教史上处于极其显著的地位，在中国哲学史上也具有深远影响，一直影响着唐代以后的整个佛教界和思想界。

陈献章（1428—1500），广东新会人。因迁居江门白沙，人称"白沙先生"。他本是江西抚州理学大师吴与弼的弟子，但是他对程朱理学的那一套"格物致知"、"泛观博览"的求知修行方法不满意，视为"烦琐"，转而倾向陆象山之学与佛教禅宗之学，奉行"从静坐中寻求自得"、"以自然为宗"的方法，主张"学贵自得也。自得之然后博之以典籍，则典籍之言我之言也"。更重要的是，他反对以程朱之是非为是非、不敢越雷池一步的习气，主张"学贵知疑"，"独立思考"，提倡较为自由开放的学风。可以肯定地说，陈白沙的这些主张，对转变当时中国学术界的那种死气沉沉的风气无疑起到了很好的作用。有些人认识不到这一点，仅仅把他所开创的"白沙学派"视为一个地域性的学术流派，认为他的思想只是对"明代和清代岭南学术界、思想界产生较大影响"。这显然是大大低估了陈白沙的价值。陈白沙反对以程朱之是非为是非，就像后来的福建晋江人李贽反对以孔子之是非为是非一样，在整个中国思想史上都是可以大书特书的！例如，明末清初的杰出思想家黄宗羲在《明儒学案·白沙学案》中就给了他很高的评价，称"有明之学，至白沙始入精微"。《明史·儒林列传》更说："学术之分，则陈献章、王守仁始。"陈献章的最大价值，就是主张思想解放。陈献章所高高举起的这面思想解放的旗帜，对整个岭南思想界乃至全国思想界的影响都是不可低估的。他的影响可以说一直延续到今天。就这种思想的渊源来讲，又是与六祖惠能的思想相通的。正因为在岭南的历史上有了六祖惠能和陈白沙这样的思想解放的先驱，才会有后来的湛若水、洪秀全、洪仁玕、郑观应、黄遵宪、康有为、梁启超、孙中山等一大批思想家的涌现。这些思想家的共同特点，就是一个"新"字。

20世纪中叶以来，岭南没有出现在全国有重要影响的思想家，这种情

---

① 袁行霈主编《中国文学史》，第2册，206～207页，北京，高等教育出版社，1999。

形同国内其他地区一样。原因主要有二：一是20世纪50年代初至70年代末，国内思想界受"左"的路线的钳制，真正有思想的人不能发声；二是70年代末至今，中国的思想进入大众思想的时代。随着人文环境的逐渐宽松，人人都可以表达思想，但是大思想家并未出现。这种情形也同人文社会科学其他领域一样，学者很多，但不见大师的身影。然而，即使是在这个大众思想的时代，岭南仍然引领着时代的潮流。一个最突出的表现，就是岭南的报刊尤其是作为岭南文化中心的广州地区的报刊，在思想、观念问题的讨论方面比国内任何一个地区的报刊都要活跃。虽然岭南在"实践是检验真理的唯一标准"这一重大理论问题的讨论上不及北京、南京等地那样先进，但是在"改革开放""引进外资""姓资姓社""社会主义商品经济""社会主义市场经济"等一系列重大理论问题的讨论上，岭南是走在全国前列的。这种活跃的状态众所周知，并且一直延续到今天。

广州大众思想的活跃，新的思想与观念层出不穷，应归功于广州舆论环境的宽松。2010年11月11日，《南方人物周刊》发表了记者黄广明的一篇《爱广州的60个理由》，这篇文章曾经在网络上疯传，影响非常大。文章写道："在广州，人大代表的敢言已然形成了一个'广州现象'，当政府官员面对人大代表时，诚惶诚恐，广州市的人大代表曾在7天里分别向政府部门提出了8场质询，问题一个比一个尖锐。""可以毫不夸张地说，广州是内地言论自由程度最高的城市。作为一个副省级的城市，这里的地方媒体可以批评一个厅级官员。""在广州，市长副市长们，还有各职能部门的头头脑脑们，时常在报纸上露脸，回应市民对市政民生问题的指责和批评。""媒体的大胆敢言与相对独立是广州政治气氛宽松的一个缩影，这个城市一波未平一波又起的公民维权运动，从环保到社区自治，再到粤语保护，报纸犀利的言论，层出不穷的公众论坛、学术研讨，学者们自由开放的观点，酒吧里的各种生活方式与各种观点的聚会，香港电视台的落地，都得到了政府相对的宽容。以至于，一些外省人在家乡遭遇了不公不义后，都来广州街头表达，如果他们要去北方一座城市表达的话，将困难重重。""正如一位广州市民所说，如果你有幸在年轻的时候生活在广州，那么自由、平等的气质将渗透你的骨髓，并跟随终生。"这就是岭南新思想、新文化产生的土壤。

岭南文化的主要局限在不够厚重

岭南文化以多元、包容、重商、务实、敢于创新、善于创新而闻名于世，但是岭南文化也有它的局限性，这就是不够厚重。

岭南文化是一种轻质型文化。

轻质型文化是与厚重型文化相对而言的。轻质型文化所体现的是轻盈、明快、流畅、飘逸、清新、别致、自然、爽朗、平和、秀美、淡雅、通透一类的风格，与厚重型文化所体现的厚实、沉著、深刻、凝重、质实、典雅、雕琢、博大、悲壮、雄浑、秾丽、绵密一类的风格不一样。我们且看《岭南文化百科全书》对岭南几种主要的文化样式的评价：

岭南古琴："100 年间，岭南琴派形成了刚健、明快、爽朗的演奏风格。"①

广东音乐："广东音乐以装饰音群构成习惯性音型为特色，具有清丽、委婉、流畅的格调。"②

岭南文学："明胡震亨《唐音癸签》谓张子寿（九龄）首创清淡之派，对王维、孟浩然、储光羲、常建、韦应物等诗人有重大影响，对岭南诗派的形成和发展起了启迪作用。"③

岭南园林："经过长期发展，岭南园林已逐步形成独特的艺术风格：务实兼蓄，精致秀美。……秀美，即岭南园林景观的总体色彩比较鲜明秀丽，四季花开，终年常绿，建筑畅朗轻盈，装饰精细华丽。"④

粤菜："食味重清、鲜、爽、滑、嫩、脆。"⑤

事实上，岭南所有的文化样式都属于这一风格类型。轻质型文化的最大特点就是便于转型，便于创新，所谓驾轻就熟，"船小好掉头"；而厚重型文化的转型和创新则要艰难得多，所谓积重难返，"大有大的难处"。因此，轻质型文化往往与创新、新颖、新奇联系在一起，而厚重型文化则往往与保守、守旧、陈旧联系在一起。但是如果换一个角度来看，厚重型文化给人的感觉就是厚而深，轻质型文化给人的感觉则未免轻而浅。厚重型的文化产品拿在手上沉甸甸的，轻质型的文化产品拿在手上则轻飘飘的。诚然，人类的文化是多元的，多样的，丰富多彩的，也是各有长短、各有利弊的，我们不应站在厚重型文化的立场来贬低轻质型文化，也不应站在

---

① 《岭南文化百科全书》，281 页，北京，中国大百科全书出版社，2006。
② 同上，281 页。
③ 同上，237 页。
④ 同上，437 页。
⑤ 同上，599 页。

轻质型文化的立场来贬低厚重型文化。中原地区一直都有人认为岭南没文化，是个文化蛮荒之地，或者是个文化沙漠，这是他们站在厚重型文化的立场来贬低轻质型文化，他们看不到文化是发展的，文化也有类型之别，这是他们的局限与偏见，肯定是不可取的。但是中原人的某些意见似乎也可以促使我们反思，让我们想一想岭南文化是不是缺了点什么？是不是还可以作一些弥补？

笔者认为，对于岭南文化的反思，必须从岭南的文化人开始。如上所述，岭南的文化人是敢于创新的，不少文化人曾是岭南历史上乃至整个中国历史上有影响的思想家。问题是，这些文化人在提出一个新思想之后，接下来在做什么？有没有对自己的思想进行进一步的反思、检讨、求证、比较、深化、系统化，使之成为一部学术著作，乃至一门学问或者一个学科？从而成为岭南文化乃至整个中国文化的一份积累？似乎很少。岭南的文化人一般不太重视深沉之思和系统之思，也不太重视学术著作的结撰，更不要说大部头的学术著作了。许多人的新思想也不是以学术著作的形式来表达的，多是语录、札记、日记、谈话、演讲、杂文、时论一类的形式。事实上，学术著作的结撰过程，也就是对一个问题进行深入、系统的思考之过程。在岭南这个新事物、新思想、新观念层出不穷的地方，需要文化人静下心来，对其进行深入、系统的思考和研究，然后以学术专著的形式加以表达的问题、课题、理论、学说实在是太多了，可是岭南的相关学术专著却很少。《岭南文化百科全书》所收录的岭南五省区（广东、广西、海南、香港、澳门）从晋代至20世纪末的学术著作只有78种，平均一个省区不到16种，其中还有不少是论文、论文集、教材和多人参与编写的书。这样一点学术积累与岭南两千多年的文化史是不相称的。在岭南学术界，在世学者姑且不论，已故学者中，真正像陈垣、岑仲勉、罗尔纲、容肇祖、容庚、商承祚、王力、罗香林、钟敬文等人那样，精心结撰自己的学术著作，使自己成为所在领域第一流学者的人，还是很少的。可以说，连大名鼎鼎的梁启超都没有做到这一点。好在他本人是有自知之明的。他在《清代学术概论》里诚恳地写道：

> 启超之在思想界，其破坏力确不小，而建设则未有闻。晚清思想界之粗率浅薄，启超与有罪焉。启超常称佛说，谓"未能自度，而先度人，是为菩萨发心"。故其平生著作极多，皆随有所见，随即发表。彼尝言"我读到'性本善'，则教人以'人之初'而已。"殊不思"性相近"以下尚未读通，恐并"人之初"一句亦不能解。以此教人，安见其不为误人？启超平素主张，谓须将世界学说为无制限的尽量输

入，斯固然矣。然必所输入者确为该思想之本来面目，又必具其条理本末，始能供国人切实研究之资，此其事非多数人专门分担不能。启超务广而荒，每一学稍涉其樊，便加论列；故其所述著，多模糊影响笼统之谈，甚者纯然错误；及其自发现而自谋矫正，则已前后矛盾矣！

平心而论，以二十年前思想界之闭塞萎靡，非用此种卤莽疏阔手段，不能烈山泽以辟新局。就此点论，梁启超可谓新思想界之陈涉。虽然，国人所责望于启超者不止此。以其人本身之魄力，及其三十年历史上所积之资格，实应为我新思想界力图缔造一开国规模。若此人而长此以自终，则在中国文化史上，不能不谓为一大损失也。

启超"学问欲"极炽，其所嗜之种类亦繁杂。每治一业，则沉溺焉，集中精力，尽抛其他；历若干时日，移于他业，则又抛其前所治者。以集中精力故，故常有所得；以移时而抛故，故入焉而不深。①

梁启超不因自己是文化名人而自矜，而能自揭其短，并以此告诫后人，所以仍不失为一代英雄。更重要的是，他的这番话，说的是自己，其实也道出了岭南文化的一个通病，就是"入焉而不深"。也就是轻质者多，厚重者少；拓荒者多，深耕细作者少；创新者多，集大成者少。笔者认为，梁启超就是岭南文化的一个标本，他的长处和短处，都是岭南文化所赋予的。谁要是真正理解了梁启超，谁就真正理解了岭南文化。

岭南学术界、思想界是这样，其他界别如文学、宗教、音乐、戏曲、美术、舞蹈、影视等也是这样。都不乏开拓性的人物，但是都缺乏集大成的人物。岭南文化之所以缺乏集大成的人物，之所以不够厚重，与实用主义的价值观和思维方法有很大的关系。

冯友兰先生指出："实用主义的特点在于它的真理论。它的真理论实际是一种不可知论。它认为，认识来源于经验，人们所能认识的，只限于经验。至于经验的背后还有什么东西，那是不可知的，也不必问这个问题。这个问题是没有意义的。因为无论怎么说，人们总是不能走出经验范围之外而有什么认识。要解决这个问题，还得靠经验。所谓真理，无非就是对于经验的一种解释，对于复杂的经验解释得通。如果解释得通，它就是真理，是对于我们有用。有用就是真理。所谓客观的真理是没有的。"②实用主义的要害就在"有用就是真理"，而真理只限于对于经验的解释，

---

① 梁启超：《清代学术概论》，89页，上海古籍出版社，1998。
② 冯友兰：《三松堂自序》，北京，人民出版社，1980。

至于经验的背后还有什么东西,那是不必深究的。实用主义虽然是19世纪70年代在美国出现的一个现代哲学流派,但是作为一种价值观和思维方式,它在中国尤其是在岭南实际上已经存在了许久。晚清的朱次琦(九江)就是一个实用主义者,他的名言是:"读书者何也?读书以明理,明理以处事。先以自治其身心,随而应天下国家之用。"① 在他看来,一切学问都是为了"应天下国家之用",于"天下国家"有用的就是学问,其他都不是。此即"有用就是真理"。朱次琦在南海九江讲学长达20余年,培养了大批学生,洪秀全、康有为、简朝亮等皆出其门下。可以说,1855年以来的岭南文化,就深受朱九江的影响。洪秀全、洪仁玕、郑观应、黄遵宪、康有为、梁启超、孙中山等人,最初就是接受了他的影响,然后再向海外寻求于"天下国家"有用的经验。

当然,实用主义作为一种哲学,也并非一无是处,不可一概否定。问题是,实用主义在今天的岭南,已经彻底庸俗化。在许多岭南人看来,一切文化都要用"有用还是没用"来衡量。而所谓"有用",说白了,就是有没有经济价值。有经济价值,就做;没有经济价值,就不做。如果没有经济价值但是迫于某种形势而不得不做,那就敷衍了事。今天的岭南人做文化,一般就是这种心态。举一个例子。有关领导认为地方性的社会科学院都是为地方政府提供决策咨询服务的,而能够为地方政府提供决策咨询服务的只有应用研究,于是就把省、市社科院所有的基础理论研究机构全都砍掉了,只保留应用研究这一块。但是他们忽略了一个基本事实:任何没有基础理论作支撑的应用研究都是没有价值的,实际上还是没有用。这就是实用主义者的局限。

徐俊忠教授讲:"我们必须高度重视一个突出的文化现象:为什么广州一直可以成为国家文化发展的报晓雄鸡,但始终无法成长为雄踞国内文化发展的劲旅?"② 我的理解是:岭南文化本是一种轻质型的文化,它的局限就是不够厚重。不够厚重的文化是很难成为文化劲旅的。而导致岭南文化不够厚重的主要原因,就是实用主义的色彩太过浓厚。

人类文化史上的无数事实证明,一个文化不厚重的地方,其创新能力终究是有限的。在中国多数地区处于封闭和半封闭状态的时候,岭南可以凭借自己的地缘优势,引进海外的先进文化,推陈出新,从而引领时代文

---

① 简朝亮:《清朱九江先生次琦年谱》,台北商务印书馆,1978。
② 徐俊忠:《重要的是唤起广州人的文化自觉与自信》,见徐俊忠主编:《广州培育世界文化名城探索》,15页,广州出版社,2013。

化的潮流。在全国各地全面开放的时候，大家都可以引进海外的先进文化，岭南在这一方面的优势就不再突出，甚至会逐渐丧失，那么文化的自主创新就显得非常重要了。但是如果文化本身不厚重，就缺乏文化创新的后劲。所以在今天的岭南，文化创新当然很重要，但是增强文化的厚重感尤其重要。如果不增强文化的厚重感，不注重文化的积累，不培养具有创新意识与创新后劲的文化人才，那么今后的文化创新就堪忧，岭南文化在全国的先进地位就很难保住。

（曾大兴：广州大学广府文化研究中心常务副主任，教授）

清末民国岭南方言辞书及其研究意义[①]

曾昭聪

清末民国岭南方言辞书的范围

中国古代有编纂方言俗语辞书的优良传统。西汉扬雄的《方言》是最早记录方言词的辞书,受其影响,明清以来编纂方言辞书蔚然成风。这些方言辞书可分两类:一是以某个地点方言或区域方言的方言作为调查考证对象的著作,二是征引古代文献中多地的方言材料以续补扬雄《方言》的著作。第一类辞书对某个地点方言或区域方言进行调查考证,其中虽也有引古书以证方言渊源有自,但主要成绩在于记录了不少当时当地的活的语言。

本文所说的清末民国岭南方言辞书指清末民国时期编纂的以岭南方言(包括粤、闽、客三大方言)词汇、本字为调查考证对象的辞书。这些辞书及其首次刊印年代分别是:孔仲南《广东方言》七卷,又名《广东俗语考》,广州南方扶轮社1933年出版。李一民辑《粤语全书》,初版时间不详,民国五年(1916)秋上海印务局再版,民国二十二年(1933)新版。翁辉东《潮汕方言》十六卷,1943年出版。章太炎《岭外三州语》(附于《新方言》卷末,最早光绪年间刊刻,1919年收入《章氏丛书》)。杨恭桓《客话本字》一卷(附录一卷),1907年出版。罗翙云《客方言》十二卷,1932年出版。詹宪慈《广州语本字》四十二卷,1924年撰,1995年(香港)中文大学出版社出版。黄钊《石窟一徵》,1909年出版。温仲和《嘉应方言志》一卷(即《嘉应州志》卷七《方言》),1898年出版。

以上辞书均是从宽泛意义称为辞书的。标准的语文辞书应该词目、释义、书证三者皆备。但上述方言辞书或无释义,或无书证,这一情况符合

[①] 基金项目:《广州大典》与广州历史文化研究资助专项(项目批准号:2015GZY19)

辞书编纂中的"原则中心论"。① 另外其中的《粤语全书》比较特殊，它作为一部方言教材，以粤方言（包括词、语、句、篇）为收录对象，无释义，但其句、篇与辞书的书证类似，是辞书编纂中的"原则中心论"的体现，故《粤语全书》亦可称为方言辞书。

关于清末民国岭南方言辞书的已有研究

关于清末民国时期的岭南方言辞书的研究，主要表现在文献学与语言学研究两个方面：

文献学方面成绩有二：①目录著作。陈钝《旧籍中关于方言之著作》（载《国立中山大学语言历史学研究所周刊·方言专号》第八集第八十五、八十六、八十七期合刊，1929 年，第 112—114 页），丁介民《方言考》（台湾中华书局 1969 年 7 月初版）是两部最早也是规模最大的方言论著目录。《旧籍中关于方言之著作》列书名、卷数、作者与版本，收录"方言"著作四十种，其中三种属岭南方言辞书。《方言考·方言书考》有简单解题，其中"广东（客家语附）"收书九种（属词汇与本字考证类的八种）。②整理本。现有整理本三种：《客话本字》，谭赤子点校，台湾爱华出版社 1997 年；《岭外三州语》，蒋礼鸿点校，载《章太炎全集（七）》，上海人民出版社 1999 年；《客方言》，陈修点校，华南理工大学出版社 2009 年。此外其他可见版本均为影印本，如《汉语方言文献研究辑刊》（国家图书馆出版社 2013）。

语言研究方面，到目前为止，学界除了对以方音记录研究为主的蒋儒林《潮语十五音》、张世珍《潮声十五音》、姚弗如《潮声十七音》等有较多研究之外，其他以记录和考证岭南方言俗语词汇、本字为主的著作中，关于《潮汕方言》《客话本字》《客方言》各有一篇论文，著作只有谭赤子《古代汉语和广东的方言》（广东高教出版社 2011），林伦伦、潘家懿《广东方言与文化论稿》（中国文联出版社 2000）等少数几部有所涉及。关于其他辞书则没有相关的专门研究。此外，在语言研究基础工作之一的语料库建设方面，目前即使是收汉语史语料最多的语料库"瀚堂典藏"、"中国基本古籍库"，亦均未收本课题所论及之岭南方言辞书。

---

①陆宗达先生所倡之辞书"原则中心论"与传统的"释义中心论"相比，前者更加符合中国语文辞书的传统。参见袁世全：《兹古斯塔、陆宗达与"两论"——六论辞书框架》，载黄建华，章宜华主编：《亚洲辞书论集》，上海辞书出版社，2001。

由此可见，关于清末民国以岭南方言词汇、本字为调查考证对象的辞书，学界虽已有一定的成果，但还很不充分，一是相关研究基本上是就专书进行的，尚无全面系统的研究，也没有与其他方言区的方言著作的比较研究；二是对岭南方言辞书中所记录的词汇、本字的研究，较少从词汇史、词汇学、训诂学、辞书学的角度进行；三是相关研究尚少结合岭南地方文化进行。

清末民国岭南方言辞书的研究意义

清末民国岭南方言辞书的研究意义主要表现在以下几个方面：

其一，方言是记录地域文化的载体和重要组成部分。清末民国时期的岭南方言辞书收录了大量的方言词，包括古书中所记录的方言词与作者所记当时的活的方言词，这些方言词是全面系统的汉语方言词汇研究的重要组成部分，对其进行研究可以丰富方言学与方言文化的研究。

例如《广州语本字》自序云："盖广州常语往往口所能道，而笔不能写也"，因而以考证作者当时的广州方言本字为主要目的。该书首列方言词语，然后对其进行解释。例如：

《广州语本字》卷一："初不律"："律者，始也。俗读'律'若'甩'。'初不律'者，言此为最先，莫有为之始者也，犹言'首不先'也。《方言》：'律，始也。'"

按，此引《方言》第十二以证"律"有"始"义。"初不律"又《玉篇·彳部》："律，始也。"《太玄·玄莹》："六始为律。""律"本指"均布"（从《说文》），然何以得有"始"义？《方言》第十二"律，始也。"戴震疏证："律，亦作莩。"《广雅·释诂一》"莩，始也"王念孙疏证："律，与莩通。""莩"，《玉篇·艸部》："莩，草子甲。"《集韵·术韵》："莩，艸孚甲出也。""莩"指草木种子分裂发芽，故引申有始义。广州话"初不律"之"律"通"莩"。"初不律"，按詹宪慈的说法犹言"首不先"，实际上亦犹言"始不始"。这一词语的是由语义相反的两个词组合在一起的，而这种方法在近代汉语词汇中多见。

此条之后的词目：尾蕴、事幹过虺、才迟、恁样、郑是恁、鲫溜是恁、毕竟如是、求期是恁、不过恁只……叫你嘧、乜哩、莫个……都反映了作者当时的广州话口语，有的词语在今天的广州话中已消失。《广州语本字》书前有作者民国十三年（1924）自序，从《广州语本字》中所记录的方言词我们可以了解清末民国时期广州方言及其所记录的地方文化。又如：

《广东俗语考·释动作下》:"群聚曰鬨":"鬨音'红'去声。《说文》:斗也。斗者相聚。引申之,人相聚亦曰鬨。俗语:'鬨满一堆人'。"

按,《说文·共部》:"共,同也,从廿卅。凡共之属皆从共。从"共"声字有共同义。《孟子》"邹与鲁鬨"赵岐注:"鬨,斗声也。犹构兵而斗也。"宋孙奭《孟子音义》引刘熙注:"鬨,构也,构兵以斗也。""构兵"亦含交合、共同义也。《广东俗语考》通过对"鬨"的解释,确切地阐述了广东俗语"鬨满一堆人"之义。

其二,从汉语史的角度来说,清末民国时期的岭南方言辞书收录的方言词是汉语史研究的重要语料,可以促进汉语方言词汇的历史研究。

例如,我们曾经考证明清口语中的"交"有"周遍"义,其例如陈铎《乐府全集·滑稽余韵》之《水仙子·瓦匠》:"东家壁土恰涂交,西舍厅堂初窑了,南邻屋宇重修造。"《清平山堂话本·西湖三塔记》:"这西湖不深不浅,不阔不远;大深来难下竹竿,大浅来难摇画桨;大阔处游玩不交,大远处往来不得。"《拍案惊奇》卷三十四:"约有半里多路,只见一个树林,多是合抱不交的树。"《明容与堂刻水浒传》第二十七回:"为头一株大树,四五个人抱不交,上面都是枯藤缠着。"《儿女英雄传》第五回:"庙外有合抱不交的大树,挨门一棵树下放着一张桌子,一条板凳。""交"字又可写作"高"。王锳先生《诗词曲语辞例释·存疑录》"高"条引《冯玉兰》剧三:"他犯了杀人条,现放着大质照:刀头儿血染高。"《六十种曲·锦笺记》十二:"几十处伽蓝座座参到,五百尊罗汉个个数高。"认为"似均为周遍义"。①

按,交、高二字中古音近,均为"周遍"义,今方言中尚有此词:《汉语方言大词典》第二卷"交":……⑩〈形〉遍;尽;全。㈠西南官话。四川成都。到处找~了,也没找到他|为了买只箫,全城都跑~。《四川方言朗诵诗·算命》:"啥子都问~,瞎子慢推敲。"《川剧传统喜剧选·拉郎配》:"员外,我到处都找~了。"唐枢《蜀籁》:"酸甜苦辣都尝~了。"㈡客话。罗翙云《客方言·释言》:"周遍曰~。"

《汉语方言大词典》所引罗翙云《客方言·释言》甚略,而其实该书中对此词考证颇详:

《客方言》卷二《释言上》:"周遍曰交":"俗谓遍游其地曰游交,遍

---

①曾昭聪:《明代歌曲释词三则》,载《中国语文》,2003年第6期。

尝其味曰尝交，遍观其物曰看交。凡周遍皆谓之交。交者，竟声之转。《说文》：乐曲尽为竟，引申而凡尽皆曰竟。《广雅》：竟，穷也。《诗·瞻仰》笺：竟，终也。穷与终并为尽。《庄子·齐物论》释文：竟，极也。极亦尽。《汉书·王莽传》：恩施下竟同学。《注》：竟，周遍也。竟声之转为交者，竟之平为巠。《广雅》：经，绞也。《说文》：交，交胫也。'骹'下云：胫也。是其转变之例矣。俗谓交如高，郊禖之为高禖（见《吕览》），亦古音本同也。"

作者联系到"交"的同源字从词源上讨论了"交"何以有"周遍"义，对"交"表"周遍"义的历史发展作了探讨，颇有说服力。

其三，从辞书学研究角度来说，清末民国时期的岭南方言辞书本身的体例、词目、释义与书证值得研究，其中所录方言词（即辞书编纂中的词目）及相关解释与书证不但可作为辞书发展史的研究对象（包括方言辞书的互相比较、与俗语辞书的比较），而且也可供当代辞书编纂参考。对清末民国时期的岭南方言辞书所录方言词的研究可以促进辞书学的研究。例如：

《广州语本字》卷三"门樘"："门樘者，持闩之木也。或直或横，俗读樘，若赧，或若阵。《十诵律》卷一《音义》引《苍颉篇》：樘音簟，持也。又，支持板障之方木，俗亦谓之樘。《唐韵》：樘，徒点切，音簟。此今所以读樘若赧也。《集韵》：樘，直稔切。此今所以读樘若阵也。"

按，"门樘"一词，《广州语本字》释为"持闩之木"。另外"樘"又有"支持板障之方木"义，该书还考察了"樘"的两个读音来源。《汉语大词典》《汉语方言大词典》均未收录"樘"之此义与"门樘"一词。又如：

《客方言·释言下》"同伙营生曰欱（俗呼若甲）本"："《说文》：欱，合会也。《玉篇》：欱，公答切。俗呼正合本音。两人出资营生为欱本，同爨其居为欱火，创伤复平为欱口，制衣者左右相连曰欱缝。至'和合'之'合'，俗语乃呼为'阖'，经传通以'合'为'欱'。而今俗语根则合、欱截然两音，足见方言之存古也。"

按，《客方言》所收"欱本"、"欱火"、"欱口"、"欱缝"诸词，词义并非从字面意义的简单组合，语文辞书尤其是《汉语方言大词典》应当收录。

其四，清末民国时期的岭南方言辞书所记录的方言词及其释义，可以促进汉语方言词汇语义的对比研究（包括方言词汇历时比较研究与方言词汇共时比较研究）、方言词汇用字研究、方言异形词、方言同源词研究等等，可以丰富汉语词汇学和语义学的研究。

同一方言区内同一个词因地方音变而导致用不同的汉字记音。例如：

《广东俗语考·释天时》："明日曰停日，又曰递日"："停读若'听'平声。《唐韵》；停，行中止也。今日中止不行，停一日以待也。如停朝、停年，即明字。又读上声，曰停候。既等人必要停止，故曰停候。等候一息间曰停一停，又曰停一阵。""《说文》：递，更易也。《尔雅》：递，迭也。更迭间厕相代之义，故递字有更改而又接续之意。递日者，改日也。异时曰递时，下年曰递年。"

按，"停日"、"递日"，或书作"听日"。这是同一方言的地方音变而导致听音为字。甘于恩考证"听日"是"天日"的音变。① 孔仲南以"递日"、"递时"、"递年"之"递"为接续之义，此说未必准确，但确实记录了不同的书写形式。

不同方言有可能存在书写形式相同的方言词，例如：

《广东俗语考·释性质》"龙钟"："龙钟读若隆中，衰老之貌。重言之曰龙龙钟钟。杜甫诗：'何太龙钟极'，言老态也。苏颋诗：'龙钟踏泥涧'，言步履艰难也。"

按"龙钟"亦见于其他方言，例如：

清胡文英《吴下方言考》卷一"龙钟"："《剧谈录》：'裴度未第时，乘寒驴上天津桥，二老人指曰："适忧蔡州未平，须此人为相乃可耳。"度闻之曰："见我龙钟，故相戏耳。"'案，龙钟，低头艰步貌。吴中谓老人不健相曰'龙钟'。"

按，《吴下方言考》所引《剧谈录》故事，其中"见我龙钟，故相戏耳"之"龙钟"当为失意潦倒貌。不过胡文英所释义"龙钟，低头艰步貌。吴中谓老人不健相曰'龙钟'"则可以参考。《广东俗语考》所释之"衰老之貌"与《吴下方言考》所释之"低头艰步貌"语义相近。即该词至少有二义。该词为联绵词，又可有其他写法：

《客话本字》"躘踵"："音聋钟，潦倒不遇貌，又小儿行不定也。亦作儱倲、陇种、龙钟，字异而义同。俗呼陇中，又呼陇仲，同一意。"

《客话本字》已列出除词目之外的五种写法，有的写法韵书有载：《广韵·钟韵》："躘，躘踵，小儿行貌。""小儿行貌"亦行步艰难也。"龙

---

① 甘于恩：《广州话"听日"的语源》，载《中国语文》，2003年第3期。

钟"、"龙躔"指"步履艰难"、"艰步貌",用于老人则为"不健"、"老态"。再参以其他语料,可以说该词是一个广义的方言词,在不同的方言区中所指相同。《土风录》卷七"陇种"条:

> 老愈曰陇种。见《荀子·议兵篇》:"陇种而退。"注:"遗失貌,如陇之种物然。"亦作龙钟。退之诗:"东野不得官,白首跨龙钟。"董彦远注:"潦倒意。"苏鹗《演义》云:"龙钟谓不翘举,如有鬅鬙、拉搭之类。"杨升菴云:"龙钟,竹名。(见《广韵》)人老似竹,摇曳不自持,故曰龙钟。"思按,杜弼为侯景檄梁云"龙钟稚子",则非独老人之称。《集韵》作儱偅,云:"不遇貌。"《埤苍》作躘踵。《北史·李穆传》又作笼东:"宇文泰战败,敌兵追及,穆以鞭击泰曰:'笼东军士,尔曹主安在?'"

不同方言存在书写形式不同的方言词则是很常见的,例如:

> 《广东俗语考·释动物》:"鸡伏卵曰菢":"菢音暴。雌鸡伏卵曰菢。《唐韵》:薄报切,覆也。《集韵》:鸟伏卵也。通作抱。"

按,《广东俗语考》以考本字为主要目的,其自序曰:"然粤语之名物虽正,而亦多有求其声而无其字者。……即以屈翁山之博学,其所著《广东新语》,于'土言'一则,亦讹误甚多。书中生造之字,亦复不少。又如'来'有'离'音,'卵'有'春'音,而不之引正。鸡伏卵谓之'哺斗',不知有'菢蔟'字。似此纰缪,不一而足。"孔仲南以为"鸡伏卵曰菢",然实亦有其他写法。清顾张思《土风录》卷六"哺鸡"条:"老母鸡抱鸡子曰哺鸡,业此者曰哺坊。按,当作'菢'。《广韵》'菢'注:'鸟伏卵也。'通作'抱'。太白《求白鹇》诗序:'盖是家鸡所伏',是亦可云'伏'。'哺'则为口中嚼食以饲之。《姑苏志》载'哺鸡笋',所谓蔓延如鸡哺子也。"《广东俗语考》之"菢"、"抱",《广东新语》之"哺",与《土风录》之"哺"、"伏"不同的方言记音字,其本字是"伏"。《广东新语》之"哺斗"是"伏薮"之记音字。

总之,清末民国时期的岭南方言辞书冲破了传统训诂学主要以先秦文献语言为研究对象的束缚,继承了扬雄《方言》的实录精神,其所录词语及释义,可以帮助我们了解词语发展的线索。对各辞书所录方言词进行研究,对于当代方言学、汉语史、辞书学以及方言词汇语义学的研究都有重要意义。

(曾昭聪:暨南大学文学院中文系教授,博士生导师)

广府民俗研究

广府民俗艺术的民间审美

刘介民　刘小晨

民间文学中讲究平仄的诗词被称为"旧体诗词",很少被列为作家。当代群众性的诗社雅集活动两头不被重视,文学研究者不屑关注它,研究群众文化者却视之为文学现象也忽略了。在民间文化审美娱乐方面,缺乏民间诗词雅集俗成、楹联凝聚民俗、诗钟寓意恢宏、灯谜竞猜成乐、书法艺术奇趣等深入性研究。

诗词雅集活动是广府民间文化娱乐习俗,当代民间诗词是民俗艺术。题刻于壁上的楹联,又称联语、联句,是古代文人的必修课。但楹联很少记入文学史,只被看作是文人的文字游戏。不过,在民间艺术中,楹联是一个颇为被重视的民俗艺术形式。诗钟是广府所特有的,虽说它是文字游戏,它同样反映生活、书法性情、抨击丑恶、歌颂贤达。它缩龙成寸,篇幅虽小而寓意恢宏。灯谜是广府文化中在民间流行的文化游艺活动,节庆活动少不了灯谜,吸引群众高高兴兴地动脑筋、猜灯谜。中国民间文字有着悠久的历史和深厚的民间文化传统,以及民间的审美追求。它展示了中国广大百姓各个时期的生活面貌和思维方式、心理。中国文字的魅力和民间艺术,巧然天成,形成了民间美术中一道独特的风景线。

一、民间汉字艺术悠久深邃

中国汉字的历史和艺术久远深邃。汉字是世界上最悠久的文字之一,也是当今世界使用人数最多的文字。汉字的构造和思维方式是独一无二的。从汉字的发展史中能够了解到早期汉字的确是一种图画性非常强的文字。在商代甲骨文中就清楚地反映了汉字和图画形象的关系。汉字是表意文字,汉字的形态和它的发音以及含义是紧密关联的。文字在民间生活中内容丰富多彩,在民间经过加工提炼,大量的传说、神话、游戏以及自然界动植物成为文字和美术的创作素材。这些创作素材的形成反映出劳动人民审美的继承和发展。文字、形象与民间纯朴、直率的情感相融合,形成了独特的民间文字艺术。民间的文字艺术，有字有画，字在画中，画在字里；字中有情趣，画中有意味。

传统的中国民间文字书写艺术——板书中，常有龙凤、禽鸟、花卉、蝴蝶等造型。在这些"画字"中，动植物形象与文字笔画结合，形成既保留文字的可读性，又糅合具象造型的独特艺术形式。在剪纸作品《龙》《虎》中，龙虎两字分别结合了龙形和虎形，同时保留了两字的外观特征，可看可读，别有趣味。民间艺术具有极强的可读性和通俗的趣味性。运用在农历新年的"福"字便可见一斑。"福"字是中国民间美术中特有的带有浓郁民间文化和具有普遍社会认同的文字艺术表现内容之一。在各种"福"字创作中，都不同程度地结合具象造型。在"福"字中结合的生肖动物形象，指具体的中国农历年份。依笔画顺序，"福"字造型分别展现了天师镇宅、麒麟送子、天官赐福、刘海撒钱、和合二仙和财神，六个民间传统吉祥图式。这六个图式集合于一个字中，浓缩了对居住、繁衍、生活、财富、婚姻几个方面的美好愿望，可谓面面俱到的道出了民间百姓对生活的追求，也明确地显示了民间朴素的人生观和价值观。与此类似的有大量的祈福文字，如："禄"、"寿"、双"喜"、"春"等。这一类型的作品，无论创作方法是剪纸还是年画或雕刻，都一致地表现为具有祈福象征的图形结合于文字造型中。这样的作品，我们从整体看，仍能清晰辨别汉字的特征；从局部看，字的内部则是象征吉祥的图画了。

1. 朴素的祈福观念

祈福观念反映了民间追求吉祥、向往美好生活的心理，这既是最朴素的生活观念，又是最朴素的创作观念。祈福观念从根本上说，来自于两个方面，一是对大自然和生命的敬畏。这来源于民间无法解释的自然现象或有限的认识自然的能力和无法解决的现实问题，由此形成了对自然景象、生命和人的生命的朴素认识。二是祈福观念表现出人们希望与自然共生、与自然和谐相处的美好愿望。《韩非子》中有记载"金寿富贵之谓福"，中国民间美术的汉字艺术中大量的例子表明了这种情感。"福禄寿双喜"是最常见和最普通的祈福观念艺术创作元素之一。

2. 文化和价值观念

通过文字诉求个人的价值观，通过图像体现抽象的生活理想、价值取向。"松竹梅"被称之为"岁寒三友"。作为三种植物，在自然界寒冷环境中都能够顽强生存，在中国文化借物抒怀的思维方法中，这三种植物自然发展为高尚情操和道德品质的象征。与此相同的是"梅兰竹菊"四种植物，象征了高尚品德和高贵气质，长久以来得到歌颂。广府有木棉花，为广州市市花。木棉花较大，色橙红，极为美丽。清屈大均以《南海神庙古木棉花歌》颂之。木棉树属强阳性树种，树冠高大争取阳光雨露，木棉这种奋发向上的精神及鲜艳似火的大红花，被人誉之为英雄树、英雄花。木棉花还可以做药，每逢春末采集，晒干，经拣除杂质和清理洁净后，用水煎服，可清热去湿。最早称木棉为"英雄"的是清人陈恭尹，他在《木棉花歌》中形容木棉花"浓须大面好英雄，壮气高冠何落落"[①]。汉文字不仅注重用笔结字，而且能够表现精神气质、突出个人风格。

汉字艺术呈现出的独特艺术风格，不拘泥做作，语言巧妙、明快、生动，与当今设计尤其是平面艺术创作吻合。汉字艺术作品逐渐呈现出来，这些满载着乡土气息的鲜活的作品再次刺激了我们在设计工作中日渐麻木的神经，激发了久违的设计热情！面对生动鲜活的作品，我们感慨中国民间的博大，感慨民间汉字艺术的无尽魅力和积极的现实意义。

二、诗词雅集成民间习俗

诗词是群众在生产、生活中自发创造的。群众诗词雅集活动，是民间文化娱乐习俗，在当今依然得到发展。那些散落在民间的有才气的诗人，他们也许没有头衔、没有光环，甚至只是一介普普通通的打工者。但正是这来自民间的强大力量，使中国的新诗能继承《诗经》、汉乐府民歌的精神。大量有关民间诗歌、基层诗歌的材料始于民间，反过来激励民间，有助于使中国诗歌的河流在民众的拥戴中长久流淌。特别是广府地区，文化不是装饰品，而是大众共享的大餐。在广府的诗社雅集，是文学走下殿堂融入民间文化的表现，正合广府文化大众性、兼容性的特点，也是当代民俗艺术的一朵美丽的浪花。

1. 诗词雅集的生成和发展

最早的诗词雅集，只是少数人聚头谈诗论词。后来名人组织诗社，推动诗词雅集习俗的发展。广府民间诗人结社最早见南宋名臣李昂英归隐广州后所结的《粤小记》中"吟社"[②]，元、明诗人结社已成风气。明代诗

---

① [清] 屈大均：《南海神庙古木棉花歌》，见《屈大均全集》，北京，人民文学出版社，2000。
② [清] 吴绮等：《清代广东笔记五种（岭南风物记 南越笔记 粤小记 五山志林 越台杂记》，[清] 黄芝：《粤小记》，广州，广东人民出版社，2006。

人李东阳在《麓堂诗话》中曾说及：元代至明朝初，东南各省有不少诗社，多数请社会上有名望的人主持，聘请知名诗人当"考官"，年尾时出题征诗。明末广府诗人黎遂球一段佳话：他上京赴考归程时路经扬州参加雅集，以十首牡丹诗被评为第一，披锦游街炫耀，被誉为"牡丹状元"①。明末时广府民间青年诗人自组诗社成名。位于广府文德路的南园诗社是突出一例。1358 年青年诗人孙蕡（西庵）在位于河边园林建筑的"抗风轩"组织南园诗社。"狂歌放浪，剧饮淋漓"，与今天的青年在酒吧饮酒唱歌的状态相似。在《广州历代诗社考略》以及"明清广州诗人结社已成习俗，大大小小的诗社不可胜计"。② 除南园诗社，还有越山诗社、浮丘诗社、兰湖诗社等。清代乾隆年间安徽人檀萃在《楚庭稗珠录》中已说及："仆客粤三年，居羊城久者，见士大夫好为诗社，写之于花宫、佛院间皆满。其命题多新巧，为体多七律。"③ 在《粤东诗海》"例言"中说及民间诗词爱好者的活动："日为校诗之会，题尚幺幺，体为律绝，六街九阳，粘题烂然。诸名士拈须叉手，屠沽贩竖亦争效之。"④ 这是典型的广府诗社雅集活动文化娱乐习俗活动。外地人（流寓之士）、卖肉的（屠沽）、小贩（贩竖）皆可参与。可见参加者的民间性、普遍性。诗的题材多为律诗、绝句，新巧的诗题贴在大街上，诗作贴在寺院等公众场所，可见这种活动的广泛性。诗社带头人都是诗学上有造诣的人，参加者都是以诗自娱的人，其中包括官员、文人、绅士、商人、僧人及市井中人。诗词娱乐还延伸为对联、诗钟活动以及饮宴时行酒令、婚礼的"题四句"等。可见广府诗词雅集是一种特有的民俗艺术活动，不是官家"殿堂"的消遣。民国以来诗社声势已大不如前，但在广府民间的诗词爱好者很多。他们或时有与外地诗人有时唱咏，或到茶楼酒馆雅聚，相互交流评议作品，令诗词雅集得以延续。

竹枝词是最贴近大众的诗词形式，属于俗文学一类。自唐代刘禹锡创造竹枝词后，这种吟咏风土人情为主的艺术形式便受到诗词爱好者的欢迎。广府便有专题竹枝词吟咏雅集。广府的征集竹枝词活动，是诗词雅集习俗的典型反映。光绪元年广府人李慕周征集诗词活动后，刻印广府第一部《羊城竹枝词》，有 139 名作者，473 首诗。晚清诗坛大家王士祯在《带

---

① [明] 李东阳著，李庆立注解：《怀麓堂诗话》，北京，人民文学出版社，2009。
② 陈永正：《广州历代诗社考略》，载《羊城今古》，1998，6 页。
③ [清] 檀萃：《楚庭稗珠录》，65 页，广州，广东人民出版社，1982。
④ [清] 温汝能：《粤东诗海》，吕永光校点整理，广州，中山大学出版社，1999。

经堂诗话》中云:"竹枝咏风土,琐细诙谐皆可人,大抵以风趣为主,与绝句迥别。"①从晚清到民初,广府的竹枝词被认为是岭南竹枝词的代表。写广府竹枝词其作者有两大类,一类是外地诗人来广州所作,一类是广府本地土人。本土人因熟悉地情,所作的竹枝词地方特色浓郁,更有存史价值,是研究历史、风俗、人物的参考资料。广府不少作者写下反映民间风情的竹枝词。题名或以地名、事名,如"羊城竹枝词":"广州竹枝词"、"珠江竹枝词"、"七夕竹枝词"等。屈大均的"广州竹枝词":"洋船争出是官商,十字门开向二洋,五丝八丝广缎好,银钱堆满十三行。"②清代反映广府七夕乞巧风情的"竹枝词",如清代何梦瑶的"七夕竹枝词":"看月谁人得月多,湾船齐唱浪花歌,花田一片光如雪,照见卖花人过河。"③描写广府珠江花田夜景。晚清梁芳田的"羊城竹枝词":飞凫一鼓去如风,夫婿家家亦自雄,我愿即君自舞剑,占鲸直出虎门东。④广府荔湾泮塘地区,曾水网纵横,盛产荔枝、马蹄(荸荠)、茭笋(茭白)、菱角、桃、梅、荔等。《舆地纪胜》记:"在郡治六里,名泮塘,有桃、梅、莲、菱之属。"⑤泮塘村人当以此为生,泮塘题四句是泮塘人民的口头创作,即景就事,因事带情,咏诵了四句歌谣。清同治举人黄其表手书对联:"门接水源朝北极,路迎佳气盛西方。"民间诗词活动中还有结婚时的"题四句"。结婚前男家挂喜幛题的"四句",是寓意吉祥的顺口溜。结婚当晚"玩新抱"(戏弄新娘)题的四句,多是搞笑的游戏诗。如"筷子有一双,插实在中央。明年生贵子,请我食酸姜"。目的是要弄到新娘不好意思,被难倒,愿意受罚。题四句还把教育寓于娱乐之中的。题四句虽然艺术水平不高,艺术成就不大,但句式通俗易懂,内中引用的典故、传说、故事不少,涉及的古籍有《诗经》《四书》以及古典小说等。

当代广府的民俗诗社活动,可见炎黄文化传统诗词艺术在民间仍有生命力。珠三角地区有很多诗社。每逢春节、诗人节(端午)、国庆(中秋)都有些大型雅集。诗社雅集促进了诗词的创作和评论,令这朵文学艺术之花永存于广府大地。

---

① [清] 王士禛:《带经堂诗话》,北京,人民文学出版社,1982。
② [清] 屈大均:《广州竹枝词(翁山诗外)》,卷16,1306~1307页,北京,人民文学出版社,1996。
③ [清] 何梦瑶:《珠江竹枝词》。"光绪丁丑年",即光绪三年(1877)。
④ 欧阳子:《广州历代竹枝词(选刊之一)》,http://www.fanren8.com/read-htm-tid-38859.html
⑤ [南宋] 王象之编,赵一生点校:《舆地纪胜》,杭州,浙江古籍出版社,2012。

2. 底层打工群体的民俗

改革开放以来，大量的农民涌入城市，形成了具有时代特色的打工潮，这种历史性的人员大流动以广府珠江三角洲沿海地区最为明显。打工文学是指反映"打工"这一群体生活的文学作品，主要是指由下层打工者自己创作的以打工生活为题材的文学作品，其创作范围主要是在南中国沿海开放城市。①深圳打工者林坚创作的工题材小说《深夜，海边有一个人》、罗德远的诗歌《打工生涯》等是来自民间底层创作的记载和反映一代人精神状态和漂泊史的打工文字。打工题材小说、打工诗歌作为新民俗的一个生长点，却早已暗香浮动。它从民间的边缘化状态到进入主流文坛，从遭受歧视到备受青睐，从诞生到壮大，经历了一个艰难而曲折的历史过程。"打工文学"的出现也为新民俗文学的发展注入了新鲜的血液。

广府民风历来比较淳朴，诗风纯正，往往从个人生活的真实感受出发，写爱情、亲情、乡情，以新民俗及新的人生百态，关注社会现实，讴歌改革开放的新时代、新风貌。作为地方文学，表现本土地域风情与民族特色是区别于其他地区文学的重要标志。珠三角山清水秀，风景优美，温馨荡漾的珠江水、云雾缭绕的白云山等，都是被诗人描写歌咏的对象。独特的民族性和地域性，往往是一个诗人成功的标记。唐德亮的作品，有的境界高远、时空阔大、气势磅礴、想象瑰丽、意象奔驰飞动，具有粗犷豪放的风格；有的诗却细致深入、委婉含蓄、清新优美、空灵隽永，具有细腻婉约的风格；有的诗将两种风格融为一体，兼具豪放与婉约之美。作为新民俗打工文学的代表，郑小琼的诗歌创作再现了后工业时代原生态的底层生活画面，呈现了城乡二元对立的时代背景下，农民工进城的艰辛历程，这是生存前沿真实的诗性记录。"生活表现得赤裸裸到令人害羞的程度，把全部可怕的丑恶和全部庄严的美一起揭发出来，好像用解剖刀切开一样……我们要求的不是生活的理想，而是生活本身，像它原来那样。因此也就是真实的，而在有真实的地方，也就有了诗。"②郑小琼的打工诗歌记录了打工者的生存现实，语言平淡而有力，具有极强的新民俗现实性和情感的真挚性。她的诗歌，大多糅合了多种底层元素、民俗元素，它是改革开放以来各种因素下的产物。她笔下的底层生活，既保留了中国传统乡村遗韵，又笼罩在工业文明的包围之中，真实地再现了打工者们的血泪生

---

①杨宏海：《打工文学备忘录》，北京，社会科学文献出版社，2007。
②张秉真等：《西方文艺理论史》，北京，中国人民大学出版社，1994。

活。郑小琼的诗歌,充满着嘶哑和锋利的痛楚,又赤裸裸地写出民间的、底层人们生活的无奈和无可抗拒。事实上,真正深入人心的作品,往往正是因为作者用他们独特的视角,观察着世界的每一个角落,然后,告诉人们,这世界在他们眼里的真实。

从美学的角度讲,打工诗歌一如概念中的"丑",之所以受到人们的关注,不是因为它有多丑,而是因为这种"丑"已俨然一种来自下层民众最真实的美。对生命最本真的探讨和对底层生活最彻骨的描述,使打工诗歌以其原生态的特点,触及了读者的内心,或许这已经是诗歌深沉表达的另一种样式。

三、楹联诗钟凝聚民俗成趣

楹联作为最广泛、最普遍、最富有文化内涵、最富有民族特色的一种民俗文化,是任何其他形式所不可替代的。汉字对联这种民间艺术形式是中国文化"特产"。古代庙宇、牌坊、城隍等多有对联炫耀于世,这是民间艺术产生民族凝聚力的见证。楹联文化在广府有着深厚的群众基础,广府狮岭镇"中国楹联之乡"和塱头村"楹联文化名村"的美名是花都文化软实力的象征,更是花都打造全国文化先进区的丰硕成果。广府人满腔热情地支持楹联文化产业发展,楹联创作者们激情满怀地创作具有地方特征、符合时代特征佳联,深浅皆成趣,雅俗均可赏。

1. 对联奇趣一朵奇葩

民间对联何时兴起说法不一。一般认为在唐五代,古籍记载最早的一副对联是五代时蜀主孟昶所挂的"新年纳余庆,佳节号长春"。律诗发展,讲究对仗为对联单独出现坚定了基础。《渔隐丛话》《全唐诗话》等古籍记唐人的文字游戏,也酷似对联的对句。宋代时,对联逐渐推广,亦出现寿联、挽联。到了明代,因明太祖朱元璋的酷爱,使对联艺术得到大发展。"春联"一词据说是朱元璋提出来的。他亲自为阉猪人家题写门联:"双手劈开生死地,一刀割断是非根。"清代不少文人、高官写对联。连太平天国的洪秀全、冯云山、石达开等农民领袖也大力提倡。如石达开的"忍令上国衣冠,沦诸异域;相率中原豪杰,还我河山"。清代对联发展鼎盛,也出了不少有关对联的书籍,如康熙钦定的《分类字锦》、乾隆的《联经》、嘉庆的《吴下谚联》、道光的《楹联丛话》、光绪的《楹联集锦》等。民国对联内容有更新,出现了对对子故事的著作,如《颐和园联话》

《对联话》《西湖联话》等。① 广府的一些酒楼，曾以征联活动轰动广州，如陶陶居，吸引了不少对联好手参加。陶陶居，还有专门为那个名楼所配的脍炙人口的对联。那时，店主为了扩大影响，招揽生意，用"陶"字分别为上联和下联的开端，出重金征茶联一副。终于作成茶联一副。联曰："陶潜喜饮，易牙喜烹，饮烹有度；陶侃惜分，夏禹惜寸，分寸无遗。"这里用了四个人名，即陶潜、易牙、陶侃和夏禹；又用了四个典故，即陶潜喜饮，易牙喜烹，陶侃惜分和夏禹惜寸，不但把"陶陶"两字分别嵌于每句之首，使人看起来自然、流畅，而且还巧妙地把茶楼饮茶技艺和经营特色，恰如其分地表露出来，理所当然地受到店主和茶人的欢迎和传诵。

广府文学中清代名诗人，流传于民间的名联不少。嘉庆年间广府私塾先生何淡如诗与书法皆知名，对联更是脍炙人口。他有不少妙联流传于市井之中，也受到有心文人的注意。清末广府知名小说家梁纪佩收集何淡如的对联作品，编成《何淡如先生妙联》，由广州崇德堂印行。民间流传何淡如对对联的故事不少。何淡如在饮宴时曾作如下对联："狗子煨炀，（粤语意为焦）巧笑倩兮穿黑服；虾公蒸熟，鞠躬如也着红袍。"上联说的是广州人烹狗前先用禾草烧狗以增香气，下联说的是虾上席时的形状。狗被烧得龇牙露齿用"巧笑倩兮"形容，熟虾弯身以"鞠躬如也"描绘，令人叹服。

对联的特点是两句字数相同，分上下，彼此对仗，平仄对立，语意连贯，强弱相称。对联可分为春联、喜联、寿联、挽联、励志联、叙事联、抒情联、状景联等。对联的艺术技巧主要分为用字的技巧、遣词的技巧、组句的技巧。如广州文化公园"汉城"联："杨柳舞临邛，宝髻当垆，听琴人解相如渴；旌旗蔽江汉，短歌横槊，对酒何来魏武忧。"隐切指欲说偏藏。如"有客如擒虎，无钱请退之"。把意识相反的词放在一起，突出趣味性。还如为广州中顺纸业集团"洁柔"牌产品题联："中天日朗宏开顺景；洁质德馨长见柔情。"广府镇海楼坐落在越秀山小蟠龙冈上。该楼又名"望海楼"，因当时珠海河道甚宽，故将"望江"变为"望楼"。镇海楼气宇非凡，清末的楹联"万千劫危楼尚存，问谁摘斗摩霄，目空今古；五百年故侯安在，使我倚栏看剑，泪洒英雄"。另联"五岭北来珠海最宜明月夜，层楼晚眺白云犹是汉时秋"。古今曾以"镇海层楼"、"越秀远眺"和"越秀层楼"先后列为"羊城八景"之一。

---

① 曾应枫，龚伯洪主编：《广州民间艺术大扫描》，297页，哈尔滨，黑龙江人民出版社，2004。

2. 各式灯谜竞猜成乐

粤语文化益智好玩，广州灯谜学会的灯谜大师量身订造了灯谜，内容包括了广州俗语、茶楼用语、广州文化地标名称等，如"粤语口头禅"、"'打戏'本土剧"、"新派粤语讲古"等，去推广美好迷人的本土文化。让读者深入了解粤语灯谜的制作和猜解方法，从中更多地了解广州历史和粤语文化。文化传承要通过一些喜闻乐见的娱乐方式，灯谜竞猜就是其中的一种。参与者潜移默化地对广州故事和文化产生认知，继而喜爱，成为自觉的保育者。

广府的灯谜活动古籍中亦有记载。明代，广府已有灯谜爱好者（俗称谜人）明末清初广府著名文士屈大均在《广东新语》中亦有提及：广州上元节灯市的街上悬赏猜谜，称为"灯信"。① 晚清时，广府有些名师宿儒设灯谜馆，在门外贴上"文武候教"，邀请知音进馆猜谜。民国初年，每逢上元节，双门底（今北京路）、下九甫（今下九路）都设有谜坛，吸引众多爱好者围观猜谜。上层人家喜开谜会邀请亲友参加。学校私塾大馆的老师亦设谜会让文友、学生竞猜。广府各界都有灯谜爱好者。由于灯谜活动有群众基础，后来娱乐场所也设起谜坛襄助。广府民间谜语参与者多是工人、农民、手工业者，是一种广泛的民俗艺术活动。后来刘万章在收集广州谜语的基础上，编辑一本《广州谜语》。民俗学家顾颉刚在序言中说："谜语是民众们最精练的写生手段，它能在两三句话中把一件东西的特别性质指出，而又有以隐语的方式表现之，使说穿了不值什么的话竟费了对方的大力去猜。这是民众的聪敏、民众的狡猾、民众的狡狯！"②

广府最早成立的灯谜社叫《嘤鸣灯谜社》，取自《诗经》的"嘤其鸣矣，求其友声"。颇有书卷味。灯谜社主要人物都是饱读诗书者，如老诗人梁嘉江等崇尚古典，以《文心雕龙》之"谜者，回互其辞，使昏迷也"。③古典类包括《四书》《唐诗三百首》《古文评注》等。灯谜社吸收一些民间流行的谜语风格，增加了雅俗共赏的作品。灯谜更偏重文化和艺术味道，谜面多是取材自中国古典文学，如"宴桃园豪杰三结义"，打一外交名词为"备忘录"；如果不是对《三国演义》有深厚积累，一般人很难破解谜底。嘤鸣社培养了一批谜坛积极分子，为广府普及灯谜活动做出了贡献。现代的谜语所涉及的内容，不像旧时只以物和字为主，而是越来

---

① [清] 屈大均：《广东新语》，卷六，北京，中华书局，1997。
② 顾颉刚：《广州谜语》，见《顾颉刚民俗论文集第2册》，北京，中华书局，2011。
③ [南朝梁] 刘勰：《文心雕龙》，北京，中华书局，1959。

广泛，各行各业、生活的方方面面、现实中和网络上都无所不包。为了更好地猜谜和制谜，要看很多的书，许多典故都了熟于胸。

3. 民间诗钟寓意恢宏

诗钟是诗钟，灯谜是灯谜，应该是风牛马不相干的两件事。但从有些方面来说，二者却有其相似之处：是令人乐此不倦的文字游戏，极富闲趣；是容人驰骋才情的好场所，足以寄怀。故好此者一进入即不能自拔，单好者有之，皆好者亦有之。渐渐地有一些"两栖"爱好者，企图和在实践中把二者结合起来，形成了诗钟谜这一体裁。这些风雅隽永的诗钟，极大地丰富了楹联的写作手法，为广府楹联的成熟增添了催化剂。

诗钟始于何时很难考证。清代训诂盛行，文人为炫耀自己读书多，诗钟的要求正适应这种风气。在广府地区诗钟盛行于清代同治、光绪年间。清末民初诗钟爱好者组建诗钟活动的《惜余吟社》，到后来的《广州诗钟社》。虽经种种磨难和战乱，诗钟爱好者仍坚持创作。最著名的诗钟好手是诗人、学者邬庆时，他的作品常在诗钟爱好者中传阅。昔人敲钟，规律极严，拈题时，缀钱于缕，焚香寸许，承以铜盘，香焚缕断，钱落盘鸣，以为构思之限，故名"诗钟"，即刻烛击钵之遗意也。钟虽小品，惊天地，泣鬼神，征夫怨妇之思，怀乡忧国之感，均可流露于寥寥十四字中，变化无穷，奥妙莫测，固属雕虫小技，亦洋洋乎大观，或谓此中兴味，胜诗十倍，经验之语也。① 诗钟固重对仗，尤重立意，无意义之诗钟，谓之"哑钟"，敲之不响，唱之无味。盖以白粉墙对黑漆板之类，决难引人入胜，粤派之弱点，即在于此。故正宗之诗钟，须有诗之声调风格，置之于诗中，则为名诗，置之于钟中，则为名钟。或谓诗钟，须有起承转合之势，未免言之过甚，盖诗钟为七律诗之一联，古人名联，或对描事物，或直舒怀抱，绝少于一联中，备有起承或转合之势也。

诗钟的规则比较严格。一卷诗钟有两比，每比七个字，乍看如七言对联。因其声韵排列形式一如七言律诗的颔联（三四句）或颈联（五六句），故又称折枝词。但诗钟与对联不同，对联、诗联两比必同一主题，诗钟的两比一般为不同主题。对联、诗联可以宽对、拗对，诗钟一般力求对仗工整、气势均衡。诗钟是中国古代的一种限时吟诗文字游戏，限一炷香功夫吟成一联或多联，香尽鸣钟，所以叫作"诗钟"。诗钟吟成，再作为核心联句各补缀成一首律诗，游戏结束。诗钟多半限定内容（诗题）或文字，比如诗钟分咏，限"来、去"，即上联必须有"来"，对下联的"去"字。诗钟比一般

---

① 王鹤龄：《风雅的诗钟》，北京，台海出版社，2003。

对仗要求更高，更含蓄，甚至类似谜语才好。如果限"来、去，七联"，则必须吟成七字对联七幅，"来、去"分别位于句中的七个不同位置。诗钟因为规定要用两句，故开始时有"偶句"之称，并分为分曹偶句和嵌字偶句。"分曹"是分组之意，即指分开各咏一事物，也就是分咏格诗钟。唐·李商隐有诗曰："分曹射覆蜡灯红"，可见分曹亦早已用于射覆，所以分咏格诗钟和灯谜是有其历史渊源的，二者结合在一起也是理所应该的事。

四、书法艺术风雅情调浓郁

书法、诗词、绘画被古代士大夫视之为高雅艺术，当然不会列入"通俗"的民间艺术。尤其是书法，更被认为是"官方艺术"。然而，文人毕竟当官的少，书法艺术实质上是深深扎根于民众之中的艺术。

1. 广府书法的历史渊源

中国书法艺术历史悠久，以不同的风貌反映出时代的精神。书法就是汉字的书写艺术，是一门既古老而又现代的中国特色艺术。书法是"汉字文化圈"中人用来表达自己心灵情感和东方审美的一种独特方式，是中华民族的传统文化瑰宝。从甲骨文、金文演变而为大篆、小篆、隶书，至定型于东汉、魏、晋的草书、楷书、行书诸体，书法一直散发着东方艺术的独特魅力。神览历代书法，"晋人尚韵，唐人尚法，宋人尚意，元、明尚态"[①]。追寻三千年书法发展史轨迹，我们可以清晰地看到，书法的发展总是与中国社会发展同步发展，在每一个发展阶段都强烈地反映着所处时代的精神风貌。

明末清初是广府地区书坛大放异彩的时期。崇祯年间东莞的王应华，书风独特，于雄肆之中，极抑扬顿挫之致，是明代岭南书坛一大家。南海邝露书风遒丽奇雅，能楷、行、篆、隶各体书法，传世珍品较多。清代广州著名的书法名家有苏珥、黎简、宋湘、吴荣光等。苏珥的书风简朴旷达，尤擅榜书。黎简有诗、书、画、印四绝之称，行草疏秀宕逸、超脱而无尘俗之气。宋湘的书法气势豪雄，其行草笔力老到，无尘俗之气。他还以蔗渣、竹叶作书，亦为世人所重视。吴荣光年青时学习苏东坡书法，离披特甚，人称"烂苏"，晚年运碑入帖，自成一家，笔力尤为奇肆。近代以来广府地区经济文化发生了巨大的变化，广府书法风格也出现了新的面貌。岭南书法家努力探索、开创出新的路子。当时比较著名的书法家有

---

① [清] 梁巘：《中国书学丛书·学书论》，洪丕谟点校，上海古籍出版社，1984。

"苏氏三杰",即苏引寿、苏仁山、苏六朋以及朱次琦、陈澧、李文田、康有为等。苏引寿善于行草,纵逸不群。苏仁山书法独具一格,篆、隶、楷、行、草五体皆精,行书笔法古劲,意态奇伟。苏六朋善于创作擘窠大字,隶书亦佳。朱次琦和陈澧是岭南一代大儒。朱次琦的书法源于颜真卿,吸取欧阳询、虞世南的长处,意到笔到,力透纸背,雄浑苍秀。陈澧的行书源于米芾而辅之以李邕,法体紧劲,沉雄骏快。朱、陈的书法既有很高的艺术造诣,又有浓郁的风雅情调。

2. 广府书法的地方特色

书法艺术是世界上独一无二的绝门艺术,是中华民族文化的辉煌灿烂之花。广府书法源远流长,它吸收了中原深厚的书法艺术,又凸显岭南地方的特色,涌现出"白沙书派"、"竹本派"、"康(有为)体"等岭南书艺的流派和一批功底深厚的著名书法家。广府知名书法家以宋代的崔与之、李昴英为最早。他们都曾当过官,他们的墨迹也得以流传。当时的民间的哲人、诗人以余事为书,把书法作为一种个人修养的手段,并以之表现自己的精神世界,其作品的书卷气为后世书法家所推崇。明代广府地区大学问家陈献章及其弟子湛若水等,书法皆知名。明末清初,广府书法界大放异彩。邝露各体书法皆精,书风遒丽奇雅,却生性不羁。明代遗民书法家以屈大均、陈恭尹等成就最大。屈的书法清健超逸;陈的书法草书狂放而劲健。明清之际广府一批书法家不受官方流行书风的影响,崇尚晋、唐书法,显示了广府文化的个性。广府西关的李文田不但是大学问家,而且书法卓然成一代大家,创独具特色的碑派书法。光绪年间康有为写了中国书法史上有名的理论著作《广艺舟双楫》。他在书法创作上用"圆笔"笔法作碑体,形成有突出个人特色的"康体"字。他的弟子梁启超,不但是大学问家,书法亦自成一格,神气内敛、意态娴雅,其书法理论也颇有见地。

广府书风的重要人物李文田,精熟唐碑博采汉、魏碑刻,参以邓石如、赵之谦的笔法,融篆隶楷于一炉,笔力酣畅饱满,意态厚重雍容,卓然成一代大家。广府硬派的领袖应推康有为。光绪十五年(1889年)写成中国书学史上的名著《广艺舟双楫》①。书中提出"尊碑"之说,推崇汉魏六朝之碑。此书对中国、日本书坛影响极大。康有为在书法创作上,采

---

① [清] 康有为著,姜义华,张荣华编校:《广艺舟双楫》,北京,中国人民大学出版社,2010。

用以"圆笔"作牌体的特殊方法,形成独具个性的"康体",博采众长,自成一家。康氏书法的风格,雄强朴茂,飞逸浑穆,充分展示出阳刚之美。康氏门下子弟甚多,最著名的有梁启超、崔斯哲、江孔殷、张柏桢等。其中成就最大的应数梁启超。梁氏的书法,用笔精严,神气内敛、意态娴雅,达到很高的境界。民国时期岭南书坛上还有隶书名家胡汉民、林直勉等。胡氏隶书笔意谨严,神采焕发,秀美清逸,行书用笔如飞而精紧遒劲。林氏则遍习汉代名碑,取其精华,融会贯通,自成体貌,用笔遒劲朴茂,笔力沉雄,达到很高水平。

  东方美学有一个鲜明特点,就是重含蕴而不重直露,重神似而不重形似,重情韵而不重理性。这一切美学原则,在广府的文字艺术、诗词雅集、楹联诗钟书法艺术中都得到了最完美的展现。几千年来,中国民俗艺术不但是文人墨客抒情寄兴的最好方式,同时也在国人的日常生活中得到广泛的应用和空前的欢迎,一直对国人培养良好的审美意识和高尚的品德修养起着举足轻重的积极作用。广府民俗艺术最典型地体现了东方艺术的独特美学特征和东方文化无可替代之优秀,是我们民族永远值得自豪的艺术至宝。它具有世界上任何艺术都无与伦比的深厚群众基础和独特艺术特征。民俗艺术有其博大精深的文化艺术魅力,能使学习者在承转起合、飘逸灵动的线条世界里,感知生命的律动轨迹,寻找灵魂的存在价值,实现自我的发现和提升。

(刘介民:广州大学广府文化研究中心研究员)
(刘小晨:广州大学松田学院外语系讲师)

关于非物质文化遗产项目从化水族舞更名的思考

王 瑾

从化水族舞，原名舞鲤鱼、鲤鱼舞、鱼灯舞。2009年3月，从化市文化广电新闻出版局以"从化水族舞"之名进行广州市级非物质文化项目的申报工作，并成功入选广州市第二批市级非物质文化遗产名目传统舞蹈类。2012年6月，黎锐培被确定为从化水族舞广州市第三批市级非物质文化遗产代表性传承人。

从化鲤鱼舞大概是在清嘉庆年间孕育形成，清朝康熙年间，从化知县郭遇熙撰写《从风录》二卷，收录了40多篇反映从化风情的文章和诗赋，指出从化县民间文艺有舞鲤鱼活动，这是目前发现的从化舞鲤鱼资料的最早记录。之后该活动流传坊间200余年，1942年日军侵占从化而停止。1981年恢复，现成为从化群众性的娱乐活动，常在春节、元宵节及庆祝集会时组队演出。

对于这一历史悠久影响深远的民间文化项目，从现有的图片、文字资料来看，在2009年之前，无论是方志、年鉴、百科全书，还是演出图照、采访报道，该活动都是以舞鲤鱼或鲤鱼舞命名。因此可以肯定地说，舞鲤鱼更名为从化水族舞，更多的是为了成功申报非物质文化遗产项目的需要。早在2007年，潮州舞鲤鱼已成功申报广东省第二批省级非物质文化遗产项目，从化舞鲤鱼因表演时以鲤鱼为主外，还有虾、蟹、蚌等其他水族造型，故更名为水族舞。而水族舞在山东东南沿海一带盛行，如山东日照小海村、王家村、刘家湾等地，其表演形式与舞鲤鱼截然不同，类似于"秧歌"、"高跷"之类。故以从化水族舞区别于山东的省级非物质文化遗产项目水族舞。这种更名其实破坏了从化舞鲤鱼的悠久历史和文化内涵，舞鲤鱼的实际演出情形与水族舞之名也不相符。

首先，从化舞鲤鱼发源于草塘村，这与草塘村的名字与地形有直接的关系，因为草塘村不仅有"草"有"塘"，最合适鲤鱼生长，还因为这条村的地形恰好就是一条鲤鱼的形状。水族舞第一代传承人黎镜泉高中秀才，对当时"舞鲤鱼（水族舞）"就做了最好的描述，在自村祠堂门前就题了两副对联，一是"草泽鲤鱼登一级，塘池鱼跃浪千层"，二是"鲤跃喜从春鼓浪，鱼游初化夜登门"。这两副对联将"草塘"、"鲤鱼"二词嵌入，蕴含着鲤鱼舞和草塘村的渊源，成为从化舞鲤鱼表演时必不可少的招牌，一直延续到今天，"从化草塘鲤鱼"六个大字在演出时一定要挂在场地上的。

其次，从化舞鲤鱼不仅源于草塘村形似鲤鱼，更因为鲤鱼最为鱼之主、鱼之贵者，在信仰上是兆吉之物，尤其是鲤鱼的繁殖能力强，又喜欢偕游，所以鲤鱼和娶妻经常联系起来，表达男女合欢、人丁兴旺之意。《诗经·衡门》就有："岂其食鱼，必河之鲂？岂其娶妻，必齐之姜？岂其食鱼，必河之鲤？岂其娶妻，必宋之子？"意思是吃鱼何必一定要黄河的鲂、鲤等名贵品种呢？娶妻又何必非要齐姜、宋子等王侯官宦之女呢？草塘村民希望舞鲤鱼会带来人丁兴旺、富贵吉祥，因此成年男子相约以竹篾编织、沙纸糊成小鲤鱼，腹内置红烛，农历正月初三晚在村前后舞动。自此约定每年春节初一至初三，全村男子在家编织鲤鱼，初三晚至元宵节晚上起舞，此活动逐步扩至县内各乡。每年春节的舞鲤鱼，成为草塘村村民炫耀自家男丁的盛会，因为各家每年春节出来表演的鲤鱼条数，与其男丁数一致，若有户人家某年的集会少了一只鲤鱼的表演，则意味着该家一名男丁的亡殁。二百多年以来，从化水族舞一直作为男性表演的舞蹈，显示着其独特的历史渊源和美好寄托。

第三，在中国的文字中，"鲤"、"利"谐音，取得财、利之意；"鱼"、"余"音同，取年年有余之意，"利"和"余"是农耕民族的理想所在。不仅如此，各朝代又赋予鲤鱼丰富的含义：《风俗通》曾记孔子为子取名"鲤"，字"伯鱼"。唐朝法律明确规定不得捕杀食用鲤鱼，因为"鲤为李也"。理学家推崇的"二十四孝——卧冰求鲤"则被人们注入了更多的人伦色彩。可见鲤鱼并非简单的盘中之物，其上跃龙门，下传尺素，有金玉（鱼）满堂、年年有余（鱼）的寄托，也有富裕、吉祥、幸运等美好寓意。因此唐宋时期鲤鱼舞在广东民间就开始出现了，后来广泛地分布在广东各地，构成了广东特有的民俗文化。根据《中华舞蹈志·广东卷》（上海世纪出版股份有限公司2006年出版）的不完全统计，潮州、汕头的潮阳、南澳、澄海，韶关的乳源、翁源、新丰，河源的龙川、和平、连平，梅州的大埔，汕尾的陆丰，惠州的平海，肇庆的封开等等，都是鲤鱼舞广泛流传的地区。虽然每个地方的鲤鱼舞在道具、演出人数、舞蹈套数、伴奏音乐等方面有所不同，但作为广东传统动物舞蹈的一个有机构成，其差异正体现了广东鲤鱼舞的多样性和丰富性。从这个意义上说，从化的鲤鱼舞应该是广东鲤鱼舞的一个有机构成。

最后，从鲤鱼舞的表演内容与形式来看也与水族舞名称不相符合。从化水族舞的发展经历了三个阶段：最早是在夜晚乡间的田埂上欢庆，各家的男丁们举着竹编纸糊的鲤鱼，鱼腹内安上点燃的蜡烛使之透亮。随着锣鼓的敲响，游走于村里的各条田埂上，所以鲤鱼舞又称鱼灯舞。后来随着鲤鱼舞影响的进一步扩大和深入，其不再被简单地视为群众自发的一种祈福、娱乐活动，而是渐渐地被纳入民间祠庙祭祀的范畴。整个活动的进行有序地围绕着拜祭的仪式展开，发展为祠堂（广场）白天演出阶段。根据《广州百科全书》介绍，鲤鱼舞的广场演出阶段基本阵容是鲤鱼32条，鳌鱼2条，虾4只，蟹2只，蚌2只，舞式有跳龙门、争上游、群鱼戏水等。第三个阶段是舞台演出时期，由于群众的智慧和民间艺人的探索，从化水族舞在演出形式、道具制作等方面日臻完善，形成以"鱼游春水"、"鱼跃龙门"、"鱼虾嬉戏"、"鱼乐升平"为主体的四个乐章的舞台表演。从三个阶段的具体表演来看，鲤鱼为主体，鳌鱼为核心，所有的演出都是围绕着鱼群展开的，其他虾、蟹只是点缀其间而已，这明显与山东水族舞庆贺赶海归来的丰收舞不同。

在从化民众和对从化有所了解的人群中，更多人熟悉的是水族舞的另一个名字——舞鲤鱼。对于这一民间传统艺术的改名，喜爱舞鲤鱼的从化人深感遗憾。因为这一个陌生的名字让本已濒临灭绝的民间艺术更加拉大了和普通民众的距离。虽然随着从化水族舞申报市级非物质文化遗产项目的成功，该活动获得了比以前更多的宣传和推广，这个新的名字也被许多人所熟知。但从其产生的根源及传统文化意蕴方面而言，舞鲤鱼这一名字更能体现其精髓，更接近广东鲤鱼舞的特征，是广东民间鲤鱼文化的一个组成部分。这种更名是对从化鲤鱼舞历史的一种篡改，是非物质文化遗产保护中出现的一种不良倾向。

（王瑾：广州大学人文学院副教授，广府文化研究中心研究员）

波罗诞：从国家祭祀到民间庆典

徐燕琳

以时谨祀，鼓舞祀神

波罗诞源于拜祭南海神的国家祭祀。清仇巨川《羊城古钞》谓："南海神庙在城东南扶胥之口，黄木之湾。庙中有波罗树，又临波罗江，故世称波罗庙，祀南海神。……神自唐开元时祭典始盛，册尊为广利王。宋康定中，加号洪圣王。皇佑二年，以侬寇遁，赖神功，加号昭顺。绍兴七年，加号威显。元至元二年，加号广利灵孚。明洪武三年，始封南海之神。国朝屡遣官致祭、重修，封南海昭明龙王之神，每岁二月上壬日致祭。"① 大致描述了南海神庙祭典的情况。

南海神庙的修造始于隋。《隋书·礼仪志二》："开皇十四年闰十月，诏……东海于会稽县界，南海于南海镇南，并近海立祠。"以后历朝南海神祭祀礼制愈加谨严。唐韩愈《南海神广利王庙碑》云："海于天地间为物最巨。自三代圣王莫不祀事。考于传记，而南海神次最贵，在北东西三神、河伯为上，号为祝融。天宝中，天子以为古爵莫贵于公侯，故海岳之祀，牺币之数，放而依之。所以致崇极于大神。今王亦爵也，而礼海岳，尚循公侯之事，虚王仪而不用，非致崇极之意也。由是册尊南海神为广利王。祝号祭式，与次俱升。因其故庙，易而新之，在今广州治之东南海道八十里，扶胥之口，黄木之湾。"北宋治平四年（1067）章望之《重修南海庙碑》称："立夏之节，天子前期致祝册文，命郡县官以时谨祀，牺牲器币，务从法式。罔或不恭，典刑其临。"元至正十五年（1355）牛继志《代祀南海庙记》："廷臣陛请：'岳镇海渎，岁有恒祀，宜遣香如旧礼。'皇帝嘉其奏，手香于额，分授使者，若曰：'往敬之哉！'"明洪武二年（1369）即开始遣使徐九皋祭祀南海，"将事惟谨"，之后多次进行。清代亦"特遣专官，式循旧典"（《波罗外纪》卷六《碑牒》）。裴行简《承祭

---

①［清］仇巨川：《羊城古钞》，156 页，广州，广东人民出版社，1993。

南海庙礼成述事》谓:"熙朝盛典重祗告,每逢国庆专官遣。春秋二祀礼乃备,陪以六侯与祼荐。"(《波罗外纪》卷八)

元至元三十年(1293),王献所作《祀南海庙记》记录了一次祭祀的过程:

> 至元癸巳春三月戊寅,中奉大夫御史台侍御史郑制宜、侍仪司承奉班都知扬弥坚奉皇帝命,捧御香、锦幡、银合等物,驰驿至广州,俾有司备仪礼致祭南海广利灵孚王。

> 越翼日己卯,乘舟诣祠所。方时雨愆期,甫及半途,云兴雷作,嘉澍遂降。既至,斋宿庙下。庚辰昧爽,乃陈牲币荐醴,齐笾豆,静嘉庭实,旅百乐具。既奏,登降有数,云辂停雨,风驭敛飙,烛光辉映,瑞霭氤氲。而神之格思,福禄来崇,有不可度者。礼成而竣,风潮送舟,雨云逐幔,桨夫和歌,欢声动荡,何和气之熙熙也如此!①

香火万家市,烟花二月时

南海神的祭祀作为庄严的国家典仪,"历代严奉"(清叶名琛《重修南海神庙碑记》)。与此同时,南海神诞也成为广佛、珠三角一带重要的民俗庆典"波罗诞"。

早在南宋时,已有刘克庄《即事》诗描述波罗诞盛况:"香火万家市,烟花二月时。居人空巷出,去赛海神祠。""东庙小儿队,南风大贾舟。不知今广市,何似古扬州。"②清崔弼《波罗外纪》卷二记载甚详:"波罗庙每岁二月初旬,远近环集如市。楼船花艇,小舟大舸,连泊十余里。有不得就岸者,架长篙、接木板作桥,越数十重船以渡。其船尾必竖进香灯笼,入夜明烛万艘与江波辉映,管弦呕哑嘈杂,竟十余夕。连声爆竹,灯火通宵,登舻而望,真天宫海市不过是矣。"十三日为正诞,拜神者络绎,"庙门填塞不能入"。"庙前作梨园剧一棚。近庙十八乡各奉六侯为卤簿,葳蕤装童男女,作万花舆之戏。自鹿步、墩头、芳园,皆延名优,费数百金以乐神。"庙前广场"搭篷作铺店。凡省会、佛山之所有日用器物玩好、闺阁之饰、儿童之乐,万货荟萃,陈列炫售,照耀人目"。诸物中尤以波罗鸡为胜。村民"糊纸作鸡,涂以金翠或为青鸾彩凤,大小不一,谓之

---

① 冼剑民,陈鸿钧编:《广州碑刻集》,331页,广州,广东高等教育出版社,2006。
② 王云五主编,吴之振、吕留良、吴自牧选编:万有文库第二集七百种《宋诗钞》,2356页,北京,商务印书馆,1935。

'波罗鸡'。凡谒神游剧者必买符及鸡，馈遗邻里，谓鸡比符尤灵，可以辟鸟雀及虫蚁作护花铃云"。丘逢甲《波罗谒南海神庙五十二韵》亦载："神寿知几何？云是神诞辰。香烟霭高空，广庭杂羞珍。鱼龙进百戏，曼衍何侁侁？是时庙市集，跫语争蛮银。泥鸡绘丹彩，妙若能鸣晨。终岁妇孺工，磬售未浃旬。年年荷神庥，近庙民不贫。"①

南海神诞的活动，包括海上狂欢、陆上集会和四乡会景。每年农历二月十一、十二、十三日是波罗诞，其中十三日是正诞。是日，广州附近和珠三角各县村民提前划船来到南海神庙附近。船上彩旗飘扬，罗伞缤纷，有的还搭设舞台表演节目。入夜灯烛闪闪，星河璀璨。陆上则有各种游艺杂耍、粤剧演出、摊档买卖。人山人海，游人如鲫。会景当天，四乡百姓以神庙为中心，乡民们敲锣打鼓，燃放鞭炮，手持香火，抬着神像四出巡游。每年波罗诞期间，十五个乡的乡民家家蒸糕裹粽，以祀神和赠送亲友。②

关于"波罗"得名的来由众说纷纭。一说以树名。又说以江名。清范端昂《粤中见闻》卷12："由珠江而东至扶胥之口、黄木之湾，南海神庙前，有波罗树二根，因名其江为波罗江。"③ 道光三十年庚戌（1850）谭莹等乡绅《呈请重修南海庙文》："南海神庙与府同在城东南八十里扶胥之口、黄木之湾。庙中有波罗树，又临波罗江，故世称波罗庙。"④ 曾锦初等编撰《龙川文薮》甲编张竹人《游波罗庙赠石云上人》诗注引《通志》谓，南海神庙因在波罗江之上，故称波罗庙。⑤ 又说"波罗"是梵文"波罗密多"的音译，意为"到彼岸"，并有"办事成功"之意。古代外国商船经历惊涛骇浪，来到广州，船员遥望神庙时很是兴奋，欢呼"波罗密多"，所以将此庙称为"波罗庙"。⑥ 民间又有"番鬼望波罗"的传说。宋代许得已作《南海庙达奚司空记》，谓其乃达摩的三弟，随同来穗，并载其神迹。⑦ 明人汤显祖亦有《有达奚司空立南海王庙门外》一诗。清仇巨

---

① [清] 丘逢甲著，冯海荣选注：《丘逢甲诗选》，165 页，上海，华东师范大学出版社，1992。
② 肖何文著，刘志文主编：《广东民俗大观》，上册，574～576 页，广州，广东旅游出版社，1993。
③ 范端昂撰，汤志岳校注：《粤中见闻》，126 页，广州，广东高等教育出版社，1988。
④ 广州市地方志办公室编：《南海神庙文献汇辑》，199 页，广州出版社，2008。
⑤ 曾锦初，曾新华，陈国忠编撰：《龙川文薮》，369 页，香港，雅园出版社，2002。
⑥ 何薇编著：《广东旅游文化风情录》，38 页，广州，广东经济出版社，2006。
⑦ 广州市地方志办公室编：《南海神庙文献汇辑》，173 页，广州出版社，2008。

川《羊城古钞》"达奚司空"条言:"相传波罗国贾舶泊此,一人携波罗子二枚种之;风帆忽举,众置之以去,其人望且泣,遂立化于山上。后人漆其身,加以衣冠,称达奚司空,祀于庙左。又有谓奚为达摩之弟,入中土死此,为神,其像以真身塑。"① 檀萃《楚庭稗珠录》卷3《粤囊下》"南海神庙"条载:"中门之左,有达奚司空立像,黧面白眼,跻而前望,若有所招呼。司空外蕃波罗人,随贾舶来,泊黄木湾,携波罗子植于庙。回望舶已举帆去,且望且泣,立化于此。庙人因其身加衣冠而像之。至今千年,勃勃如生。树迨今茂,故庙与江且因以易名。"② 该庙原来主要供奉南海神,后配以六侯,第一名便是"助利侯达奚司空"。叶春生认为,扶胥江、南海神庙和神诞"波罗"之名均来源于此。③

第一游波罗,第二娶老婆

随着波罗诞的复兴,"第一游波罗,第二娶老婆"的俗谚也重新被提起。但一般人往往理解为"将'游波罗'放在娶老婆这样的人生大事前面,显示了对波罗诞的重视"。考张守常所辑《中国近世谣谚》,此说不确。

民国时人邬庆时《南村草堂笔记》刻本(有1920年邬庆时序)卷1第一篇《番禺之风俗》,其中第7页载俗谚曰:"第一游波罗,第二娶老婆,第三绒线柜,第四担纱箩。"张守常认为:"盖谓猎艳也。"他解释说,二月十三日为波罗诞。前后三日,城乡士女皆结队往波罗,谒南海神。游人如鲫,闺秀毕集,故为第一。新郎初至妇家,合乡妇女无少长贫富皆聚观于门外,谚曰:"新女婿,逆面睇",此之谓也。然所见不过妇家之一乡,不若游波罗之广也,故为第二。中人之家,其妇女不亲到商店买物,有小贩肩负绒线柜,手持硌鼓,上街卖绒线,少女环柜而观者常如堵,然非少长贫富皆出而欢迎也,故为第三。旧日纺织之业,皆女工为之。业纱者,以箩担纱,沿门收放,纺织之女,蚁附其旁。然皆小家碧玉,又不若绒线柜甚矣,故为第四。然此四者,至光宣间已大不如前,盗贼充斥,而波罗之游渐稀;洋纱流行,而纱箩之业竟绝,妇女习染自由,买卖交际毫无畏缩,而绒线柜亦零落以尽。所余惟娶老婆一端,然自有所谓文明结

---

① [清]仇巨川:《羊城古钞》,157页,广州,广东人民出版社,1993。
② [清]檀萃:《楚庭稗珠录》,109页,广州,广东人民出版社,1982。
③ 叶春生:《岭南民间文化》,42页,广州,广东高等教育出版社,2000。

婚，睇新女婿之风亦渐冷淡矣。①

根据全文判断，此谚其实说明波罗诞人流如织、士女杂沓的盛况。又黄世仲1906年发表《娼界月令》，描写妓女一年四季的生活，其中有言："仲春之月，桃夭，游波罗。"② 亦可说明这是当时人普遍热衷参与的活动。

与波罗诞有关的俗语还有不少。如波罗诞热卖的波罗鸡之所以艳丽可爱，主要是因为粘在坯上的五颜六色的鸡毛。因此，又衍生出歇后语："波罗鸡——靠黏"，意谓占人便宜。波罗诞期间正是波罗庙里的红棉盛开之时，甚为壮丽美观。于是有"波罗诞到红棉开"的谚语，描述诞期盛景。还有"蓝海驾帆来，深情长系波罗庙"③，反映波罗庙客商云集的状况，以及广州城中外经济文化交流的悠久历史和友好往来。

（徐燕琳：华南农业大学中文系教授，文学博士）

---

①张守常辑：《中国近世谣谚》，667页，北京出版社，1998。
②颜廷亮：《黄世仲与近代中国文学》，92页，兰州，甘肃人民出版社，2000。方志强编著：《黄世仲大传（生平·作品·研究集）》，81～82页，香港，夏菲尔国际出版公司，1999。
③中国民间文学集成全国编辑委员会，中国民间文学集成广东卷编辑委员会：《中国谚语集成》，广东卷，393页，北京，中国ISBN中心出版社，1997。

波罗诞的文化渊源及其世俗化倾向

蒋艳萍

"波罗诞"又称南海神诞,是古代纪念南海神诞辰而形成的一项民俗活动,承载着上至朝廷下至百姓对南海神的崇拜与敬仰,包含着古人希冀南海神护佑一方平安、民富安康、救难避祸、干旱降雨、海上护航等一切诉求。旧时,每逢波罗诞(每年的农历二月十一至十三日为诞期,其中十三为正诞日)期间,民间都会举办隆重的祭拜活动和热闹的庙会活动,波罗诞逐渐从庄严肃穆的官方祭祀转为热闹世俗的民间信仰,特别是在明清时期,波罗诞庙会达到鼎盛,但也越来越趋于世俗化,呈现出浓郁的追求世俗享乐的色彩。

一、波罗诞的文化渊源及民间诉求

波罗诞作为纪念南海神、祈求南海神降福于自己的一种活动,其渊源来自人类固有的祈福心理,当人们对自然认识不足、希望借助神灵的力量去灾攘祸的自然崇拜。

祈福是人类社会最原始最普遍的一种精神活动。所谓祈福,就是追求幸福,祈求神灵保佑,渊源于人类对自身的能力不够自信,从而希望求助于外来力量来帮助自己的内在心理。对于什么是"福",古来就有不同说法,《礼记·祭统》曰:"福者,备也,福者,百顺之名也",以诸事完备顺利为福。《韩非子·解老》云:"全寿富贵之谓福",以富贵长寿为福。贾谊《道德说》云:"安利之谓福",以安全顺好为福。《尚书·洪范》中更有"五福"之说,曰:"五福:一曰寿,二曰富,三曰康宁,四曰攸好德,五曰考终命。"表达了多层面的福观念,以贯穿一生的幸福为目标,讲求长寿、富裕、安康、有美好的德行,老年无疾而终,认为这样的人生才是完美的。福寄托着百姓所有的美好憧憬,多角度、多层次地反映了人们的理想与愿望,祈福的观念潜移默化地融入各种民俗活动与神灵崇拜之中。

先民们在同大自然的斗争中处于软弱无力和对客观世界愚昧无知的情况下，把自然物人格化，从而产生对自然的敬畏之情。自然崇拜的产生，正是"人受万物有灵论观念的支配，在异己的自然与社会力量压迫之下，对恐惧和无情世界的情感化处理结果，也是人类受好奇心的驱使，依靠当时的知识和想象力对未知世界加以探究和解释的结果"。[①] 由于人们对自然力的畏惧或感恩，希望通过对这些自然物的崇拜，进行祈求、屈从和讨好。这种在适应和选择过程中形成的各种民间信仰必然带有其所生存的自然环境的深深印记。

波罗诞作为纪念南海神、祈求南海神降福于自己的一种活动，依托的主要神灵如南海神祝融、明顺夫人、五子、六侯等等又孕育于岭南这一方水土，与海洋文化息息相关。

南海神崇拜首先作为四方海神之一，其形成，与早期人们对包括海洋在内的自然环境认识不足有关。大陆以外的海洋在古人看来是吐星出日、天与水际、其深不测、其广无泉、怀藏珍宝、神隐怪匿的世界[②]，其广袤无垠、浩渺无边、神秘莫测、变化多端，让先民产生一种既畏惧又钦羡的崇拜之情，四方海神应运而生。伴随着对海神的崇拜，各种祭祀活动也逐渐产生，据研究，明确记载四海有祠庙即有固定的祭祀场所的要追溯到秦德公迁雍后[③]，南海神庙的初创有明确记载的在隋开皇十四年（594），隋朝统一后完善镇山海渎制，近山近海立祠："东海于会稽县界，南海于南海镇南，并近海立祠。"[④] 自此南海神庙成为国家祭祀的场所，并肩五岳，地位极高，除了日常祭祀之外，凡遇国家大事，如改元、祈雨、册立太子、降服外夷等，皇帝都会派专使前往南海神庙祭拜。自唐至清，前后六朝皇帝给南海神册封号十余次，"祝融从火神成为合水火二神的南海神，又从隋代享侯一级待遇，到唐代封王，南汉封昭明帝，宋代多次加封，清时被封为昭明龙王之神，经历了为侯、为王、为帝、为龙王之神的显赫历程"。[⑤] 所封之号既表达了人间帝王对神灵的崇敬，也寄托了俗世的希望。

上行下效，官方的推崇也引发了民间对南海神的信仰，并在不断的发

---

① 安德明：《天人之际的非常对话》，10 页，北京，中国社会科学出版社，2003。
② 中国科学院自然科学史研究所地理学史组编：《中国古代地理学史》，234 页，北京，科学出版社，1984。
③ 王元林：《国家祭祀与海上丝路遗迹——广州南海神庙研究》，32 页，北京，中华书局，2006。
④ 《隋书》卷七《礼仪志》，《册府元龟》卷三三《帝王部·崇祭祀》。
⑤ 黄淼章、闫晓青：《南海神庙与波罗诞》，12～13 页，暨南大学出版社，2011。

展中逐渐凝定为一种固定的民俗,虽经改朝换代,但民间信仰的热情却丝毫不会因朝代的更迭而消退。历代人们祭拜南海神,主要出于以下几个目的:

1. 祈求护佑一方平安,救民于水火

南海神作为国家四海神之一,也兼有护卫一方平安的地方神职能。凡有涉及水、风、潮、雨等南海自然灾事,甚至刀剑之灾、剿寇护城等,南海神都显示出无边法力。两宋南海神崇拜之所以走向高峰,主要是南海神更加贴近民众,真正成为保佑国家和地方安定的神灵。据载,南海神在消除兵灾、降甘霖、庇佑国家社稷和地方安定、保佑海上交通平安等方面有不少的神验事迹。地方风调雨顺、五谷丰登、民众安乐,亦对官员的升迁起到很大作用,官民以为这一切都是基于南海神的庇佑,从而自上而下形成了对南海神的崇拜,使其成为宋代广南东路最高的地方神灵,"濒海郡邑靡不建祠"。随着各地离宫的纷纷设立,地方民众的热情参与,也使南海神逐渐走下国家祭坛,成为佑护一方、护航救难的地方神灵,被当地老百姓顶礼膜拜,南海神诞期间更是形成万人空巷的局面。

2. 祈求保护海上出行平安,安澜助运

南海神之所以成为四海神中最尊重之神,和广州海上贸易日益发达也有直接关系。隋唐以后,随着海上丝路的日益发展,广州成为海上交通的枢纽,南海神庙的地位也随之不断升高。南海神庙又称"波罗庙",波罗二字在梵语里是"到达彼岸""办事成功"之意。南海神庙的"海不扬波"象征着一帆风顺,满载而归。因此一千多年来,许多来华的朝贡使、外国商贾、中国海商等出入广州时都必向南海神祈求保护或谢神还愿。饱经风浪之苦的中外船员也会到庙里参拜南海神,祭酒于波罗树下,以祈求平安顺利。而在乾道三年廖颙《重修南海庙记》中更将海外贸易带来的经济繁荣与南海神的庇佑相联系,认为"胡商越贾,具万斛之舟,张起云之帆,转如山之柁,乘长风,破巨浪,往来迅速,如履平地。非恃王之阴佑,曷克尔耶? 西南诸藩三十余国,各输珠贶,辐辏五羊,珍异之货,不可缕数。闽浙艟舶,亦皆重载而至,岁补大农何啻千万缗! 廛肆贸易,繁夥富盛。公私优裕,系王之力焉。"① 由于其对海上贸易的保护,后人事实上又将其视为能够促进商业繁荣的商贸神,从唐玄宗时"广利王"之封号

---

① [明] 郭棐编撰,王元林校注:《岭海名胜记校注》,385 页,西安,三秦出版社,2011。

即可知。不仅是海外贸易必祭拜南海神,国内商贸也希望得到其庇佑,如广西商人贩米广州,于此烧香拜神,保佑水上平安:"峒商贩米笼千头,结竹浮江下广州,击鼓烧香南海庙,买羊沽酒市街楼。"① 广州商贸繁荣之景也跃然纸上。

对于沿海各地渔民,靠海而生,更是奉祝融甚谨,如崔弼《波罗外纪》引屈大均《广东新语》语:"庙外波涛浩淼,直接重溟,狮子洋在其前,大小虎门当其口,欠伸风雷,嘘吸潮汐,舟往来者必祈谒祝融,酹酒波罗之树,乃敢扬帆鼓柂,以涉不测。"② "凡渡海自番禺者,率祀祝融,祝融者,南海之君也。祠在扶胥江口,南控虎门,东溯旸谷,朝暾初出,辄见楼殿,浮如贝阙,鲛宫随潮下上。每当天地瞑晦,鲸呿鳌掷,飓风起乎四方,雾雨迷其咫尺。舟中之人涕泣呼号,皆愿少缓须臾之死,以请于祝融。其声未干,忽已天日晴朗,飘行万里如过衽席。"③ 在遭遇飓风,生命危在旦夕之际,呼叫祝融的名号,就能转危为安,这虽然只是神话,但也代表着沿海渔民最朴素最直接的诉求,在凶险的大海面前,直面冷漠暴戾的死神,唯有祈求神灵能助自己避难求生。

3. 祈求诸事顺利,满足民众一切俗世要求

中国百姓求神拜佛有个最大的特点,就是信仰的模糊性和功利化,许多人信仰神灵,往往是急时抱佛脚,认为能救人一切困难,为人谋一切福利,因此在心目中对信什么神区别并不大,所以出现逢庙必进、逢神必拜的现象。所以南海神在民间的信仰也逐渐淡化了其特殊的职能,昔日威风凛凛、保家卫国、护航保驾的南海神变成了一位有求必应的通神,百姓日常生活的诸多事件,大到婚丧求嗣,小到头痛脑热,诸凡大小事件都会来祭拜南海神。正如叶延祚《重修南海神像记》所描述的:"乡洛之间,即如田夫、牧竖、妇人、女子,每谈神贶,则纚纚不绝于口。其道远不能祈谒者,则各为行祠,肖神貌而奉之,旦夕奔走祠下,有事必呼,有呼必应。"普通百姓对南海神进香祭拜,更多关心的是自己现实的需求与俗世的幸福与安康。当地俗语有云"第一游波罗,第二娶老婆",可见南海神又充当起了月老的角色,逛庙会的同时也顺便物色一下对象。而自从明嘉靖皇帝向南海神求子成功之后,南海神及其夫人又被民间信众赋予了送子助产的功能,据民间传说,南海神庙大殿前有三块拜石,在此睡一晚,便

---

① [明]刘嵩:《广州杂韵其三》,见《槎翁诗集》,《四库全书》本。
② [清]崔弼:《波罗外纪·遗荫卷四》,光绪八年刻本。
③ [清]崔弼:《波罗外纪·神灵卷一》,光绪八年刻本。

可得子，大殿后有一小龛，取龛中土喂家畜，可使六畜兴旺，到后殿明顺夫人寝宫，摸一摸龙床，照一照梳妆镜，据说都可以帮助妇女顺利求子。而随着广州土生土长的送子娘娘——金花娘娘在南海神庙的落户，民间到南海神庙求子的人越来越多，逐渐成为一种民间习俗。

二、古代波罗诞庙会的盛况及其世俗化倾向

旧时，每逢波罗诞（每年的农历二月十一至十三日为诞期，其中十三为正诞日）期间，民间都会举办隆重的祭拜活动和热闹的庙会活动，由于百姓的参与，使原本庄严神圣之地增添了几分喜庆、喧闹的场面，拉近了神与人的距离。方圆数十里的百姓家家户户裹粽蒸糕、准备各种祭品，拜祭南海神，并自发地组织一些庆祝活动。这一传统庙会也吸引着珠三角一带的善男信女、各地往来官商士人都前来游会拜谒，其目的一来谒神祈福，祈求南海神降福于己，各方事务顺顺利利；二来娱神乐神，参与、观赏各种各样的喜庆活动，与神同乐；三来游春赏景，欣赏"扶胥浴日"之美景，发抒怀幽探古之情。

波罗诞庙会源于何时，于今已难考证。但波罗诞的盛况在南宋刘克庄的诗中已有描写："香火万家市，烟花二月时。居人空巷出，去赛海神祠。""东庙小儿队，南风大贾舟。不知今广市，何似古扬州。"① 描写了农历二月波罗庙会的热闹景象。可知，至迟在宋代已有非常热闹的波罗诞活动。

明代以后，随着商业经济的刺激，民众世俗化倾向越来越烈，波罗诞既保留了传统的官方祭海的神圣仪式，也越来越走向民间的自娱自乐活动。诞会期间，游人汇聚，香火鼎盛，百货贸易，热闹非常，胜似春节，正如明朝嘉靖进士田汝成《广州竹枝词》所咏："窄袖青衫白帢中，波罗庙里赛新春。圣重巫妪村村会，叠鼓鸣锣拜海神。"②

在清人崔弼的《波罗外纪》里对波罗诞庙会的热闹场景更是做了详细而精彩的描述。"每岁二月初旬，远近环集如市，楼船花艇、小舟大舸，连泊十余里，有不得就岸者，架长篙、接木板作桥，越数十重船以渡。其船尾必竖进香灯笼，入夜明烛万艘，与江波辉映，管弦呕哑，嘈杂竟十余夕，连声爆竹，起火通宵。登舻而望，真天宫海市不是过矣。至十三日，

---

①［宋］刘克庄：《即事》，见［清］崔弼：《波罗外纪·诗歌卷八》，光绪八年刻本。
②雷梦水，潘超，孙忠铨，钟山编：《中华竹枝词》，2733 页，北京古籍出版社，1997。

海神诞期，谒神者仅三更烧豭蜡燕斋楮帛蚝脂，络绎庙门，填塞不能入庙，内置小桌数百，桌前置香炉烛台、置席、置签珓，就席拜者，贷以钱两。庑下卖签语者、卖符者、僧道巫觋、黔奴乞丐拥杂衣冠，不可穷诘。庙前为梨园剧一棚，近庙十八乡各奉六侯，为卤簿葳蕤，装童男女作万花舆之戏。自鹿步、墩头、芳园，皆延名优，费数百金以乐神。庙前搭篷作铺店，凡省会、佛山之所有日用器物玩好，闺阁之饰，儿童之乐，万货聚萃，陈列炫售，照耀人目。其鬻小鼓、小钲、笙竽、篴笛者，必丁丁当当、滴滴坎坎，刺刺聒耳。糊纸作鸡，涂以金翠，或为青鸾彩凤，大小不一，谓之波罗鸡。凡谒神者、游剧者，必买符及鸡以归，馈遗乡里，谓鸡比符为尤灵，可以辟鸟雀及虫蚁，作护花铃云。祀神毕，登浴日亭，听铜钲四响，兰桨动摇，蒲帆齐举，海艘悉发矣。潮未长，沙田阁舟，倩蛋人推挽如撬行泥中，驼牵蚁附，岁无赖子业此得升斗者常数十百人。其共剪柳、钻舱，治以鹿步巡司，惟喝雉胡卢，一掷百万，连船轰赌，不能觉察，比于金吴弛禁也。至花朝以后，男船毕退，女舸渐登，近而红粉村姑，山花插髻，远则青楼荡妇，浪蝶随身，借祈祷为名，恣为游观。海光寺里，坡诗亭子，冶服艳妆，遗钗堕珥，此亦嬉春旧俗矣。"①

从这段文字，我们可以获得以下信息：

1. 波罗诞期间，远近乡民都会络绎不绝地来到南海神庙参拜祈福，庙内庙外，人山人海，拥塞不堪

正诞之日，善男信女更是三更就开始准备祭品，如烧猪、纸钱、点灯用的蛇脂油膏等等，五更入庙，争烧头炷香，已经是络绎门前，填塞不能入庙。不能入庙者，只好在门外请人祭拜。参加庙会的除了达官贵人、乡民信众，还有各色人等如和尚道士、男巫女觋、乞丐强盗、青楼荡妇等等，可谓是鱼龙混杂，衣冠不论。

2. 南海神庙近海，附近一带河网交错，人们多从水路乘艇而来

清末有羊城竹枝词亦可证之："春风二月扇微和，春水三篙起绿波。舲舸似凫人似蚁，共浮东海拜波罗。"② "楼船花艇、小舟大舸，连泊十余里"，不能靠岸的，只好架起长篙、用木板相接，搭起临时的桥，越过几

---

① [清] 崔弼：《波罗外纪·庙境卷二》，光绪八年刻本。
② 雷梦水，潘超，孙忠铨，钟山编：《中华竹枝词》，2964页，北京古籍出版社，1997。

十艘船才能到岸。到了晚间,船尾都会竖起进香灯笼,江面上顿时灯火辉煌,与江波交相辉映,煞是壮观,在船上又管弦并作,爆竹连声,此番热闹可长达十多天,如此胜景犹如天宫海市。如果遇到潮未涨,船陷于沙田中,只好请人"推挽如攞行泥中",由此滋生出一种新的行业——"疍人",那些生活没有依赖的人每年靠做这个事也能够"岁得升斗",改善自己的生活。

3. 波罗诞庙会百货聚集,充满浓郁的商业色彩

诞会期间,在波罗庙前会临时搭篷做店铺,有卖闺阁饰品的,有卖儿童玩具的,几乎所有日用器具、玩乐之物,都可以在这里展示,可谓"万货聚萃,陈列炫售,照耀人目"。还有卖各种民间乐器的,为了兜揽生意,故意将小鼓敲得叮叮当当响,把小笛吹得滴滴答答响,聒噪刺耳,热闹非凡。在波罗庙东边的海光寺里,"则摆卖字画、洞碑、古帖、虫鱼卉木",铺张尽致,甚至"闺房密器、淫亵之图",罗列于神前,也见怪不怪①。除了这些日常用具,为了满足人们的祈福需求,又有卖符卖签和波罗鸡的。其中尤以波罗鸡为胜,凡是游波罗的,不管是拜神的还是游冶的,都会买符或波罗鸡带回家,既可置于家中做镇宅之用,亦可馈赠乡里将好运传递给亲朋好友。清代羊城竹枝词也可证此风俗:"春深南海寿筵开,谒庙焚香买棹回。携得波罗鸡五色,曾瞻日出海东来。""邻家昨日波罗会,带得波罗鸡返来"。"南海祠前古庙多,独钟灵秀在波罗。年年赛会游人返,买得红鸡共一窠。"②据说这种用纸糊的花花绿绿的鸡,比波罗符还要灵验,所以人人争相购买。

4. 波罗诞庙会各种文娱活动异彩纷呈,充满世俗的享乐气息

在船上,人们可以奏乐弹唱,诗文会友,饮酒作乐,燃放爆竹,甚至连船豪赌,一掷千金,通宵达旦地游乐。正如《番禺县志》所载,广州城中的各大赛会都非常热闹,其中"极盛莫过于波罗南海神祠",其间"四远云集,珠娘花艇,尽归其间。锦绣铺江,麝兰薰水,香风所过,销魄荡

---

① [清] 崔弼:《波罗外纪·庙境卷二》,光绪八年刻本。
② 雷梦水,潘超,孙忠铨,钟山编:《中华竹枝词》,2801,2935,2966 页,北京古籍出版社,1997。

心，冶游子弟，弥月忘归，其縻金钱不知几许矣"。① 在庙前，搭台唱戏，人们可以欣赏到专门花重金延请的名角主演的梨园戏，可以看到盛装打扮的童男童女参演的万花舆戏，可以看到各乡组织的"四乡会景"的巡游活动。拜完神之后，可以登上浴日亭，观看四周美景，看百舸争流、水上竞渡，亦可次日凌晨瞻仰海上浴日之壮景。还可以击鼓以乐神，敲钟以祈福，剪柳以转运。波罗正诞之后，紧接着就是"花朝节"，是女子拜花、爱花、赏春、比美的日子。不管是何等身份的女子，都可以在这几天倾巢出动，倾心打扮，尽情游观，竞相比美。

综上所述，波罗诞渊源于人们内心深处对美好生活的祈求，各种各样丰富的庙会活动在一定程度上可以满足人们多方面的精神需求。作为一种具有广泛生命力的民俗活动，波罗诞至今仍活跃于老百姓的祈福活动中，挖掘其文化渊源，梳理其历史演变形态，还原其历史原貌，希望能更好地顺应广府地区倾力打造"波罗诞"文化品牌的潮流，服务于当代百姓的业余文化生活，为新时期人们释放精神压力、祈求心灵抚慰寻找到良好的出路。

---

① 邓光礼，贾永康点注：同治《番禺县志》（点注本），卷六《舆地略·风俗》，45 页，广州，广东人民出版社，1998。

参考文献

1. ［清］崔弼. 波罗外纪［M］. 光绪八年（1882）刻本.
2. ［清］屈大均. 广东新语［M］. 北京：中华书局，1985.
3. ［明］郭棐编撰，王元林校注［M］. 岭海名胜记校注. 西安：三秦出版社，2011.
4. 王元林. 国家祭祀与海上丝路遗迹——广州南海神庙研究［M］. 北京：中华书局，2006.
5. 曾应枫，黄应丰编著. 千年海祭：广州波罗诞［M］. 广州：广东教育出版社，2010.
6. 黄淼章，闫晓青. 南海神庙与波罗诞［M］. 广州：暨南大学出版社，2011.

（蒋艳萍：广州大学广府文化研究中心研究员）

广东三祖庙：广府祭祀文化的城乡社会学意涵

文一峰

引言

对于广东三祖庙（德庆龙母祖庙、佛山祖庙、广州陈家祠），学者大多从历史、民俗学和民间工艺角度进行挖掘研究。虽有从社会学视角进行研究的相关文献，但从城市发展史的角度进行深层的文化社会学综合阐释还比较少。

广东祭祀文化的典型代表——广东三祖庙同处于岭南广府民系文化的区域中。横亘广东北部的南岭，不仅是一条自然地理的分界线，也由此产生一条文化类型的分界线，形成一个相对独立的文化地理单元。虽然孕育、发生、成长于这条分界线以南的岭南文化，具有很多异于岭北的文化特征，岭南以及广府本身所指代的一个文化地理区域又包含着由各种因素所造成的内部差别，但是在宏观的视域中，仍然展示出了人类聚落的发展以及伴随的文化发展和社会形成所具有普遍性意义的逻辑线索，并且因为地理上的相对独立性而又具有典型的研究价值。

龙母祖庙

人类聚落是从血缘聚落向地缘聚落、从乡村向城镇发展的。考古学和历史文献清楚地表明，人类血缘聚落的起源地都必然依赖于一定的自然条件以满足种族的基本生存，其中滨水而居是普遍的特点。龙母祖庙坐落于广东省德庆县悦城镇境内的西江河畔。龙是水神，也是自然崇拜的代表之一。在西江流域存在龙图腾崇拜文化不足为奇，但是，中国有许多龙王庙，而唯独岭南西江一带，祭祀龙母。据统计，西江流域在民国时已有龙母庙数以千计，西江沿岸城市村镇，都兴建龙母庙。这些龙母庙都以德庆悦城镇的龙母庙为祖，称为"龙母祖庙"，是所有龙母庙中最宏丽的一座。龙母祖庙平日香火不断。每年农历五月初八龙母诞，西江流域一带乃至港澳和邻近的南方各省地区，更是纷纷组团贺拜，汇集的人数常达二三十万以上。西江一带的人民,以龙母为其祖,称龙母为"阿嬷"。这就表明,龙母既是以"龙"为图腾的水神文化,即一种典型的自然崇拜文化,也是一种大母神原型文化。

原型(archetype)是荣格文化哲学的关键词。原型不但是先民潜意识中支配性的动力,而且在现代人心理发展过程中,也留有它的遗迹。犹如儿童最初的生命经验体现着母亲的绝对重要性,只是到了生命的后来阶段,父亲的意义才逐渐从混沌中浮现出来;文化的发展也是这样的,先经历了母权文明的发展,才继之以父权文明的繁荣。先民神话式地认识世界,他们主要凭借集体无意识原型投射于世界而形成的原始意象来经验世界。例如儿童,在母亲那里首次经验了大母神原型,亦即一位全能而神圣、万事皆有赖于她的妇女的真实,而不是他自己的母亲的具体真实。母亲之变成这样一位特殊的、历史性的女人,乃是他的自我和意识得到更大程度的发展之后的事情。① 同样地,先民也并不像现代人这样经验自然现象,而是将自然经验为与命运攸关的神圣存在,并且希望通过巫术或宗教的方式与自然的神力沟通。母亲和自然构筑了先民内在的生命感,在主客体的交互感通中充满了神秘的力量。

龙母祖庙处于西江流域的风水节点之处。风水按照现在的话来说,是古人探究自然元素及其组织方式所产生的能量来判断基址是否适合于人类居住的学问。从自然地理条件来看,龙母祖庙基址藏风聚水的风水形胜孕育出了土生土长的龙母祭祀文化,承载着西江人民原生态民间宗教文化的生命力。龙母祖庙文化的发展体现了西江人民与自然抗争、进而与自然和谐相处到最后对故土家乡产生诗意情怀的历史过程。自然元素是在现象学的意义上被直接给予对自然现象自然而然的感知和分类,这便使得自然元素具有这样的品质——即在主客体的交互过程中能够沉积在人类集体无意识的层面而内化为原型。原型作为一种人类主体间性的深层心理基质是抽象的和不可见的,它们以领悟的典型模式发挥对客体的认知作用,使事物凝固成型并产生整合的意义,这种意义往往是以前概念的象征形式来表达。自然元素对原型的内在构成作用,体现出了它们既是最基本的象征符号,又是意义和内容本身,在上古文化中自然元素得到普遍崇拜。龙崇拜反映的就是这种对自然元素的崇拜,上天入地的龙本身就是自然元素所承载的自然力量统合的化身。风水——这一自然的人文化产物,结合着人伦

---

① [德] 埃利希·诺伊曼著,李以洪译:《大母神——原型分析》,北京,东方出版社,1998。

中最为原始也最接近物质化力量的先民母神崇拜，完成它从自然现象到人文世界的转化过程。龙母祖庙坐落于程水溪与西江交汇之处，祖庙前水域形成了"灵水回澜"的格局，背后五龙山呈"五龙护珠"之势，前面西江两岸"旗山耸翠"，如仪仗队一般朝揖有情。这一切都使先民相信祖庙基址处于自然元素的聚集之处并能产生出强大的正能量。自然形式的活力被内化为集体无意识原型并在民间传说和建筑中不断沉淀。龙母祖庙祭祀文化的一系列发展演变都清楚表明初始的集体无意识原型在文化形成中的构型力量，最终奠定了西江流域人类聚落的基本格局和文化特质。其典型特点就是血缘关系似有若无，聚落格局亦乡亦镇，以沿西江流域散落的村落为主，而以龙母崇拜在精神上联系在一起，形成一种有如家庭血缘般关系的温情。龙母诞等节庆活动把远近不同的崇拜者带到了一起，共同构建并不断强化着集体的文化记忆，这种回溯生命源头的祭祀仪式构筑了基于集体无意识原型的意义之网，充实着西江人民内在的精神生命力。

龙母传说的内核是原生态的自然崇拜结合着大母神崇拜，却也隐约记载着一段与国家官方文化接触、冲突和交往的历史。多种文献记载了秦始皇招龙母温氏进京并遭到抗拒的故事，这个过程充满了神话与传说色彩和通常的历史文本十分不同。但是，犹如我们现在认为是神话故事的三皇五帝传说在古人看来却是事实。从根本上说，所谓历史也只不过是以一种不同的文本方式来处理对象世界。这表明，对历史的不同处理方式和不同的阐释，反映了不同文化体系的意义世界及其之间的对抗。龙母祭祀原生态文化与国家文化接触、碰撞、冲突到最后的融合互化衍生了一些新的内容。龙母祭祀最终得到了官方的认可，前后历代皇帝有28次赐封之多，龙母文化不可避免地渗入了来自中原的国家文化的元素，如五龙山就有五行观念的影子，但这种影响并没有改变龙母文化原生态性质的基本面。这种原生态的文化在很长一段时间内保留着它的完整性，基本上很少受到外来文化的冲击和破坏，充满活力的龙母祭祀民间宗教文化甚至延续到了今天。

"民族是人们在历史上形成的一个有共同语言、共同地域、共同经济生活以及表现在共同文化上的共同心理素质的稳定的共同体。"[1] 民系是指民族的分支。从构成民族的各种要素看来，民族和民系是和文化内在相关的，民族是指特定的人群实体，而文化就是指特定人群实体在与自然的相

---

[1] [苏联] 斯大林：《马克思主义与民族问题》，见《斯大林全集》，64页，北京，人民出版社，1979。

互作用中表现出来的特定品质。以龙母崇拜联系起来的西江流域，强烈地显示了自然地理条件对人类文化的造就作用。龙母祖庙坐落于西江风水的结穴之处——这不但从直观上呈现了龙母祖庙基址的地理形胜，而且从民间传说中表达了西江人民对这一基址的体认和感情。龙母崇拜呈现出的大母神崇拜和自然崇拜的结合，显示了人类母系部落的血缘联系向更广阔的地缘社会过渡的一类典型文化形态，家族部落的血缘温情纽带逐渐结合物质商品交换的地缘关系，而这种商品交换关系还未演变为纯粹经济学逻辑框架下的市民社会形态。正如费孝通先生所说，纯粹血缘关系是不存在商品交换的。以龙母祭祀为精神纽结的西江流域地缘社会中，可以看到血缘部落过渡为商品交换关系的两栖类型。这种商品交换的特点带有明显的自然特征，它没有以整合市民社会相互外在性为目标的国家行政的参与。西江先民的市民身份是匿名的，他们不是依靠国家的行政管制的社会控制力来完成物质交换，而是在潜意识当中以龙母崇拜为整合的纽带形成了交换的潜在前提。以龙母祖庙为中心的龙母庙宇群及相关的龙母崇拜在历史的演进中扩展为一种独特的文化地理景观，其影响不仅局限于广东和广西所处的西江流域，甚至波及到江西的赣江流域以及海外的华侨子孙。这种牢牢结合独特的自然地理和部落血缘的人类聚落形态，就与下文要讨论的佛山祖庙文化及产生的聚落形态有着显著的不同。对于佛山祖庙文化来说，龙母祖庙文化是其类型学上的一种文化基质，但佛山祖庙在这种基质上衍生了新的内容。佛山祖庙以及以其为中心形成的聚落文化比较起龙母祖庙的原生性包含了更加复杂的城乡社会学内涵。

佛山祖庙

佛山祖庙开初叫作龙氵雩祠，或者说佛山祖庙是延续龙氵雩祠而来的。这说明佛山在开辟为一种类型的聚落形式之初，其民间祭祀也属于以龙崇拜为核心的自然崇拜类型。佛山位于西江流域下游，三水汇流的河口冲积平原地带，也就是珠江三角洲的核心地带，其地理位置必然决定了其成为交通要冲和商业都会的历史地位。在广府文化地理单元中，佛山的崛起是改变明清时期珠江三角洲乃至两广地区城镇体系格局的重要事件。佛山肇迹于晋，宋代发展为市镇。由于佛山扼西、北江之要冲，成为"入府孔道"，一跃居"扼省之吭"的咽喉地位。康熙初年，佛山商贸地位已超过广州。乾隆时期佛山跻身于"天下四大聚"。清代佛山设有除东北以外的十八省会馆，还有外国商馆，佛山籍商人也遍布全国。佛山与广州一起组成了一个以两地为中心，连接珠江三角洲以及东南数省，沟通国内外的巨大经济网络。

在这样的背景下，佛山祖庙祭祀的对象以及相关的民间文化是较多受到外来文化影响，特别是中原文化的影响，使其呈现出一种民间文化与官方文化杂糅的形态。"越人尚鬼，而佛山为甚"。佛山甚有祭祀文化的传统，但是为什么居住在南方的越人会崇拜北方之神真武？一是北帝真武是司水之神，而越固水国；二是在传说中真武是北方禺强的化身，而番禺则是其一支后裔的迁徙地。这则传说至少说明，生活在南方边疆番禺地区的先民在集体无意识当中对来自北方的国家力量的敬畏和崇拜。

黑格尔在《法哲学原理》中认为"国家是自觉的伦理的实体"，他把人与人之间的伦理看成是一个精神性的、活生生的、有机的生长发展过程，并把它的矛盾发展过程分为三个阶段：第一，直接的或自然的伦理精神——家庭。第二，市民社会——这是伦理精神丧失了直接或原始的统一。市民社会是作为独立的单个成员的联合，这种联合是通过成员分工后相互合作的需要，通过保障人身和财产安全的外部法律制度而建立起来的。第三，伦理精神通过分化、中介而完成的统一就是国家。国家是具体自由的现实性，是伦理精神充分实现、完成并回复到它自身的辩证统一。这一理论框架为我们分析佛山祖庙的社会伦理学性质以及广东三祖庙发展的整体脉络提供了基础。

佛山是一个由乡村逐渐发展为城市的居民聚居点。佛山北帝崇拜的发展有两个阶段。一是龙鬐祠阶段，二是灵应祠阶段。早在佛山还是以农耕为主业之时，佛山村民就建造了一个主要庙宇称之为龙鬐祠。龙是自然崇拜的古老图腾，一种民间原生态的祭祀形式，在佛山其代表的价值是在地缘关系中遗留了家乡故土的亲情因素。明清时期，随着佛山城市化过程的进行，为了适应社会发展的多种需要，佛山人以祖庙北帝崇拜为中心，构建了一套相当完整的民间宗教系统。这套系统包容性强，神明达数十种且层次丰富，庙宇和祭祀点由镇的中心、铺的中心、街区的中心、乃至里社的中心层层皆有。明正统十四年（1449），随着抗击黄萧养起义的胜利，这是一场民间与官方合作、世俗与神灵相感应的史诗般的重大历史事件，成了佛山主要的文化记忆。北帝崇拜因而进入了灵应祠阶段，也标志着官府介入了民间祭祀。

佛山作为一个由15个原始自然村逐渐发展为城市的聚落，是一个自然经济地理学意义上的自发城市，其所代表的一个典型特征就是保留了其它地域的城市极少见到的自然村家庭聚族而居的格局，这种宗法制的聚居形式体现在城市形态上表现为遗留有完整的分成等级体系的宗祠系统和相应的祭祀圈。而一般古代中国城市代表"国家"和"国家意识形态"居于城市显要位置的官衙、学宫则难见踪影,历代《佛山忠义乡志》中未见官方的施政记录。这一特殊类型的城市格局,家庭宗法制组织形式和市民社会的商品交换的经济学逻辑反映着佛山伦理体系存在内在的冲突。明代佛山的宗族势力十分强大,到了清代,外地经商人员大量迁入,不时与当地土族宗族势力的利益发生冲突,在官府(广州府,注:佛山本地无官府)的裁决中总是以土族势力的失败而告终。对于这些事件可以做出宏观的经济学解释,看似混乱的现实背后自有其演进的内在逻辑。如黑格尔所说,在混乱的现实背后,狡黠的理性在起作用。在佛山的社会结构的变迁中,这个狡黠的理性,就是"家庭、市民社会、国家"的伦理结构。在适当的条件下,家庭关系一定向市民社会和国家关系过渡,国家在行政职能方面代表是对市民社会的整合,而不是维护家庭氏族利益的局限性。按照经济学的话来说,经济理性就是如何处理资源的最佳配置,而自由交换是使得资源得到最充分利用的根本方式,政府(或制度)所要处理的是自由交换的外部性问题和减少制度成本的问题。而佛山对这一问题的独特处理,就是通过建立起对北帝的共同信仰而克服纯粹市民社会的物质交换关系的外在性。佛山没有一般治所城市意义上的"城",没有国家设定的正式的政府机构,这就为佛山构建一套相当完整的民间宗教系统让出了空间。佛山以北帝崇拜为中心,明清佛山"以神为大父母",灵应祠(北帝庙)被称之为祖庙,在整个佛山具有超然的地位,每年在全镇的北帝巡游说明北帝神在统摄全镇。由于政府的缺席,佛山的管理是由市民社会自发组织起来的,地方事务由佛山几大家族的长老在祖庙议决。市民自发组织的祖庙大奎堂替代了地方政府的管理职能,而广州府只是起着遥控的作用。祖庙作为佛山城市形态中的"首要元素",形成了佛山城市形态的基本格局,也凝聚了佛山独特的民俗文化与精神气质,是佛山作为一个超越血缘关系的地缘社会的显著标识。

  费孝通先生在《乡土中国》一书中曾说:"在亲密的血缘关系中商业是不能存在的。"[①] 原始佛山在 15 村外设墟,把商品交易放在血缘关系居住区之外。佛山是在家庭宗法制的自然村之间的集聚,村与村之间以及后来与外来人口和外部世界的商品交换中发展起来的。墟市是明清佛山除了

---

① 费孝通:《乡土中国》,75 页,北京,三联书店,1985。

宗法血缘集聚而居之外内部空间的另一个显著特点。墟市沿着交通便利的汾江与南下的河汊呈 T 型分布，作为公共空间的神庙前的空地也经常成为墟市。清末佛山的宗祠分布到滨汾江商业区南界逐渐消失，滨汾江商业区是家庭宗族居住区之外的原始商业发展地带，但这里却有大量神庙，其中不少还是北帝巡游所要经过的。这些神庙有些是行业保护神，有时又与工商行业的会馆融为一体。佛山会馆的大致分布是北部"会市"的商业会馆与祖庙铺的手工业会馆，这和佛山北部汾江沿岸是原始商业地带、祖庙附近是宗族集居区的地理分布是一致的，佛山"手工业作坊、商业店铺"各自依据成行成市的原则聚集在大致附近的地区。

总之，家庭、市民社会与国家作为社会伦理关系的三要素，在佛山的城市形态中都有其独特的表现。家族宗法制与市民社会交换关系通过以佛山祖庙为中心的祭祀系统有机地融合为一种新的地缘社会。佛山祖庙向我们表明，城市空间不仅是物理性的，更是社会关系、制度、权力和话语体系的体现。佛山祖庙创造了一种含义统一的信仰模式，发挥着重要的促进社会整合的功能，成为体现明清佛山社会一体性的重要象征。封建时期的佛山一直都没有国家正式设置的官府机构，在国家政权相对缺失的情形下，佛山祖庙替代性地成为了佛山的城隍庙、学宫和官府。

广州陈家祠

广州与佛山相互毗邻，同属于古代的番禺地区。广州自任嚣筑城两千多年以来，一直是中国南海地区的重要城市。广州的历史文化特点是：南越、南汉、南明三朝古都，海上丝绸之路的东方发祥地，中国民主革命的策源地，情系海外赤子的侨城，岭南文化中心。由于广州所处的特殊地理位置，从先秦到近代，广州最突出的文化特质就是受到百越土著、中原和海外三方面文化的影响，是一个各种文化的杂糅之地，这为产生"陈家祠"这样混杂的文化现象提供了土壤。

对比于龙母祖庙与佛山祖庙而言，广州陈家祠不是一个地域的精神中心，它作为合族祠是广州乃至广东省封建晚期和近代文化发展的一个特殊产物。修建陈家祠的愿望是建成一个集祠堂、书院、会馆三种性质于一体的建筑，这正好折射出了黑格尔所论述的一个社会伦理学的深层结构——即"家庭、市民社会和国家"三层伦理关系。祠堂的本原是家庭宗族观念的建筑表现形式；书院是传承和学习国家意识形态的处所；会馆是市民社会维护行业利益、联系同乡情谊的产物，具有区别于国家政权统一管理而进行行业自治管理的功能。此三种性质的事物合在一起在省城大量出现，是和广州封建晚期及近代社会的复杂现实分不开的。首先，从大的范围来看，以中原为中心向东南沿海扩散，宗族村落的分布有依次增强的趋势：中原地区现在很难看到呈现较为完整宗法制的宗族村落，而到浙江、皖南、江西、湖南一带则有较多这种保留着有祠堂体系的宗法制村落，再到东南沿海地区的福建和广东，这种宗族村落则可以用繁盛来形容。历史上岭南远离中原政权，国家的伦理相对来说有些鞭长莫及，这就为广州所在的珠三角地区形成聚族而居、修建祠堂的传统留下了充分的发展空间。再者，近代广州的各种割据政权、革命政权频繁更替以及外国势力的介入，使得广州的政治状况极不稳定，长期有效的国家伦理关系没有充分地建立起来，不能有效地提供制度供给；因此，人们只有回到家庭血缘的自然伦理关系来维系社会结构和自身的生存与发展。陈家祠这类事物的大量出现折射出了这种局势的混乱。

陈家祠又名陈氏书院。《陈氏书院契据登记簿》抄录了清光绪十四年至十八年（1888—1892）期间，以陈颖川堂和陈世昌堂的名誉购买广州西门口外的田地、鱼塘、山岗、房屋等十六张契据的详细内容。① 反映出陈家祠所在地带的地产分属于来自多个县的不同家族，可见附近地区的家族在省城置业是较为普遍的现象，而且当时土地买卖是比较活跃的。这也说明和建在祖居之地的一般祠堂性质有所不同，陈家祠这类合族祠是和市民社会的商业活动紧紧关联在一起的。陈家祠所在的广州西关地带本身就是广州城市发展商业溢出城外的结果。陈氏书院的地理位置在《广东省城全图（陈氏书院地图）》有直观的表现，在地图上，地图作者还似乎有意地把陈氏书院与广雅书院联系在一起。在陈氏书院首进大厅格扇档中两侧柱子上悬挂有这样一副对联："道缵太邱星聚一堂昌后世，德邻广雅风培百粤振斯文"。意为陈氏书院与广雅书院为邻，可以借广雅之德、广雅之风以培育百粤之陈姓子弟。②

陈家祠虽被称为陈氏书院，但从平面布置就可以看出其明显有别于传统书院的布置。传统书院有其讲学、藏书、祭祀的基本规制，是义士学习、生活、游息的场所。讲堂是书院教学和学术活动的主要场所，一般处于书院建筑群的中轴线上的中心位置。有些书院设礼殿（大成殿）祭祀孔

---

① 民国二十三年（1934 年）五月手抄本《陈氏书院契据登记簿》。
② 黄海妍：《从〈陈氏宗谱〉看清末广州陈氏书院的兴修》，见黄淼章主编：《广东民间工艺博物馆文集》，42 页，福州，海风出版社，2004。

子，多处于讲堂前后或另成侧院。少数书院还专设孔庙，自成院落，形同官学。书院历来重视环境的选择。早期书院，多择山林胜地，以利隐居读书，潜心修学。后来书院发展普及，多由地方官员和乡绅筹资兴建，选址多就城镇边缘或郊区环境幽静、风景优美之处，有些书院还附有园林。从这些传统书院的建筑和选址特征看来，都是陈家祠（陈氏书院）所不具备的。从陈家祠的建筑来说，陈家祠（陈氏书院）基本上还是一座祠堂的格局。从功能和制度来看，陈氏书院这类联宗书院一般不设山长，也没有考课、讲授的制度和上课的设备，只由各房推举监察（或称值事）处理院内日常事务。联宗书院对子弟的培养，主要集中在鼓励科举上面。其鼓励措施便是为来广州应试科举的子弟提供住宿，由书院向应试的本姓子孙支付试卷金和滞京费；另外，本姓子弟科举及第，书院须赠送红花。[①] 而实际上陈氏书院刚修完不久，封建的科举制度就被废止，上述的书院功能基本上没有来得及实施。

祠堂建筑的形制是由宗族观念和相关礼仪制度所决定的。在宗族观念的影响和支配下，宗法制度、祭祀仪式、奉祀世代、昭穆制度、迁祧制度、门塾制度、宾主之序等等之物化形态，产生了相应的建筑空间形制。但是可以说，陈家祠从各方面来说，都只有传统祠堂建筑之形，而不能说具备传统祠堂文化之实。其在寝堂牌位的安排并非按照血缘嫡庶关系而是按照捐款多少排列秩序就典型地说明了这一点。陈家祠是在近代中国这样一个特殊的时间，岭南广州西关的这样一个特殊地点，在国家的权力结构极不稳定且缺乏有效制度供给的情况下，试图以同姓血缘关系为基础，带有明显的市民社会的商业伦理，修饰性地以书院为名目的一座混合性建筑。

结　语

广东三祖庙不只是三座孤立的建筑物，而是代表了在特定地理区域内的历史发展中有相关性的一系列文化景观。从龙母祖庙、佛山祖庙到广州陈家祠，在整体上呈现出广府地区祭祀文化发展演变的脉络，并且影响或形成了相应区域的城乡空间格局。有意味的是，代表岭南远古原生态祭祀文化的龙母祖庙至今仍然在延续它的生命力。代表广东封建市民社会文化

---

① 王建军：《论清代广州联宗书院的教育功能》，载《江西教育学院学报》（社会科学版），2013年第2期。

的佛山祖庙已经发生了文化功能的退化和变异。虽然在 2005 年由政府和相关部门恢复了佛山祖庙庙会的一些活动，并加入了一些新的符合现代生活内容的元素，但不可避免地在文化性质上发生了异化。与龙母祖庙所代表的原生态祭祀文化相比较，佛山祖庙缺乏龙母祖庙那种与自然意象和母神意象直接关联的原型基质。原型的持久生命力就在于它不能由人为来构造和更改，而佛山祖庙文化从一开始就具有较强的人为构成因素，因而也决定了它易于受到各种外在因素影响。佛山祖庙文化这种受外来文化影响的历史演进性，不但在内容上，而且在城市空间格局的物质形态上彰显出来。随着近年来祖庙东华里历史街区改造，这种物质形态上的突变更是超过历史上的任何时期，这种急剧的物质形态的变化和原住民的大量迁移又反过来造成了文化内容的历史性失忆。随着原住民被边缘化、话语体系丧失和生活的意义之网的断裂，其结果是对地方风土人情的破坏和遗弃。如何在单一的经济逻辑和整合的文化逻辑之间找到平衡，在发展与保护之间找到更好的出路是摆在管理者和学者之前的迫切问题。

祭祀是远古流传下来的一种仪式，就像神话一样是基于原型的人类集体无意识的深层心理需要，祭祀文化的内核在很大程度上是不能由人为构成的。恰恰在人为构造这一点上，广州陈家祠的祭祀文化十分明显。这就不足为奇，应运广东封建晚期和近现代文化转型复杂局面而产生的广州陈家祠，现在在具体的文化生命上已经死亡，只留下一个化石般的物质躯壳。现今作为博物馆的广州陈家祠成为了广州的一张文化名片，如何能使其"活"起来，使其展示功能更加完整、展示内容更加丰富是其应有之义，这些都需要相关研究继续探索其更深层次的文化内涵。

三座庙宇被称为广东三祖庙，它们整体上都和祖先崇拜及相关的祭祀文化有关系。黑格尔说："家神是内部和下级的神，民族精神（雅典娜）是认识自己和希求自己的神物。"① 比较起家族精神，民族精神是更高精神阶段发展的产物。用黑格尔的"家庭、市民社会、国家"三要素在不同文化中的不同偏重来分析不同民族的文化特质，应该说传统中国是以基于家庭伦理的家国一体制为价值取向的文化，市民社会相对不发达，特别是对比西方近现代资本主义而言，作为中国封建晚期和近代工商业发展的具有代表性意义的城市佛山和广州，也从未形成一种基于资本逻辑的成熟市民社会。前工业社会的精神凝聚力离不开祭祀，传统中国的家庭伦理价值取

---

① [德] 黑格尔著，范扬，张企泰译：《法哲学原理》，253 页，北京，商务印书馆，1996。

向离不开崇拜祖先,这是广东三祖庙共同的文化基因。祭祀源于原始先民的巫术,在儒家思想的改造和熏染下形成了"媚于神而和于民"(《国语·周语》)的"礼乐"文化。祭祀与齐家治国的政治融为一体。如《礼记·祭统》:"礼有五经,莫重于祭。"《左传》(僖公十一年):"礼,国之干也。敬,礼之舆也。不敬则礼不行,礼不行则上下昏,何以长世。"《左传》成公十三年:"民受天地之中以生,所谓命也。是以有动作礼义威仪之则,以定命也。能者养之以福,不能者败以取祸。"《国语·晋语》:"夫礼,国之纪也;……国无纪不可以终"。《礼记·乐记》把礼乐的功效概括为:"乐至则无怨,礼至则不争。"之所以说龙母祖庙是原生态的,因为龙母祭祀离巫术还不远,联系于自然生命力原型的近乎自发的崇拜仪式自有其内在精神能量而延续至今。佛山祖庙最初也本于对自然和祖先的崇拜,但自然与主体的直接交感已经淡远,祖先笼统模糊只是情感上的投影。佛山祖庙祭祀文化随着历史的发展越来越渗入了中原礼乐文化,与地方治理结构相结合,形成了以民间宗教和节庆为主与官方礼仪相杂糅的文化现象。而广州陈家祠这样的合族祠文化,作为广东珠三角地区在封建社会晚期和近代的特殊文化产物,虽然参照了一些传统的礼乐文化,但人为的构造性十分凸显,在文化的指向上也与传统的祖先崇拜和礼乐文化有偏离。因此在时过境迁的社会环境中,即便如佛山祖庙那样保留着一丝变异了的文化生命力也不可能,但也留给我们一个城乡社会学方面的深长回味。

(文一峰:广州大学建筑与城市规划学院副研究员,广府文化研究中心研究员)

广府狮舞的地域特色研究

刘庆华 文庭学

广府狮舞属于中国狮舞中的南狮，历史上由唐代宫廷狮子舞脱胎而来，又创造性地融入了南粤本土文化特色，发展成为一种融武术、舞蹈、音乐、杂技等为一体的民间技艺，具有明显的地域特点，主要表现在：

广府狮舞起源的地域特点

狮子是从西域传来的外来物种。先秦典籍《山海经》所载多种动物中没有狮子，汉代之前的装饰工艺中没有狮子图像，中国境内至今也没有发现狮子化石。狮子从域外进入中国最早可追溯至西汉。公元前138年，汉武帝遣张骞出使西域，狮子才以贡物的形式进入中国本土。《汉书·西域传》记载："自是之后，明珠、文甲、通犀、翠羽之珍，盈于后宫；薄梢、龙文、鱼目、汗血之马，充于黄门；巨象、师子、猛犬、大雀之群，食于外囿。殊方异物，四面而至。"① 其中称"狮子"等为"殊方异物"。其后，屡有外国进贡狮子的记录，如《后汉书·章帝纪》有月氏国献"师子"，《后汉书·和帝纪》有安息国献"师子"，《洛阳伽蓝记·城南》有波斯国胡王所献狮子，一直到清康熙十七年（1678），仍有葡萄牙使臣进献非洲狮子。

关于狮舞或舞狮的起源，历代文献有多种记载。汉武帝时，每当招待西域使节到访时，即有歌舞人员戴上面具装扮成鸟兽表演以助兴。北魏杨衒之的《洛阳伽蓝记》记载："作六牙白象负释迦在虚空中。……四月四日，此像常出，辟邪师子导引其前。"② 可见当时人们不仅将狮子作为护法驱邪的祥瑞，而且还为佛开路引行，文殊菩萨的坐骑便是一头威而不怒的

---

① [东汉] 班固：《汉书》，3928页，西域传第六十六，北京，中华书局，1962。
② [北魏] 杨衒之著，周振甫译注：《洛阳伽蓝记》，卷一城内，25页，南京，江苏教育出版社，2006。

狮子。加之南北朝时期佛寺大兴、庙会频频举行，舞狮自然也应运而生。到了唐代，经济、文化高度发展，对外交往频繁，西域康居等国连年进贡狮子，促使舞狮更加广泛的传播。《新唐书》记载："龟兹伎……设五方师子，高丈余，饰以方色。每师子有十二人，画衣，执红拂，首加红袜，谓之师子郎。"①白居易的《西凉伎》便描绘了"西凉伎，假面胡人假狮子。刻木为头丝作尾，金镀眼睛银贴齿。奋迅毛衣摆双耳，如从流沙来万里"的狮舞欢腾的场面。宋代市民阶层的兴起，使宋代文化呈现出市民化、世俗化的特点，狮子也由凶猛狰狞而演化为威而不怒、吉祥赐福的瑞兽。从此，狮舞完成了由宫殿、寺庙到走向民间的过程。明清以后，狮舞之俗尤为盛行，特别是在两广、两湖地区。

  本人据《中国资料民俗地方志汇编》统计，该文献汇编中记载主要舞狮地区的次数依次为：广东28处，广西23处，湖南27处，湖北18处，浙江11处，福建3处，河北3处，陕西3处，河南3处，海南2处，北京无。②可以说，明清时期的岭南及两湖各县镇均有舞狮民俗，是全国舞狮的重镇。民国之前的广州各市县的地方志中亦均有舞狮民俗的记载，如《番禺县志》"礼仪民俗"："元夕张灯，烧起火，十家则放烟火，五家则放花筒。嬉游者率袖象牙香筒，打十八间为乐。城内外舞狮象、龙鸾之属者百队。"③《从化县新志》"岁时民俗"："正月：立春前一日，有司迎土牛于东郊，里市饰百戏及狮象之类。"④《花县志》（十三卷·民国十三年铅印本）、《增城县志》（三十一卷·民国十年刻本）以及原属佛山南海的《顺德县志》（三十二卷·清咸丰六年刻本）、《三水县志》（十六卷·清嘉庆二十四年刻本）、《香山县志》（二十二卷·清光绪五年刻本）均记载当地春节舞狮的民俗。所以胡朴安在《中华全国风俗志》（下编）"广东之生活状况"中就感慨："粤俗，凡遇公私喜庆等事，有舞狮之举。法用大鼓一面，其声蓬蓬，后随刀叉之属，中以一人扮作狮形，沿街舞蹈。此俗

---

①［北宋］欧阳修，宋祁等撰：《新唐书》，470页，礼乐志第十一，北京，中华书局，1975。
②丁世良，赵放：《中国资料民俗地方志汇编》，685～883页，北京，书目文献出版社，1991。
③［清］李福泰修，史澄等纂：《番禺县志》五十四卷"舆地略四"中"气候风俗"条，同治十年（1871）刻本。
④［清］郭遇熙纂修：《从化县新志（五卷）》中"风俗"条，康熙四十九年（1710）修，宣统元年（1909）刻本。

以新年为最多,犹之绍俗之龙灯会,而交友尚武精神焉。"① 20世纪80年代以来,广州醒狮活动得以恢复并与日俱增,市县几乎村村有自己的醒狮队,群众性的狮艺普及盛况空前。据不完全统计,目前广州共有民间醒狮队超过300支,一万多人长期参与训练。可以说,自明清以来广东舞狮之盛一直居全国之首。

与北方狮舞起源于宫廷、带有明显的宫廷特色如威猛、庄重、逼真不同的是,广府地区的狮舞从起源来看便具有地域性。关于广府醒狮的起源,主要有两种说法:一说是在乾隆皇帝下江南时梦见一头五彩斑斓的瑞兽来朝拜,之后便命人扎制了一只瑞兽,在节日及庆典时命人舞动,祈求国泰民安,太平吉祥。但问题是早在明末,广府地区就已经有狮舞。故关于广府"醒狮"的起源,国际认同的说法是:起源于佛山。传说在远古时候,广东南海郡佛山镇忠义乡出现奇兽,身长八尺,头大身小,眼若铜铃,青面獠牙,头生一独角。奇兽每每于除夕晚出现,专门破坏农作物和家畜,村民不胜其烦。因该奇兽每逢过年时出现,于是人们称之为"年兽"。为消灭"年兽"之害,有智者献计,用竹篾及纸扎成奇兽的形状并绘上颜色,用各种形状的布织成兽身,再集勇士十数人,拿着锅碗瓢盆等器具,手持菜刀,埋伏于年兽必经之地。待年兽出现时,众勇士一涌而出,击打器具发出"锵锵"、"咚咚"的巨大声响使年兽惊骇而逃,从此销声匿迹。为了庆祝驱赶奇兽成功及纪念纸扎兽头的功劳,村民们便于每年春节时将它拿出来舞动,并发展为在神诞或庆典上表演。又有人建议把它命名为舞狮:因为狮是兽中之王,象征勇猛、吉祥,乡民希望通过舞狮、拜神等活动驱除邪魔、降服鬼神,保合境安宁、五谷丰收,由此形成源远流长的醒狮民俗文化。也正是因为这一传说,有人认为醒狮的狮头造型较为接近年兽。

由此可见,从明清至今,广府地区的狮舞之盛一直居全国之首;广府狮舞的起源也不同于北方的宫廷狮舞,更多的是与佛山及广府地区的年节风俗和农业生产有关。

广府"醒狮"名称的地域特点

关于"醒狮"的名称,说法也多种多样:

---

①胡朴安:《中华全国风俗志(下编)》,371页,石家庄,河北人民出版社,1986。

一说是因为南狮造型夸张，由头戴大头佛面具的"狮子郎"手握葵扇，逗引狮子，在激昂的锣鼓声中通过在地面或桩阵上腾挪、闪扑、回旋、飞跃等高难度动作演绎狮子喜、怒、哀、乐、动、静、惊、疑八态，表现狮子的威猛与刚劲，活灵活现，令人警醒，故称为醒狮。

一说是因为南狮头上扎有一只角，威猛粗犷，鼓乐激昂，令人警醒，故称为醒狮。

另一种传说是，明朝中后期，宦官把持朝政，禁止练武，民间义士便以歌舞升平为名练习舞狮，实则作为强身健体、密谋革命的一种手段。清末，粤地民间反清意识日浓，舞狮这项民间习俗便由义士加插吃生菜的步骤，称为"采青"，寓意吃掉清朝，所以采青又叫"踩青"，而南狮则被叫作"醒狮"，寓意民众醒悟。

还有一种说法是与拿破仑有关。嘉庆十一年（1806），英国著名的外交家阿美士德率使团来华商谈贸易问题，无功而返。回国途中，他经过关押拿破仑一世的圣赫勒拿岛时，面见并征求拿破仑对中国问题的看法。拿破仑对他说："以今天看来，狮子睡着了连苍蝇都敢落到它的脸上叫几声。……中国一旦被惊醒，世界会为之震动。""一头睡着的狮子——中国"，迅速传遍了欧洲和世界。而清朝的广东是中国最早、也是最多派遣留学生到欧美留学的省份。中国最早的留学生是广东香山人（今中山）郑玛诺，于康熙年间赴欧洲留学；道光二十七年（1847），广东香山人容闳前往美国留学，成为中国近代史上首位留学美国的学生；同治十年（1871），清政府第一次招考出洋学生，120 名官费生中粤人竟十占八九。光绪三十一年（1905），广东海丰的高天梅等留学生在日本东京创办《醒狮》月刊，"振懦砭愚，输入学理"，唤醒国民。清朝及近代的广东，是中国睁眼看世界的第一窗口，也是中国近代革命的策源地，可谓是一头醒来的狮子。鸦片战争的打响，表明中国这头沉睡的雄狮向世界发出了第一声狮吼，这也许是南狮被称为"醒狮"的主要原因。

上述"醒狮"名称由来的说法中，前两种与广府地区醒狮造型及舞蹈有关，后两种与晚清粤地扮演了近代中国睁眼看天下、开启了中国近代化进程的重要地位有关，都是地域特色的重要表现。

除此，本人还认为，从语言学的角度来考察，可为解开"醒狮"名称之谜提供一个新的思路。粤语惯于将警觉、灵活、神采、精明、能干、专心等等语义用"醒"字来表达。如醒胃（开胃义）、醒酒（从麻醉或昏然状态清醒过来）、点醒、醒水（警觉、灵活）、醒神（神采奕奕、多注意）、醒定（乖觉、警觉）、醒目（惹眼、精明、能干）、醒目仔（机灵鬼)、醒眼（睡醒、显眼）、醒醒定定（谨慎，专注于现实，不要分心）、醒醒目目（生机勃勃，提醒个人行事要谨慎，不要重蹈覆辙）、话头醒尾（说了开头就知道结果，类似举一反三）、懒醒（以为自己很醒目很厉害）、醒起（突然想起）、醒唔起（想不起）、醒你（便宜你）。甚至"醒"字还用作形容词，如"佢的确几醒噶（他的确挺聪明的）"，等等。可见，粤语中"醒"字用途广而且频率高。以此看来，粤语称威猛刚劲、活灵活现、鼓乐激昂、令人警醒的狮舞为醒狮，也正体现了醒狮的地域特点。

广府醒狮造型及狮舞内容的地域特色

广府醒狮从北狮发展而来，但又不同于北狮，主要表现在：

一是造型的差异：北狮造型逼真，形体较小，以"武狮"表演为主。小狮一人舞，大狮双人舞。舞狮人全身披包狮被，下穿和狮身相同毛色的狮裤和蹄靴，外形和真狮极为相似。而广东醒狮造型夸张，颜色亮丽，追求神似，以"文狮"表演为主，兼有武狮。虽也是双人舞，但舞狮人下穿灯笼裤，上面仅仅披着一块彩色的狮被，狮头与狮身连在一起；醒狮头上有一枚略向前弯曲的锐利的角，而北狮头上没有角；醒狮额头上有一面圆圆的铜镜，据说是用来辨别妖物，降魔伏妖，而北狮额头上没有圆镜。近年来，广东醒狮造型有了更多的变化，如有彩狮、金狮、白狮、黄狮、绿狮等等，五彩缤纷，鲜艳美丽，增添了广东醒狮的观赏性。可见，威猛而逼真的北狮是北方强势政权的表现，未能脱离宫廷狮舞的特征；而艳丽夸张的醒狮是广府文化世俗性、娱乐性的表现。

造型逼真的北狮　　　　　　夸张、艳丽的南狮

二是表演内容的差异。北狮一般是雌雄成对出现，头上有红结者为雄狮，有绿结者为雌狮。北狮是通过狮子的各种神态来表现狮子驯化的过程。有时一对北狮会配一对小北狮，小狮戏弄大狮，大狮抚玩小狮，尽显

天伦之乐，体现的是儒家的人伦情怀。而醒狮则取三国演义的故事，分为刘备狮、关公狮、张飞狮，颜色一般以黄、红、黑三色为主，是乱世或古代粤民作为蛮族边民的好勇、结帮性格的体现。

三是引狮郎的差异。北狮的引狮郎是古代武士装扮的"狮子郎"，手握旋转绣球，配以京锣、鼓钹等逗引瑞狮；而醒狮的引狮郎是"大头佛"，头戴大头佛面具，身穿长袍，腰束彩带，手握葵扇逗引狮子。关于大头佛的来历，与佛山年兽传说有关。传说古代佛山地区出现年兽，逢年过节都出来伤害农作物和牲畜，于是人们制作了很多兽头供在庙内。一天深夜，怪兽果然来了，守庙的小和尚惊慌地拿起兽头罩在头上，吓得浑身发抖，不小心抖落了供桌旁的一面铜锣，"咣当"一声，吓得怪兽张皇而逃。后来人们舞狮时便塑造了一个诙谐、可爱的大头佛为引狮郎。

四是有否采青。北狮没有"采青"；而醒狮的舞狮技艺有"出洞"、"上山"、"巡山"、"会狮"、"采青"、"入洞"等程式，尤以"采青"为主要动作，且难度较高。采青有采高青、地青、水青、蟹青、凳青和桥青等。采青者要以高超的技巧表现醒狮寻青、见青、喜青、惊青、探青、弄青、拆青、吃青、吐青、醉青等程序，经过拆青、破阵、采青，起、承、转、合地完成整个采青过程。舞者采到"青"后将"青""食"下，然后再把"青"吐出来抛给主人；主人接"青"，表示接福。因此，采青成为醒狮活动中最精彩的高潮。比较而言，醒狮表演比北狮更具戏剧性、故事性和趣味性。

关于广府醒狮的造型，主流的观点认为其形象近于年兽。但年兽本来就是人们幻想的产物，如同神话或图腾崇拜。从中国神话的产生及其特点看，神往往是古人以己观物、以己感物而创造出来的，因而神往往带有人的具象化的特征。以此看来，广府人设想的年兽之所以具象化为醒狮之眼大、口阔、鼻子扁平等造型，本人认为应该是古代粤人根据广府土居族群五官之普遍特征而创造的；而醒狮头上那枚略向前弯曲的锐利的角，则体现了古代粤人在洪水猛兽肆虐的恶劣环境中所养成的生猛、好斗的性格；至于额头上用于辨别妖物、降魔伏妖的铜镜，以及引狮郎大头佛角色的出现，则反映了粤人自古至今根深蒂固的鬼神信仰。至于采青，更是广府特有的一种民俗，蕴含广府人重意头的风习，因为早期的舞狮本来就是广府地区"生菜会"活动的一项内容。生菜会即吃生菜，起初是为了"迎生气"。生菜本是一种半耐寒之蔬菜，喜冷凉环境，却又不耐寒、不耐热，其种植地区以两广及台湾为主。明代戴璟撰的《广东通志初稿》载："迎春日竞看土牛，老少奔走盈路，啖春饼生菜。"① 可见，明代前中期，生菜会在广府民间已相沿成习了。清代，生菜会与观音信仰结合在一起并达到鼎盛，广府各地方史志中多次提到，如《顺德县志》记载："正月……，迎春日……啖生菜、春饼，以迎生气。"② 由于粤语"生菜"谐音"生财"，寓意"生财"、"生生不息"，而2000多年来广州作为中国历史上最为繁荣的滨海商贸区，向来有务实重商的传统，生菜会因此也由单纯的"求生气"变成了求财、求子。生菜包的材料如生菜、粉丝、酸菜、蚬肉、韭菜、芹菜、橘子等等都含有吉利的寓意：生菜寓生财，粉丝象征长寿，酸菜表示子孙，蚬肉表示显贵发达，韭菜表示长长久久，芹菜寓意勤劳，橘谐音"吉"。因此，人们通过吃生菜这一形式希冀人财两旺，勤劳显达、长长久久。生菜会期间，常有集市贸易、醒狮汇演、武术比赛、粤剧粤曲搭台唱戏、唱八音等众多活动，因此，"生菜会"是广府地区集民间信仰、娱乐、工艺、美食于一身的盛会。由生菜会转化而成的采青活动，既体现了古代广府人生猛、机灵、精明的族群性格，也是广府民俗中随时随地图吉祥、讨好彩、求好意头的文化心理的反映。

（刘庆华：广州大学人文学院教授，广府文化研究中心研究员）
（文庭学：从化市文化馆副馆长）

---

①［明］戴璟修，张岳纂：《广东通志初稿》，嘉靖十四年（1535）刻本。
②［清］郭汝诚修，冯奉初纂：《顺德县志（三十二卷）》，咸丰六年（1859）刻本。

广府艺术研究

1929年的广州公演与南国社的左翼转向
——广州公演与田汉的"转向"

康建兵

1929年南国社的广州公演对于1930年田汉的"转向"起着重要的刺激和影响,这主要源自当时广州剧评界对南国社公演的戏剧所做的真诚而尖锐的批评,这一外在因素促使田汉在思想上产生"新觉悟",加快了田汉的"转向",并明显体现在其后田汉的戏剧创作和南国社的戏剧公演中。本文着重探讨南国社与广东戏剧研究所合作完成的广州公演是为何以及如何影响到田汉的"转向"的。

一

所谓田汉的"转向",就是"转换一个新的方向","即投入共产党领导的左翼文艺阵线"。① 田汉的"转向"大约发生在1929年下半年到1930年初,标志是1930年4月在《南国》月刊第二卷第一期发表《我们的自己批判——"我们的艺术运动之理论与实际"上篇》。关于此事,茅盾谈道:"1930年,田汉同志在党的影响下,在无产阶级戏剧运动的推动下,写了著名的《我们的自己批判》,清算了自己身上小资产阶级的浪漫、感伤倾向,公开表示向无产阶级转向。"② 阳翰笙也指出:"田汉同志……毅然地在《南国》月刊上以整本的篇幅发表了《我们的自己批判》,公开清算自己和南国艺术运动中的浪漫主义和感伤主义思想,宣告向无产阶级转向。"③ 当然,如何客观地解读田汉的《我们的自己批判》,至今仍值得商榷。田汉的弟子、南国社成员陈白尘就认为,我们不能将此文视为田汉的

---

① 董健:《田汉传》,359页,北京,十月文艺出版社,1996。
② 茅盾:《杰出的无产阶级文化战士——田汉——在田汉同志追悼会上的悼词》(代序一),见《田汉文集》(一),2页,北京,中国戏剧出版社,1983。
③ 阳翰笙:《忆田汉同志》(代序三),见《田汉文集》(一),18～19页,北京,中国戏剧出版社,1983。

"完全的真实的科学分析"，只是"在当时风气下过分自贬的政治'宣战书'!"① 尽管如此，田汉的"转向"主要还是一种自觉的追求。

广州公演的缘起是1929年2月，欧阳予倩邀请田汉率领南国社南下广州，为其主持的刚刚成立不久的广东戏剧研究所（1929—1931）"打开场锣鼓"；进而田汉、洪深与唐槐秋、吴家瑾和左明等南国社成员一道，于1929年3月7日至12日在广州大佛寺国民体育会场与广东戏剧研究所联合举行戏剧公演，以及3月16日、17日在中山大学大礼堂举行的戏剧演出。广州公演由"在野"的南国社与"官办"的广东戏剧研究所合作完成，演员和演出剧目主要来自南国社，它是欧阳予倩、田汉和洪深三位中国话剧的开山祖齐心合作的一次戏剧活动。

众所周知，促成田汉"转向"的原因很多，很复杂。董健认为："促成田汉思想上、政治上'转向'的，有三个因素：一是当时的革命潮流，二是南国社内部的危机，三是与安娥之恋。这三者是交织在一起的，而且均依田汉本身思想的内因才发生作用。"② 这三个因素对于田汉"转向"的影响自然重要，但田汉在发表《我们的自己批判》之前，率领南国社开展的一系列的戏剧公演，对其思想的变化更起着直接的刺激和推动。田汉是搞戏剧运动出身的人，他的世界观、人生观和戏剧观是在经历着各种戏剧运动的磨砺才走向成熟的，而戏剧运动的主要构成和形式便是戏剧公演。正是在一次次深入"民间"和"民众"的戏剧公演中，田汉对时代和民众的戏剧需求有了深切体悟，进而影响到思想变化和"转向"，反之这种"转向"也是通过他的戏剧创作和南国社的戏剧公演而体现出来。

在田汉发表《我们的自己批判》的1930年之前，南国社举行过多次戏剧公演，单是大型公演就有两期。第一期公演包括1928年12月的上海公演和1929年1月的南京公演。第二期公演包括1929年7月的南京公演和1929年7月至8月的上海公演。此外还有1928年4月的杭州旅行公演，1929年1月在晓庄的演出，以及1929年7月在无锡的演出等。广州公演只是一次原本并不在南国社计划中的活动。那么，为何我们单单举出广州公演而论，并认为它对于田汉的"转向"起着重要的刺激和推动作用呢？要回答这一问题，首先还得回到1929年3月南国社的广州公演的历史现场，弄清楚南国社在广州期间的遭遇情况。

---

① 陈白尘：《中国剧坛的骄傲——序〈田汉选集〉》，见《田汉选集》（第一卷），3页，成都，四川文艺出版社，1990。
② 董健：《田汉传》，368页，北京，十月文艺出版社，1996。

二

南国社的广州公演是由欧阳予倩发起的。1928年，欧阳予倩应李济深和陈铭枢的邀请，到广州筹办广东戏剧研究所。广东戏剧研究所在1929年2月6日正式成立，随后欧阳予倩邀请田汉率领南国社到广州，替广东戏剧研究所"打开场锣鼓"。于是，田汉和洪深率领南国社的主力成员唐叔明、左明等人南下广州，在广州举行戏剧公演。南国社的首演在1929年3月6日晚，以"柬请各界参观"。3月7日至12日每晚在大佛寺国民体育会场公演，演出剧目包括《苏州夜话》《古潭的声音》《名优之死》《生之意志》《颤栗》《父归》《未完成的杰作》和《强盗》等剧。"各界往观者达数百人，座为之满"。① 由于国民体育会场仅有三百多个座位，南国社的演出时间有限，远不能满足广州观众特别是学生的需求。于是，南国社又于3月16日和17日在中山大学大礼堂演出两晚，以满足中大学生看戏的愿望。"两晚的演出，每场观众多达九百余人"。②

由于此前南国社在上海、南京的公演已引发轰动，加之此次又是田汉、欧阳予倩和洪深三位戏剧大师的联袂演出，也是广东戏剧研究所成立之后的一次重要亮相。因此，在南国社还未到达广州前，《广州民国日报》就作了连续的演出广告。至于广州公演本身，"当时大小各报，均盛纪之"。③ 南国社的公演取得成功，对广东剧坛的触动很大，也获得了广州观众的高度评价。有人指出："近日因南国社的惠然降临，广州的剧界，确是受了激荡，时针似乎改换了方向"。④ "这次'南国'来粤的时光虽不多，然而对于沙漠似的广州艺术界的情形，我相信给予了一针吗啡似的刺激。中国艺术的戏剧，固然要靠'南国'的努力才有新的发展和希望，就是广州的艺术戏剧运动，也要因'南国'的指示才有一条光明的途径了。"⑤ 田汉自己也认为："此次南征，虽人数不多，阵容未整，而留在荔枝乡里的好果即已可观。"⑥ 然而，南国社在获得广泛赞誉的同时，也听到

---

① 《广州民国日报》，1929-03-09。
② 葛芸生：《南国社在中大——史料钩沉之二》，载《戏剧报》，1987年第7期。
③ 横生：《南国北归后之粤化剧本》，载《南华报》，1929-06-28。
④ 无为：《南国社给我的印象》，载《广州民国日报》，1929-03-09。
⑤ 金工：《"南国"去矣！》，载《广州民国日报》，1929-03-15。
⑥ 田汉：《我们的自己批判》，见《田汉文集》，第十四卷，336页，北京，中国戏剧出版社，1987。

了不少批评之声。正是这些同样热烈而不乏尖锐的批评，给了田汉思想上的震动。

一个名叫健庵的人在《广州民国日报》上发表连载剧评，其中一段话对南国社的广州公演作了颇有代表性的评价：

"一个朋友很严重地问我，到底你觉得南国社的话剧是好的还是不好的，你下一句总批评。我说，'拿主观说是不好的。这沉郁冷淡的剧情，高深的思想，不过和我们的脑筋来作对的。如果我并不去研究文艺哲学，这些戏就没有用。可是，拿客观来说，南国的话剧倒很站得住。朋友问'客观用什么做标准'。我说'拿剧的意义和艺术做标准'。"①

以上观点大体可理解为"客观"方面的肯定和"主观"方面的批评。"客观"方面主要针对南国社的表演、舞美、灯光等。对于主要是粤剧、潮剧和文明戏的广州的观众而言，能看到南国社的"现代化"的舞台装置和布景，"都认为破天荒第一次看见呢"。② 甚至连上海《民国日报》也报道："这次演出，独创的舞台装置及灯光搞得不错，唐叔明、左明、万籁天、艾霞的表演出色。"③

"主观"方面，广州的观众在思想层面对南国社的戏剧提出了苛求，这些批评主要出自笔名为健庵、护花长、无为、金工等人之手，大都发表在《广州民国日报》《南华报》《国华报》等报刊上。对于这些"在广州方面所得的批评"，田汉在《我们的自己批判》中作了转引、回应和自我剖析，笔者不再复引。

此外，还有观众对公演的欧阳予倩和田汉的戏剧进行比较。无为在看了3月7日首日公演后的剧评中，比较了《苏州夜话》和《车夫之家》等五部戏：

"在这五出戏中，我觉得最能将社会生活的一片段，忠忠实实的陈在我们面前的，就是《车夫之家》。……在这里，我们接触了无产阶级实际的生活，在这里，我们深信这种悲剧确实存在，在这里，我看不出知识阶级的生活成分的痕迹来。自车夫到他的妻子儿女，不论言语动作，我们看不出超出无产阶级的痕迹来。

其次是《苏州夜话》。这是描写战争之害的一出戏，因为拿知识阶级

---

①健庵：《说说南国社的戏（三）》，载《广州民国日报》，1929-03-20。
②金工：《谈"南国"》，载《广州民国日报》，1929-03-11。
③易云：《广东的话剧（中）》，载《广东艺术》，1998年第2期。

里的画师与学生做骨干,所以言语行动都适合于他们的实际。……五出戏中,除《车夫之家》以外,当推这出最具写实性了。"

"在这五出戏中,我只推许《车夫之家》和《苏州夜话》两出戏,但除了《车夫之家》以外,其他各剧,还有两个共同的缺点。一是所用的语言,完全是知识阶级所独用的语言……第二个缺陷,是将戏剧的外延局限在知识阶级的区域里,所以很难有普遍性"。①

无为在文末也强调,南国社的方向和成就是"不能抹杀的"。南国社对待艺术的忠诚和努力"也是值得钦佩而赞奖的"。对于他所指的南国社的不足,"也不过是要求过奢的心理使然的"。

对于以上这些评论,田汉一方面是虚心接受,另一方面也并非全然认可广州观众的意见。特别是不赞同他的戏剧被认为是奉事"有闲阶级"和"知识阶级"。

而在所有的评论中,田汉最看重的是笔名叫护花长的观点:

"南国社的戏,艺术是有的。我觉得可惜离开了平民——中国的平民。……离开了平民就失掉了平民。戏剧的艺术,单靠非平民的人们欣赏,很容易变成贵族化。假如南国已上了艺术的大道,则请领导平民也同到艺术之宫。"②

对于护花长的看法,田汉认为"真是极有真理的话",认为对于"离开了平民,就失去了平民"这句话,南国社成员"应该三复斯言"。

总体上,田汉对于广州公演的评论,跟前面健庵的理解有异曲同工之处,他在《我们的自己批判》中对广州公演的情况作过总括性的"自己批判":

"我们在戏剧形式上,如灯光布景之使用,给了广东人颇大的刺戟,但在思想上、感情上,我们给他们的刺戟实在太轻浅了。"③

的确,广东人给田汉的"刺戟"是深刻的,这种深刻的刺激即将对田汉的思想观、戏剧创作和南国社的戏剧公演等产生直接的显著影响。

三

田汉还未回到上海时,在广州就有了对南国社今后走向的新认识。在

---

① 无为:《南国社给我的印象》,载《广州民国日报》,1929-03-09。
② 田汉:《我们的自己批判》,见《田汉文集》,第十四卷,334 页,北京,中国戏剧出版社,1987。
③ 同上,333 页。

1929年3月18日中山大学时代艺术研究社为南国社举行的欢送会上，田汉做了题为《时代与艺术》的演讲，提到此前南国社在南京公演时，被一个士兵做文章骂是贵族化，是站在小资产阶级的立场谈艺术，田汉的剧本也被骂成只写精神和灵魂的那套把戏。田汉表示"这个批评我多少承认"，这多少算是对南国社广州公演在剧作方面的"偏颇"的承认。田汉还指出："我们'南国社'这次来粤公演的剧本，是代表马上快要消逝的矛盾时代，彷徨时代。"① 他向大家呼吁："同志们！抒情的时代已经过去，新的时代临到了。我们再不要伤感，再不能彷徨，我们是要踏进建设悲壮的史诗的时代了。我们希望自己是照这新时代开始的道路做去，更希望真正处在南国的同胞也是如此。"② 田汉回上海后发表在《中央日报》1929年7月12日《南国特刊》第三号的《艺术与时代及政治之关系》，是对戴季陶和叶楚伧的发言实录，可视为是对在中大演讲的发挥和实际的运用。

田汉离开广州回到上海后，心情是很落寞的。一方面是南国社出现了严重的人才流失。田汉本是带着南国社的主力前来广州为广东戏剧研究所捧场，"开场锣鼓"打得很响，但那些一道"在野"的"骨干"的唐槐秋、吴家瑾、严工上和徐志伊等人都选择留在广州，并加入了"官办"的广东戏剧研究所，左明和万籁天去了同样是"官办"的两广国术馆任职。另一方面，南国社的路在何方，是田汉不得不需要再次思考和确定方向的。对于这个问题，广州之行后的田汉已经有了比较明确的判断，他将在"左"和"右"，在"在野"和"左翼"之间作出选择。此外，由于欧阳予倩主持的广东戏剧研究所受到多方势力阻挠，不仅经费欠缺，还时常受到一些反动机构的禁演干涉。原本留在广州的南国社成员又陆陆续续回到上海，这又点燃了田汉继续搞戏剧运动的决心和斗志。当然，广州之行后田汉在思想变化和戏剧创作等方面都表现出了不同于以往的全新面貌。

首先，是田汉产生了"由广州归来后的新觉悟"。田汉回到上海后，在即将开始第二期公演前，专门发表了《告南国新旧同志书》，谈广州之行的新感受，"因之吾辈想再接再厉使南国运动无有止息，当有一种新觉悟"。③ 这一"新觉悟"主要有三个方面，其一是"我们当认清我们的路始终是民间的"。此次广州公演是田汉和欧阳予倩的"既合作也不合作"，在戏剧道路的选择和走向上，广州之行也让田汉更加坚决地走自力更生的

---

①②田汉：《时代与艺术》，金工笔记，载《广州民国日报》，1929-03-25。
③田汉：《我们的自己批判》，见《田汉文集》，第十四卷，336页，北京，中国戏剧出版社，1987。

"穷干"道路。其二是"南国艺术运动的对象自然是劳苦大众"。田汉认为这一点是南国社今后努力的焦点。南国社组建之初的宗旨就是"为民众"的艺术,但后来的发展确实有些偏向"波西米亚"和浪漫唯美,广州的观众给了他最大的刺激和警醒,以至于他后来多次强调要"回到平民"这个问题。其三是"当使集合在艺术的各部门的同志之努力造成一种巨大的艺术交响乐,即广大的艺术战线"。① 田汉认为,南国社的青年同志只有"统一在一面广大的鲜明的旗帜之下",南国社的运动才会"有声有色"。②

其次,是田汉戏剧创作的新变化。南国社的广州公演是拿着田汉的"旧剧本"登台,结果招致一些批评。回到上海后,田汉一方面要创作新剧,另一方面是这些新剧还得表现"新觉悟"。田汉在1929年8月明确表示:"虽然有些人劝我死守在'sentimentalism'(感伤主义)的城郭内专写《苏州夜话》和《湖上的悲剧》,但我此时已经写不出那些东西了。"③ 他打算写一批反抗当前社会的革命戏剧。1930年起田汉进入创作新阶段,此后的剧作在题材、主题和思想倾向性方面表现出跟以往剧作很大不同,即"一九二九年广州演出归来后,他在作品的社会内容上往'广'和'深'的方向开掘,有着明显的进步"。④ 陈白尘认为:"从1930年起,田汉同志的创作进入了一个新阶段。作为勇猛的战士,他有了任其驰骋的新天地,工人阶级和革命者的形象大量出现在他的笔下了。从改编《卡门》起,他写了《梅雨》《年夜饭》《乱钟》《暴风雨中的七个女性》《扫射》《1932年的月光曲》《战友》《水银灯下》《回春之曲》等等大量新的革命戏剧作品。为左翼戏剧运动提供了锋利的战斗武器。"⑤ 田汉自己也谈道:"汉由广州归后三月之间写成及待成的悲剧喜剧共十种。虽然比第一期的作品仍高明不了许多,但总可以看出些进步的痕迹。这进步许是缓慢些罢。但我希望他进步得坚实。"⑥ 特别是他的《火之跳舞》和《一致》等剧,被茅

---

① 柏彬,徐景东等编选:《田汉专集》,83页,南京,江苏人民出版社,1984。
② 田汉:《我们的自己批判》,见《田汉文集》,第十四卷,241页,北京,中国戏剧出版社,1987。
③ 田汉:《小剧场之实现和剧运的将来》,载《南国》周刊创刊号(1929年9月)。转引自董健:《田汉传》,370页,北京,十月文艺出版社,1996。
④ 陈白尘,董健:《中国现代戏剧史稿》,143页,北京,中国戏剧出版社,2008。
⑤ 陈白尘:《中国剧坛的骄傲——序〈田汉选集〉》,见《田汉选集》,第一卷,8页,成都,四川文艺出版社,1990。
⑥ 田汉:《我们的自己批判》,见《田汉文集》,第十四卷,343页,北京,中国戏剧出版社,1987。

盾认为是"标志着中国话剧进入革命戏剧运动的新阶段,影响及于全国"。①

再次,是新一轮戏剧公演呈现的新面貌。南国社正是本着田汉的"新觉悟",带着他的新旧剧作开始第二期戏剧公演的。第二期公演的第一站是南京。此次公演,一方面,加演的两部新剧《第五号病室》和《火之跳舞》均是"社会剧"。田汉还打算在国民政府的首都将《孙中山之死》搬上舞台,由"南国社话剧股股员全体出演",结果戏还没开演,就收到国民党中央执行委员会宣传部的禁令,禁令说"此时在贵社固不宜仓促率公演,在本部亦不敢仓率允许也"。因为此事,田汉跟国民党中央执行委员、宣传部长戴季陶发生了激烈的论战,"这是他那'新觉悟'与官方的第一次冲突"。② 此次公演中仍有以前演过的"老剧目",但田汉或是对其作了修改,比如对《古潭的声音》作了大改,"这一次的古潭来得比第一次深",③ 或者对其作了新的"革命的"的阐释。如《莎乐美》一剧,田汉仍旧将它搬上舞台,乃是他希望"人们能以新的眼光来看此剧",希望"爱自由平等的民众"向叙利亚少年、莎乐美和约翰三个人学习。"你们也学着这种专一的大无畏的精神以追求你们所爱的罢",而这所爱正是自由和平等。

可以说,正是南国社的广州公演,直接刺激、诱发并推动着田汉的思想发生变化,这一因素跟其他方面的因素综合作用,一并影响着田汉在1930年的"向左转"。就此而言,广州公演对田汉的"转向"确实有着不可小觑的作用。

四

更进一步说,南国社的广州公演为何会遭遇强烈而尖锐的批评呢?这既跟南国社自身演出的剧目有关,也跟当时广州的时代氛围和广州观众的觉悟有关。

南国社在广州公演的作品大都是此前公演时多次演过的剧作,因而在表演、舞美、灯光和化妆等方面已有丰富的经验,驾轻就熟,这方面获得

---

① 茅盾:《杰出的无产阶级文化战士——田汉——在田汉同志追悼会上的悼词》(代序一),见《田汉文集》(一),2页,北京,中国戏剧出版社,1983。
② 董健:《田汉传》,337页,北京,十月文艺出版社,1996。
③ 田汉:《我们的自己批判》,见《田汉文集》,第十四卷,337页,北京,中国戏剧出版社,1987。

赞誉是情理之中的。然而，这些剧作在题材、主题和思想倾向方面跟广州观众的需求产生了一定的距离。尽管有人对广州公演之前的田汉的戏剧作了明显的意识形态化的解读，认为南国社"第一次公演提出了反对'贫穷'与'战争'这两个敌人（《苏州夜话》），反对封建家庭（《湖上的悲剧》），反对封建恶霸（《名优之死》）等一般的意念"；① 但南国社在广州公演时继续搬演的这些剧作，终归还是"艺术"为主的主题，或写戏曲名优，或写诗人画家，都是"艺术家"的事，剧作讲述的父女相认或情人别离等故事，在民众看来确实离他们的生活远了些。

相比于民国首都南京和大都市上海，岭南粤地在近现代革命史上有其特殊性。广东是孙中山的故乡，广州是民主革命的策源地。从1841年三元里人民抗英斗争、1911年黄花岗起义、1925年省港大罢工，到1927年"广州苏维埃政府"的建立，广州充盈着浓烈的革命战斗气息。广东戏剧同样如此。1854年粤剧艺人李文茂的反清起义书写了梨园史上可歌可泣的革命豪情。辛亥革命期间，陈少白、程子仪等革命党人组织过"振天声"、"琳琅幻境"等白话剧社，配合革命宣传，掩护和扩大革命队伍。民国期间相继成立的"觉世钟"、"民乐社"、"国难余生社"、"广大剧社"和"木铎剧社"等，多为革命人士组建，演出剧目多反帝反封建，颇有进步性和革命性。广东现代戏剧继承并发扬着革命的传统，广东的观众自然也养成了一定的思想觉悟。他们希望在粤剧和文明戏之外，能看到南国社给"青年的心都被压在反动的铁轮下，呼叫不出"的广东观众带来有思想、有力度的戏剧。他们要的是表现三元里抗英斗争、黄花岗起义和孙中山革命事迹的剧作。当时就有观众希望田汉在广州写完《黄花岗》一剧，"我很望田汉先生在这烈士殉难的地点来完成这部伟大的革命历史剧，而且希望在这里排演"。② 这倒也敦促了田汉的写作进度，他在中大的演讲中也谈道："我们这次回了上海以后，我将要努力地完成《黄花岗》和《黄鹤楼》几个革命历史剧。"③ 因此，广州观众对江南味的《苏州夜话》和《湖上的悲剧》等剧就表现得格外苛求。

南国社的广州公演反映出的问题是一个老问题，也是当时很多戏剧人遇到的带有普遍性的问题，即如何处理好艺术跟民众和革命的关系，南国

---

① 赵铭彝：《南国社种种》，见柏彬，徐景东等编选：《田汉专集》，251页，南京，江苏人民出版社，1984。
② 金工：《谈"南国"》，载《广州民国日报》，1929-03-11。
③ 田汉：《时代与艺术》，金工笔记，载《广州民国日报》，1929-03-25。

社如何处理好"南国和民众"的难题。这些问题在南国社以前的公演中遇到过,只是造成的反响不如广州公演强烈。比如杭州公演,田汉认为"杭州当时非无锐敏的批评家如李 AB 先生等,但因当时阶级的斗争还不甚激烈,所以他们只注意脚本与演作的技巧而不甚注意思想方面的分析。不然则南国的进步当稍快"。① 稍后的南京公演倒是给了田汉一定的刺激。一位小兵在看完演出后给田汉的信中写道:"你的作品是多么的背叛时代,背着情势?!……我所倾慕的先生,莫要自命清高、温柔、幽美,我们大多数的人们是需要你们粗野的、庄严的艺术。"② 尽管如此,在此后的晓庄演出和广州公演中,南国社依然是"老戏老演",不够"粗野"和"庄严",显然还有"唯美主义的残余"。要告别这种唯美、浪漫和抒情的真正的"南国"精神和风格,需要一定的过程,广州公演恰恰推进了这个过程的发展。

结　　语

总之,田汉在1930年的"转向"是由多种因素的综合作用而促成的,既有特定时代左翼思潮的涌动推进,也有田汉个人思想的渐变发展,以及来自南国社内部的"兵谏"逼迫等。但广州公演所起到的刺激、诱发和推动作用是不容忽视的,它至少使得田汉的"转向"来得更快,更明晰。当然,就戏剧家田汉的戏剧创作而言,对于他"转向"后的戏剧表现出的浓烈的阶级意识和革命内涵,以及相应的浪漫唯美风格的艺术缺失,还需客观看待。正如田汉自己的发问:"但为什么许多所谓替民众喊叫的艺术却没有生命呢?"③ 田汉当年的发问在当下仍具有重要的启示意义,这也是我们再谈广州公演和田汉戏剧的价值和意义所在。

（康建兵：重庆工商大学艺术学院讲师,文学博士）

---

①田汉:《我们的自己批判》,见《田汉文集》,第十四卷,314 页,北京,中国戏剧出版社,1987。
②董健:《田汉传》,318 页,北京,十月文艺出版社,1996。
③田汉:《我们的自己批判》,见《田汉文集》,第十四卷,341 页,北京,中国戏剧出版社,1987。

粤剧在世界各地的传播及其文化意义

余 勇

粤剧是广东最大的戏曲剧种，起源于外省戏曲声腔的流入，形成于明嘉靖、万历年间。粤剧在清代得到了进一步的发展，其发展道路是曲折的，经历过与外江班争夺市场的磨炼，出现过戏剧史上第一个"戏子王"，遭受过官府严禁演出的困难时期，粤剧艺人经过不屈不挠的艰苦奋斗，建立了八和会馆，出现了粤剧蓬勃发展的局面。明清以来，广东社会经济的发展是粤剧产生并得到发展的重要因素。几百年来，粤剧所演的剧目繁多，约有万余个。粤剧的演员众多，出现过许多优秀的大老倌。粤剧具有广采博纳的包容性，其在音乐、唱腔、剧目、舞美设计、表演程式等方面，大胆借用其他剧种的优秀艺术，并不断创新，使粤剧逐渐成为具有岭南特色的地方剧种。粤剧艺人具有开放进取的戏剧观，在戏剧史上是独树一帜的。粤剧也是传播最广的剧种之一，国内的上海、四川等省市，香港、澳门、台湾等地区皆有粤剧演出。粤剧在世界各地传播甚广，只要有华人的地方，就有粤剧的演出。早在一百多年前，在东南亚的新加坡、越南、泰国，在美洲大陆，在大洋洲等地就有粤剧的演出。至今，粤剧除了在东南亚、美洲等地有演出外，在欧洲也出现了粤剧热。

一、粤剧在旧上海的传播

自上海1843年开埠以来，广东人在向海外移民的同时，许多广东人跟随洋行进入上海。"1862年，在上海的广东人已超过八万，形成了三个大居民集团。"① 他们的到来为粤剧在上海的传播提供了最重要的前提。

早在明清时期，就有不少广东商人出现在江南的市镇，从事种种商业贸易活动，大部分商人来自潮汕，嘉庆十五年（1810）还在上海县设立了

---

① 王文全，梁威主编：《粤剧春秋》（广东文史资料第四十二辑），17页，广州，广东人民出版社，1990。

潮州会馆，此时应该还无粤剧演出。1843年上海开埠以后，到沪广东人的原籍也发生了变化，大批中山人随欧美洋行北上来沪，随着上海轮船、机器制造业的发展，广州周围地区部分人到沪当工人。到沪广东人原籍的这种变化，为在珠江流域诞生的粤剧传入上海提供了条件。一些时人的笔记、竹枝词记载了这方面的情况，如《上海闲话》曰：与京剧"同时并起，又有山西班、绍兴班、广东班"①；作者在另一处写道："上海尚有绍兴班、广东班，亦均自成一派"②；葛元熙的《沪游杂记》里也有关于粤剧演出的记载等。

另外，1873年8月的《申报》曾报道了一次粤剧演出的情况，文中写道："予去粤几及十年，珠海梨园久不寓目。昨荣高升部来沪，在大马路攀桂轩故址开圆登场演剧，粤都人士兴高采烈招予往观，予亦喜异地闻歌，羊石风流宛然复睹也。及门，觉金鼓振天，桂旗拂地。出头，粤人谓之《封相》，盖即合纵连横之苏季子游说六国，衣锦还乡也。其堂皇冠冕，光怪陆离，炫人心目；至锦织宫灯之旦角，淡妆浓抹，皓齿明眸，色非不佳，而视金丹两桂固相去甚远。锣鼓喧天，履鞋错杂，自郐以下，吾不欲观矣。至其座位之逼窄，茶汤之干涸，几若相如病渴，司马针毡，望移步以换形，勿因陋而就简……"③

从上述记载可以看出，自1872年起，有关粤剧戏班来沪演出的资料极其琐碎，但我们可以看出，广东粤剧已开始在上海的戏院、茶馆演出。粤剧在上海最初的演出水平并不高，戏院的"座位之逼窄"、简陋，也使观众望而却步。为了吸引观众，戏院的老板采取"间演京剧"，"并在原籍聘请色艺俱全之花旦奇子来申"，以此吸引观众。这也说明当时粤剧在上海已有演出，但观众面并不大，传播也不广。

清末民初，粤剧在上海的演出逐渐增多，演出的剧目思想性较强，既有鼓吹革命、排满的《温生才刺孚琦》《还我河山》《炸凤山》《安重根刺伊藤》等政治剧；也有诙谐、讽刺剧，如《招郎入舍》《盲公问米》《扮女侦探》《贼仔升官》等作品。演员表演的水平也相当高超，如花旦郑君可"身材苗条，妙曼绝伦，有活卫玠之目"；丑角姜云侠"天分极高，俯拾即是，所演各剧，均异流俗"；梁侠侬"描摹悍妇神气，最为妙肖"等。这一新剧演出活动影响相当大，以至有人把它和春柳社相比，甚至认为活

---

① 姚公鹤：《上海闲话》，29页，见《上海滩与上海人丛书》，上海古籍出版社，1989。
② 同上，122页。
③ 《申报》缩印本，第3册，286页，一八七三年八月初一。

动的组织者丝毫不亚于欧阳予倩、汪优游、顾无为、马二诸人。①

二、粤剧在港澳的传播

香港、澳门与广州毗邻，其粤剧盛衰与广州有着极其密切的联系。

1. 香港

香港原属宝安县，在 1842 年开埠之前很是荒凉，居民极少，但在附近宝安县则经常有演出。开埠后人口直线上升，1848 年人口超过二万五千。② 1851 年（清咸丰元年）宝安县私塾使用的应用文牍《应声集》中有"邀人看戏"等内容的记载，说明 19 世纪 50 年代之前香港地区已有了戏剧演出。③ 1854 年因伶人李文茂和陈开先后在广州附近起义，港府颁布"递解出境条例"，递解一百多名党人出境，其中有些是伶人。④

英国割占香港后，为了所谓的"治安"需要，实行了长达 50 多年的宵禁。直至 1897 年，正逢维多利亚女皇登基钻禧（60 周年）大典，这一在香港实行了 50 多年的宵禁制度至此才彻底废除。⑤

1897 年，香港为了盛大庆祝维多利亚女王的钻禧大典，为了达到"普天同庆"的目的，取消了携手灯和带夜行证的制度。庆祝活动由 6 月 19 日开始，至 6 月 23 日止，一连五天。1897 年的钻禧大典十分热闹。据刘镌屏著的《香港醮会联珠》，载有当年庆祝钻禧大典除了会景巡游之外，还有演戏庆贺，联云：公仔得咁新，想必世界好捞，近来棚场真机会。佬馆总要大，莫话风流易散，尚有笙歌点太平。⑥

这种长时期的宵禁，也影响了粤剧在香港的传播。梁沛锦在《香港粤剧艺术的成长》一文中说："按一般说法，香港开埠五十年才有条件经常上演粤剧，慢慢由街上临时戏棚改在新建的剧院演出。"⑦ 尽管如此，人们必要的娱乐生活，尤其是英军及富绅们为了娱乐或经营，先后建立了一批

---

① 《申报》缩印本，第 210 册，83 页，1925 – 03 – 05。
② 王赓武主编：《香港史新编》（下册），651 页，香港，三联书店有限公司，1997。
③ 《广东戏曲七十年叙略》之《邀人看戏》，见吴锡荣：《乐善家塾》藏版，204 页。
④ 王赓武主编：《香港史新编》（下册），651 页，香港，三联书店有限公司，1997。
⑤ 《香港建造业百年史》，工商业汇报，1958 年版。另见汤开建等主编：《香港 6000 年》，268～269 页，香港，麒麟书业有限公司，1998。
⑥ 鲁言等著：《香港掌故》第六集，16～17 页，香港，广角镜出版有限公司，1988 年 11 月再版。
⑦ 王赓武主编：《香港史新编》（下册），652 页，香港，三联书店有限公司，1997。

剧院。

关于粤剧在香港的演出，香港的报纸也有报道，仅以《六国大封相》在香港演出的情况为例。香港《华字日报》报道云：《苏秦不第》属于"出头戏"，香港高升戏院于民国二年（1913）曾由优界模范班演出此剧。《苏秦相六国》亦属"出头戏"，祝康年第一班曾于1907年12月5日在香港重庆戏院演出，剧情大要对苏秦故事作全面交代。① 《苏秦说六国》一剧，曾做出头戏及正本戏演出。省港各班多演此剧，如祝康年第一班于1906年9月15日在香港重庆戏院及同年10月26日在香港太平戏院上演此剧，又名班咏太平正第一班，亦于1919年7月26日、9月22日，1920年1月7日、3月15日、6月12日在香港演出此剧。②

清末由于地利关系，香港容易进行编演内容新潮、反帝反封建、讽刺时弊的文明戏粤剧，由香港推动属于志士班的话剧内涵的粤剧，影响广东内粤剧不少。③ 从现存的资料来看，在戏院建立以前，港澳的粤剧演出主要是草台班子，至今还存有香港地区1880年搭棚演粤剧的照片。④ 辛亥革命以前，粤剧在香港、澳门处于兴起阶段，到香港演出的戏班是从广州聘请来的，后来才出现专门在省、港、澳三地演出的省港班，以及以香港为基地的戏班。

2. 澳门

澳门原属香山县的一个小渔村，人口不多，自从葡萄牙人入居该地以后，逐渐成为重要的贸易港口，人口的增长也十分迅速，增长最快的是中国人。到1860年，澳门总人口已达85477人，其中华人为8万。⑤ 嘉庆十年（1805）《重修澳门永福古寺碑记》记载："乙丑年（1810）演戏尚剩银尾银七两二钱四分八厘"，反映在19世纪初澳门寺院的庙会活动中即有演戏的活动。永福古寺为广东人的寺庙，故可推知，此为澳门文献中见到的澳门华人较早的粤剧演出记录。澳门开埠后，由于华人的增加，广东戏曲也很快传入澳门，并且深受广大群众所喜爱。

法国旅行家、画家奥古斯特·博尔杰（Auguste Borget）于1839年1月至6月在澳门逗留，1839年5月2日他记下了澳门各阶层人民争睹戏剧

---

① 香港《华字日报》1907年12月6日报道。
② 见香港《华字日报》1907年12月6日广告。
③ 王赓武主编：《香港史新编》（下册），650页，香港，三联书店有限公司，1997。
④ 赖伯疆：《广东戏曲简史》，438页，广州，广东人民出版社，2001。
⑤ [葡] 施白蒂著，姚京明译：《澳门编年史（19世纪）》，144页，澳门基金会，1998。

演出的情景：

如果说庙前空地上挤满了各行各业的人群以及看热闹的人们的话，那么庙里却是无人问津。……人们都被戏吸引了……我靠着护墙，观看在我面前拥挤的人群：社会各阶层的人混杂在那里，有乞丐，有瞎子，有海员，有游客，甚至还有穿着豪华的阔佬。在这狭小的空间里大家熙熙攘攘挤成一团……关于戏我无法对您描述，因为我一点也不懂……他们看戏时是如此地投入，如果不是从那看不到演员的戏场外传来嘈杂声的话，连苍蝇的嗡嗡叫声都能听清。中国人太喜欢看戏了，有的人找不到座位，就爬上了戏台的竹棚上，后面来的人则要那些已经爬在竹棚上的人再爬高一点，这样竹架上像戏院里的包厢一样挤满了人。尽管他们需要使尽全力才能使自己停留在那危险地方，他们还是全神贯注地看戏，竹子的坚固令我惊叹。……①

澳门华人如此争睹戏剧的场面，足以说明广东戏剧和广东音乐在澳门有深厚的群众基础。

关于澳门早期的戏曲演出活动，众多报刊上也有记载，不仅记载了来澳门演出戏班的规模、不同档次演员的收入，也介绍了各类庙会的时间、演出场次、来澳门演出的戏班、班名及演员等。

如《镜海丛报》记载了名班"国丰年"班于光绪二十年十月初三（1894年10月31日）在澳门演出的情况：

集款酬神：现在澳中商店，议集巨资酬神演醮，约需五六千金。雇召名班，金龙彩色，各处巡行，务极一时之耀。定于本月十二举行。演戏酬恩：连日蓬峰庙雇有国丰年名班开演，藉以酬答神恩。计订戏四本，戏金一千四百元，所收回各费约千元云。又和声鸣盛：澳地前因各家迁徙，不独生意冷淡，即清平戏院亦久偃旗息鼓，几聚广陵散不复奏问人间矣。本月疫氛已靖，省客多来。曾于十三日重奏霓裳之曲，该班名国丰年，亦取从此丰享之兆。连夜望观者，毂击肩摩，络绎不绝，座中人山人海，利市三倍……②

《华字日报》报道了"国中兴班"为镜湖医院演戏筹款之事，文中写道：

"澳门镜湖医院资籍微薄，用度浩繁，故每届总理均有仰屋之叹。然

---

① [法] 博尔杰著，益友译：《1839年的澳门——博克杰的记叙和绘画》，载《文化杂志》中文版第10期，1992。
② 《中国丛报》（Chinese Repository）第20卷，1851年2月，89～90页。

至近年百物腾贵，愈不可支。因见香港有演戏筹款之举，随踵而效之。闻清平戏院之何萼楼愿不取院租，且以廉价代雇国中兴班于本月在院中演戏。"①

从各报刊对广东戏曲在澳门的演出情况来看，其演出场所也不少。从《中国丛报》的记载来看，澳门许多地方是戏曲的演出场所，如莲花庙（亦称莲峰庙）、妈阁庙、河泊署（即粤海关署）、土地庙等；从《镜海丛报》《华字日报》看有四孟街、清平戏院等。粤剧在香港、澳门演出的剧目，除了传统剧目如《罗成写书》《黄飞虎》《仕林祭塔》《王彦章撑渡》等外，还有新编剧目如《熊飞起义》《好义士捐躯救国》《火烧大沙头》《戒洋烟》《文明戒淫赌》等。

三、粤剧在东南亚的传播

一直以来，关于粤剧在海外的情况都流传着这样的几句话："凡有华人的地方就有粤剧""凡有海水流到之处，即有操广州话的华侨，即有粤剧的演唱。"在我国近三千万的华侨中，操广州话的华侨有相当大部分，他们分布在世界各大洲，在那里的"唐人街"或"华埠"，广州话通行无阻，成为沟通华侨华人思想感情不可或缺的重要工具。

初期出国的粤剧艺人，大部分是被骗被掠，"被迫出海渡洋，到邻近的东南亚和远赴美洲"。罪恶的"华工贸易"使大量的华人被当作猪仔贩卖到世界各地。"从18世纪至20世纪30年代，出国华工约有一千万人，几乎遍布世界各地"。② 华工出国之初多是受人诱骗拐贩，出国途中又遭受惨无人道的虐待，而贩卖华工这一贸易活动一直持续了几个世纪。

这些被贩往世界各地的苦力，包括农民、小商贩、读书人、手工匠、樵夫、渔民、医生甚至妇女、幼孩，这些不幸的人群也包括演戏的艺人和看戏的观众，他们无论流落何处，始终挚爱戏曲，始终不肯丢弃那把为戏曲伴奏的心爱的乐器。法国人克洛迪娜·苏尔梦在《华人对东南亚发展的贡献——新的评价》一文中讲到海外华人的文化生活时说："移民似乎很喜欢戏剧，并且很早就传进中国的戏剧。"杜冯·克拉夫·科比特著的《1847—1947年古巴华工研究》第六章"华工在古巴的生活"中有这样一段话："他们的宿舍也整齐干净，每人床上的枕头被褥都干干净净，室内

---

①香港《华字日报》，1911-06-13。
②谢彬筹：《粤剧传播海外的途径和特点》（第四届羊城国际粤剧节论文稿）。

用具也都整整齐齐。室内到处摆放着中国人习惯用的稀奇古怪的东西——各种中国乐器和麻将牌。"① 这些来自故乡的乐器，就是他们心灵寂寞时的自娱消遣工具。

那些漂洋过海带来的乐器，伴和着华工们唱戏、唱歌，他们借此安抚离乡背井的痛苦和寄托对遥远故乡的思念这种活动，无形中便孕育了戏曲在海外传播的根底和基础。广东戏曲在东南亚各国传演的历史，可以上溯到清初。其传演过程，经历了几个不同的历史时期，各具时代特征，发生过不同的作用，产生过不同的社会影响。粤剧究竟何时传入东南亚各国，由于资料缺乏等原因，一时难于准确断定，但是，19世纪中叶已有粤剧戏班和艺人在海外演出，则是肯定的。

在东南亚各国中，马来西亚、新加坡等国家和地区居住的广东籍的华人较多，前往这些地方的粤剧戏班和艺人也比较多，粤剧在这些国家和地区传演的历史也比较悠久，故有"粤剧的第二故乡"之称。新加坡太平绅士、著名的粤剧表演艺术家黄胡桂卿女士说：

粤剧在新加坡已有百余年历史，这是有史可查的。1857年（清咸丰七年）粤剧艺人在"豆腐街"成立了自己的行业组织"梨园堂"。由此可以证明19世纪中，粤剧在新加坡已相当兴旺。1890年，"梨园堂"改名为"八和会馆"。②

1890年以后，新加坡还建立了固定演出粤剧的室内剧场。"1890年间在以前的华中央街（即现在的余东旋街）建立了'庆维新'及'庆升平'两间戏院（即目前的珍珠大厦）"。1897年在牛车水区士敏街三十六号建立了梨春园戏院，"因此士敏街也被称为戏院街，而环绕着戏院街的街道也被称为'戏院横街'及'戏院后街'"。③

还有马真街的怡园等四家戏院，这四家戏院主要上演粤剧，有时也演出其他剧种的戏剧。"当时在新加坡演出的最著名的粤剧戏班有普长春、永寿年、新佳祥等"。④ 各班均有一些著名的演员，艺术特色也十分鲜明。如普长春班有武生声架南、公爷创，男花旦京仔恩、淡水元、余秋耀、勾魂容，女花旦扎脚三、七星灯，丑生姜魂侠等，后来参加该班的著名演员

---

① 杜冯·克拉夫·科比特著：《1847—1947年古巴华工研究》，第六章"华工在古巴的生活"。
②③ [新加坡] 黄胡桂卿：《粤剧在新加坡的发展》，收录在《民族音乐研究》第四辑《粤剧研讨会论文集》，刘靖之、洗玉仪主编，香港大学亚洲研究中心，（香港）三联书店有限公司，1995。
④ 赖伯疆：《"南国红豆"香飘海外》，载《粤剧研究》，1991年第1期。

有白驹荣、白珊瑚、新苏苏等人。

四、粤剧在美洲的传播

粤剧在美洲大陆传演的历史源远流长,大约已有150多年的历史。

1872年,查尔士·诺道夫说:"每一个访问旧金山的游客,都必须亲临中国戏院观赏戏剧,才不虚此行。"[1] 1983年8月24日英文报纸《中国日报》刊登了裴德·普林宾写的《对美国华人的研究》,文中称,1975年,华裔艺术家利伟·王在旧金山萨直曼多街的一处工地上发现了700多张粤剧演出的剧照,后经留居美国的漫画家、记者、作家克杰·陈领导的一个小组鉴定,认为早在加利福尼亚发现黄金矿藏时,粤剧戏班就抵达美国演出了。1983年三藩市出版的《时代报》也根据这些粤剧照片认为,第一个粤剧戏班"鸿福堂"(音译)早在1852年的美国淘金热高潮中,已经到美国演出了。加拿大圣云仙大学的奥尼尔博士也根据其发现和掌握的史料认为,粤剧戏班早在1870年就到过加拿大演出。当时有一个由8人组成的VON SOO FOGN戏班,还有由21人组成的黄龙剧团,也到加拿大演出。[2] 美国华人历史学会担任粤剧研究工作的负责人陈依范先生还收集了大量有关粤剧的图片,曾于1989年在广州展览。

粤剧在美洲演出的历史悠久,粤剧的音乐、服装、化妆、剧本内容等不仅美洲广东籍华侨喜欢,而且也深得美洲人们的喜爱,也加深了粤剧界和戏曲爱好者对粤剧在美洲传播的认识。

随着当地的政治经济形式的发展变化和华人赴美的人数增减,粤剧在美洲几度兴衰。

在向海外移民中,海员、广东籍居民所占比重较大,在美国开发大金矿和修筑中央大铁路期间,也有一些粤剧艺人随华工赴美参与了美国西部金矿的开采和铁路的修建,这时是粤剧在美国传演的初期。

光绪中叶时,有些中下层演员,看到海员收入较高,受雇到大洋船上做工。他们除做工外,还在船上作业余演出娱客。当船到达美国的三藩市(旧金山)或加拿大的温哥华等埠,他们便利用停船补给几天的机会,上岸作临时演出。有些演员上岸后即留下长期演出。随着"契约劳工"在美

---

[1] 查尔士·诺道夫(Charles Norahoff),《加利福尼亚》,柏克莱,1973年(1873年版重印)。
[2] 赖伯疆、黄镜明:《粤剧史》,365页,北京,中国戏剧出版社,1988。

洲的增多,尤其是大量操广州话劳工的涌入,为粤剧的传演提供了市场,于是一些经纪人就利用侨工渴望看到粤剧的要求,廉价聘请国内粤剧艺人前往美国旧金山演出,从中获利。这种形式丰富了当地华人的文化生活,在某种程度上减轻了华人的单调寂寞和思乡之情。

那时,在国内知名度较大的演员一般不愿渡洋去卖艺,但辛亥革命前后,由于国内的经济不景气,戏班生存日益艰难,才有一些大老倌应聘赴旧金山(三藩市)。在戏班的组织形式方面,美洲的粤剧戏班与东南亚粤剧戏班有很大的区别。在美洲除了少数著名戏班有自己的班名外,大多数戏班没有固定的班名;而在东南亚各国的戏班都有相对固定的班名,其主要原因是美洲的粤剧戏班里除了主演比较有名气外,其基本班底是当地的演员,或是从国内招聘来的普通演员充当手下。

总体来说,在美洲演出的粤剧戏班,与国内戏班演出艺术风格并无二致。但是在其他方面,由于美洲华侨社会生活方式和习惯等有别于国内社会,因此观众的欣赏情趣、审美取向、戏班组织等,也与国内有别。

粤剧除在东南亚和美洲各国传演外,晚清时亦曾传入大洋洲。1851年,澳大利亚墨尔本附近发现并开采金矿,当时在东南亚各国的华侨纷纷越洋渡海前往开矿,大洋洲的资本家也前来我国广东等省招募了不少劳工前往开矿。1982年9月,在澳大利亚新英格兰地区的戈亭,发掘出一批中国文物,其中有一个厚实的刻有花纹的木制紫坛,六个精雕细刻花边的木匾字牌,上面刻有"列圣宫"、"水月宫"、"肃静回避"等字样。香港著名粤剧演员林家声认为,这些文物有的是粤剧舞台上的道具。

五、粤剧传播的影响及其文化意义

粤剧是世界上传播最广的戏剧剧种之一。国内的上海、四川、天津、台湾等地,早在清同治年间就有粤剧演出。各地的广东会馆,每年有粤剧演出。粤剧在港澳演出也非常频繁。粤剧很早就被传到国外,如东南亚的新加坡、越南、泰国、马来西亚等地,新加坡还被誉为粤剧的第二故乡。在美洲的美国、加拿大,大洋洲的澳大利亚等地早在一百多年前就有粤剧演出。今天粤剧也在欧洲找到了市场,欧洲已经连续举办了多届欧洲国际粤剧节。

粤剧的广泛传播有着重要的文化意义。在国内,它搭建了文化交流的桥梁,在传播中不断创新发展。在海外传播的过程中,它也为中国近现代的民主事业贡献了自己的力量,起到了宣传民主精神、进步思想,联系海外华人感情的作用。除此之外，粤剧作为最早传播到海外的戏曲剧种之一，架起了中外文化艺术交流的桥梁，扮演了重要的文化角色。

（余勇：广州粤剧院，院长）

活色生香的粤式美学
——论电影《雅马哈鱼档》的文化书写①

袁 瑾

电影《雅马哈鱼档》是20世纪80年代由珠江电影制片厂摄制的一部以改革开放为背景的都市喜剧片。该片根据章以武教授创作的同名小说改编而成，由著名导演张良先生执导，在当年曾创造出8000多万元的收益奇迹。据悉北京的电影界人士曾争相评论此片，并冠以南国电影北伐之美誉。然而时隔30年后的今天，南国都市电影的风光不再，充斥着市场的多是一些随波逐流、追赶时尚的快消品，再也难寻当年富有浓浓本土情韵的佳作。《雅马哈鱼档》这部让广州电影人屡获殊荣的作品，竟成为绝响供后人追思，不得不说是一件遗憾的事。

南国都市电影在当年之所以能够创造出不凡的成绩，一方面固然是因为紧紧抓住时代的大潮，率先在思想领域进行了一场启蒙性的探索；而另一方面更重要的是这部影片具有鲜明的地域文化色彩，为人们塑造了在北京、上海以外另一种独特的都市文化形象——广州，从而开辟了京、沪、穗三足鼎立式的都市电影格局。应该说，在《雅马哈鱼档》问世之前，国人对偏南一隅的广州是比较陌生与隔膜的，除了少量的文学影视作品，如《七十二家房客》《羊城暗哨》《三家巷》等对老广州有少量反映，有关现代广州的想象其实很少。从这个角度讲，《雅马哈鱼档》的横空出世在当年无异于平地惊雷，将还沉睡于计划经济时代的人们托向南方的天空，第一次重新审视岭南城市的魅力。

诚然，关于电影《雅马哈鱼档》的评论不少，但针对作品的美学评论其实不多，特别是细致的专业解读更是匮乏。在传统迅速流逝的当下，回顾这部影片在描绘当时的广府民俗与人情世相上何等精彩，在把握岭南本

---

① 本文为教育部人文社会科学研究青年基金项目《当代都市新移民的城市想象与文化认同》阶段性成果，项目批准号14YJC751021。广东外语外贸大学中华文化传承与推广研究基地项目"岭南媒介文化与城市文化研究"阶段性成果。

土的文化脉络和精神气质方面又是何其细致。可以说，这部电影极好地演绎了粤人、粤物、粤事，具有难得的粤派气象与粤派味道，姑且称之为一种独特的粤式美学，其风格技法仍然具有滋养当代本土电影发展的重要价值和意义。

不同于北方的思辨美学和江南的形式美学，粤式美学的要义乃是物质至上，活色生香，简言之生活美学。影片描写的是失足青年阿龙和他的朋友在改革开放的大潮中如何改过自新、开拓进取的故事。今天看来这样的剧情已无新鲜感，但弥足珍贵的是电影里面通过大量的商品意象和日常生活细节呈现出一个生猛海鲜的南国都市形象，其恣意灵动的电影语言深得粤式美学的精髓。

鲜活的文化意象

以往很少有影片对鱼有过专门的描绘和探究，但《雅马哈鱼档》却将鱼作为影片的视觉焦点与核心意象，可谓别具匠心。影片紧紧围绕人们买鱼、卖鱼、养鱼等情节逐个展开，影片中到处可见鱼的翻腾、鱼的跳动。鱼作为南方的特产不仅很好地让观众对城市建立起一种天然的好感，而且也顺理成章地成为广州这座城市独特的吉祥物与图腾。鱼，自古以来就是子孙延绵、家庭幸福的象征，鱼的形象丰腴肥美，姿态灵活，用来表现南方人自由活泼、洒脱奔放的个性恰如其分。影片中反复出现捉鱼、杀鱼、卖鱼的场景。鱼的热血贲张、鱼的生死跳跃，象征了岭南人不可遏制的成长欲望，而故事里的人物也似乎有着鱼一样的活力和美感。如阿龙这个蹲过班房的街边仔，虽然劣迹斑斑，但是他有自强不息的闯劲和干劲。他屡屡受挫失败，但他不气馁、不放弃，拼命活出自己的精彩。而海仔虽然身上有不少恶习，但头脑却特别灵活。他点子多、反应快，为了提高档口生意，挖空心思搞推销，如用收音机打广告、耍手段炒作自己、做鱼丸促销等等，其精明能干、善于经营的形象给观众留下深刻印象。这些人物不管有多少缺点，但内心丰富而有趣，生命粗野而执着，有着像鱼一样蓬勃的朝气和灵活善变的特点，演绎出岭南人丰富多姿的地域性格特征。

从视觉效果上讲，《雅马哈鱼档》的影像构图饱满而鲜活，创作者非常善于挖掘广府的本土文化资源，从吃穿住行各个方面对广州进行了一个全方位的展示。如肠粉、各色点心、烧鹅、艇仔粥、骑楼、趟栊门、西关民居、芳村鱼栏、珠江、疍民、音乐茶座、粤语流行歌曲等等这些广东特有的元素无不纳入电影镜头，影片所呈现出来的南方是一个物产极为丰富、商品高度发达的都市社会，同时还张扬着诸多传统文化的生命活力。影片中有大量纯粹的民俗展览和商品特写，如影片伊始就对早市交易中各种物产进行了一个全景式的盘点和呈现。首先是活蹦乱跳的海鲜和生禽，然后是正在烹制的烧鸭烧鹅，最后是新鲜出炉的各色早点和小吃，其中并没有任何具体事件或情节的发生，完全任由观众沉浸在日常生活的涓涓细流中感受城市的节奏和韵味，如行云流水般一气呵成，真可谓不着痕迹，尽得风流。这些新奇的南方特产和富足的休闲生活，对当时相对封闭落后的内陆而言无疑产生了巨大的吸引力和冲击。难怪"该电影在北京大学放映后，有位同学欣喜高呼：'广州的今天就是我们的明天！'"①

生猛的味觉城市

不同于北京的大气与上海的摩登，广州的风格是随性的、自由的。这种随性、自由主要是由日常生活的惬意和满足积淀而成的一种平和姿态，也是在尽情享受民俗风物与伦常亲情中滋养出来的豁达开朗。应该说，创作者深知广州所具有的平民化气质，同时也领悟到了这种平凡中的博大与醇厚，因此特别注意从生活的细微处放大此种文化的精妙。比如影片在呈现广州城市风貌的时候，对饮食的刻画所使用的篇幅之多、之丰富是惊人的。据说很多北方人看过此片后非常垂涎广州的食物，便有了"吃在广州"的美誉。若此说当真，那电影《雅马哈鱼档》算得上"舌尖上的广州"之开端。

笔者认为，如果从审美的角度去评估每座城市所具有的感官特质，那么广州与众不同的地方在于它是一座偏好味觉的城市。我们常听帝都的京腔、爱看上海的精致，对广州而言，人们最津津乐道的却莫过于它的美食。如果说前两者构筑的城市文化主要依赖于听觉和视觉进行想象，那么广州则凭借味觉来捕捉它的质地与美感。从这个意义上讲，电影《雅马哈鱼档》的创作者对广州城市文化的理解和表达是非常到位的。影片中有不少情节发生在酒楼食肆中，茶楼是里面出现最多的一个场景。比如影片开始的时候通过珠珠之口交代了她妈妈去喝早茶，珠珠妈回来，逢人就说今

---

① 章以武："你是可以写些东西的"，《章以武作品自序》，载《今日宁海》，2014年7月7日，文化周刊第68期。

天的早茶真不错,她吃了三笼咸水角,从侧面反映出广州人对早茶的热爱。阿龙和海仔请于得婹吃饭也是在茶楼,这是影片非常出彩的一幕。时值夏天,茶楼里人声鼎沸,无论男女老少,各个都在山吃海吃。有粉面、有虾饺、有排骨、有蒸糕……人们大快朵颐、满嘴流油,一副饕餮盛宴。这些表现吃的镜头和特写在影片中可谓数不胜数,但并非闲笔,因为吃不仅是在满足人们的口腹之需,同时也是一种宗教仪式般的聚会。应该说广府人恰恰是通过这种日常性的饮食实践着自身的民间信仰,既平常又神圣,具有深层次的文化内涵。

粤食的特点是生猛海鲜。这里包含两方面的内容:首先,吃的是海鲜。海鲜讲究的是鲜味,如何得鲜,需现场即时烹饪各种新鲜食材,最大限度保持食物本身的营养和香味,而导演显然深刻体会到其中的精髓,并将之通过影像传神地演绎出来。影片开头便是做肠粉的镜头,加葱加蛋、牛肉猪肉,分分钟搞定,端上来热气腾腾、汁浓粉白,观众似乎隔着屏幕都能感觉到肠粉的鲜嫩爽滑、美味可口,实在令人叫绝。其次,海鲜并非一般海鲜,而是生猛海鲜。生猛代表的是活物、野味和异类,导演将镜头对准闹市,这里有网里的活鱼、池子里的黄鳝、盆子里的乌龟、竹笼里的鸡鸭和鹅,以及蠢蠢欲动的眼镜蛇、金环蛇、银环蛇等等。这些活物或跳或滚或游或叫,但转眼间却变成油光发亮的乳猪、烤鸭和烧鹅。这里的飞禽与走兽、生食与熟食、荤腥与清淡完全杂糅在一起,合奏着伟大的味觉交响曲,难怪著名表演艺术家张瑞芳看完此片后感叹自己好像闻到了鱼腥味。这鱼腥味不就是生活最原始、最本真的味道么?这味道不就是粤人生龙活虎、不拘一格的精神风貌么?它并不来自于真的食物,而是凭借鲜活流动的视觉影像所传达,岂不是活色生香的另类美学么?

流动的生命体验

电影《雅马哈鱼档》大胆运用视觉语言对味觉进行了不同层次的演绎,多种味道和元素搭配在一起,给观众带来了意想不到的观影快感。荧幕上的广州是一个闹市,同时更像是永不打烊的厨房,到处涌动着美味小吃和络绎不绝的食客,到处充满着饮食的热度和喜感,琐屑平庸的生活碎片在这里已经被升华为一种妙趣横生的日常美学。

值得注意的是,影片虽然着意刻画味觉,但绝不仅仅局限于味觉。导演在表达人物的个人欲望时,特别注意到城市空间本身所蕴含的活力与美感。从城市的空间构成来说，如果北京的代表是胡同，上海的代表是里弄，那么广州的代表则是茶楼。茶楼自近代以来一直都是岭南地区颇具标志性的公共空间，因为大部分商业谈判都在此进行，它既是人们日常生活的重要场所，也是人情往来和信息交换的集散地。茶楼的空间模式具有自由、开放的特征，比如在成珠酒楼拍的那场戏里可以看到茶楼的面积并不大，但它所容纳的人数极多，空间利用率也极高。尽管食客拥挤在狭窄的厅堂内，但根本不感到局促，反而怡然自得、各适其适，一切显得井井有条，繁而不乱。其间不断有街坊邻居站起来和于得舞搭讪调侃、互相逗笑，充分体现出广州这个商业社会高度自治、又极其开放的生活格局。人们通过喝茶、聊天、聚餐、买卖等活动在这里经营着自己的社会网络，同时也建构起这座城市的文化认同。

　　茶楼是广府地区商业文明的重要媒介，而商业文明的体现不仅在茶楼，更有街市。街市到处都有，并没有什么稀奇，但广州的街市与其他地方相比，最大的不同是这里不仅有忙碌的早市，更有喧闹的夜市。20世纪80年代初的中国，夜市还很罕见，而广州的夜市不仅多，甚至通宵达旦。比如影片后半部有一段阿龙在西濠夜市中徜徉的特写，堪称神来之笔。导演以阿龙为视点，让他在人群中穿梭前进，广州的夜景也随之逐层展开。镜头所及之处皆为贩夫走卒、俊男美女的活跃身影，五颜六色的商品堆积如山，琳琅满目的夜宵更是应接不暇，尤其是炒田螺、干果、海鲜、炒粉、菠萝、软饮料等南方特产让人眼花缭乱、垂涎欲滴。导演采取了巡游式的手法展现广州夜市的繁华，各种意象不停地转换、推进，犹如排山倒海般扑面而来。这清明上河图般的景象胜似人与物的狂欢，让观众通过视觉（各种物资和商品）、听觉（广东音乐与鼎沸的人声）、味觉（食物引发的联想）的综合调动，进入到一个多元化的生命磁场，从中感受岭南文化的独特魅力。

　　从电影发展史的角度讲，《雅马哈鱼档》可能是第一部塑造广州"不夜城"形象的电影。令人感叹的是，广州在那么早的时代黑夜里都不放弃揾食打工，真不愧是一个和时间赛跑的硬汉城市。显然，这种赛跑只可能存在于温润怡人的南国，因为夜市在天寒地冻的北方是难以想象的。导演敏锐地觉察到南北文化的地域差异，通过突出、强化五光十色的夜市景观，让观众第一次领略到广州特殊的文化魅力和风采，算得上是一大创新。

事实上，影片中的鱼档代表的不仅仅是一个商业实体，更象征了岭南的文化空间。在这个空间里，人们不停地奔波、劳作、进取，整个城市仿佛是上了发条的永动机，不知疲倦。这种熙熙攘攘、奔腾不止的生命样态仿若水一般自由流淌，积少成多、越流越勇，好比影片中那些自强不息的青年。可以说，整个影片为我们提供了一场流动的感官盛宴，处处充满生命的本能与激情，这独一无二的感觉不正是海洋文明在岭南长期积淀、激荡的结果？真希望这自由灵动的生命经验能滋养南国都市电影的振兴。

（袁瑾：广东外语外贸大学中国语言文化学院副教授，硕士生导师）

广东沙湾何氏典雅派音乐研究综述

黄 卉

广东音乐又名粤乐,是19世纪末20世纪初在民间"八音会"和粤剧的"过场音乐"、"过墙谱"或"小曲"的基础上,吸收中原、外省音乐文化传统和西方音乐文化精华逐渐发展而来的、具有鲜明的岭南文化色彩的独立器乐曲种。① 番禺沙湾被誉为广东音乐的发源地,典雅派是沙湾地区最具代表性的广东音乐流派,代表人物有何博众、"何氏三杰"等。广东音乐经典名曲《雨打芭蕉》《赛龙夺锦》《饿马摇铃》等皆出自何氏之手。

广东沙湾何氏典雅派音乐研究最初启动于民国初期,20世纪五六十年代取得关键性进展,八九十年代处于快速发展阶段,21世纪呈现多学科融合特点。笔者尝试从研究成果的呈现形式、研究的学科角度两个层面进行梳理和概述,试图把握沙湾地区广东音乐研究的脉搏及提出未来展望。

一、何氏典雅派音乐研究成果的呈现形式

广东沙湾何氏典雅派作品研究成果的呈现形式丰富,包括乐谱集、音像制品、学术论文集、专著、期刊、学位论文、网络资源等。

1. 乐谱集和音像制品

典雅派音乐源自于宋、元、明、清四朝广东沙湾何氏祖辈对岭南音律的世代相传,至20世纪二三十年代形成独树一帜的艺术风格,因此留下许多珍贵的家传秘谱,后来经何柳堂的整理、修改及提高,典雅派作品产生深远影响。典雅派作品多以琵琶谱面世,代表性的乐谱早期由广东音乐名

---

① 唐馨:《广东音乐的民族特征在马思聪〈粤曲三首〉中的运用》,广州大学音乐舞蹈学院编:《2012 中国广州岭南传统音乐研究与传承学术研讨会论文集》,197 页,2012。

家进行整理收录，如丘鹤俦《弦歌必读》（香港亚洲石印局，1916年第一版，首次收录《雨打芭蕉》乐谱的初稿，1921年出版增刻本）①、《琴学新编》（香港亚洲石印局，1920年），何柳堂《琵琶曲集》（1931年石印版）等。新中国成立后主要由民间艺术工作团体、文化部门参与整理，如广东省文艺创作室《广东音乐曲选》（人民音乐出版社，1977年）、广东省民间音乐研究室《广东音乐曲集》（人民音乐出版社，1981年）、广东省当代文艺研究所《广东音乐200首》（花城出版社，2003年）等。相关的音像制品有《广东音乐精选》（香港中乐团，1992年）、《广东音乐十大名曲》（广西民族音像出版社，1999年）、《广东音乐精选：雨打芭蕉》（南京音像出版社、南京先恒音乐唱片有限公司，2011年8月）等。

2. 著作成果

第一类是学术研讨会的研究成果集成。改革开放后，典雅派音乐如同其他传统音乐艺术一样，受到影视、网络及流行音乐的冲击，面临着演出市场急剧萎缩、缺乏创作人才等困境。广东音乐的专业团体和研究机构通过召开学术研讨会的形式，从学界对话的角度加强文化部门、民间艺术团体、高校及企业商界代表之间的协作交流，进一步继承和弘扬典雅派音乐文化，出版的论文集有《广东音乐国际研讨会文集》（广州市文联内部资料，1994年）、《"广东音乐与何氏三杰研讨会"文章汇编》（广东炎黄文化研究会、广州市番禺区炎黄文化研究会内部资料，2005年2月）等。

第二类是综合性专著。从目前研究来看，梁谋与阮立威编著的《沙湾何氏与广东音乐》（广东教育出版社，2013年11月）是我国第一部系统记载典雅派音乐历史流变的专著，同时也是一部完整展现广东音乐发源地沙湾的历史及民情民俗的专著，在沙湾地区广东音乐理论研究中有着里程碑式的意义。从整体研究来看，典雅派音乐大部分理论成果散见于各类广东音乐研究专著中，排除一般普及知识的著作，学术参考价值较高的著作有：李凌《广东音乐》（音乐出版社1957年版）首次从宏观角度对何氏典雅派音乐发展历程进行简单梳理；陈德钜《广东乐曲的构成》（广东人民出版社1957年版）从微观角度涉猎部分何氏作品的技术性分析和理论研

---

①李凌：《广东音乐创作漫谈》，见《广东音乐》（上），17页，北京，中国文联出版公司，1986。当时李凌认为《弦歌必读》出版时间为1917年，2003年福建师范大学博士陶诚经过文献资料的查证，查得《弦歌必读》最早版本出自于1916年，对李凌的观点进行勘误。

究；黄锦培《广东音乐欣赏》（1984年油印本，2006年由广州出版社出版）是星海音乐学院欣赏课的内部教材，涵括几首何氏典雅派音乐的技术理论分析以及历史背景介绍；《粤乐艺境》（花城出版社1998年版）收录演奏名家余其伟先生在1998年以前所发表的粤乐研究文章，与何氏典雅派音乐研究相关的有《关于〈雨打芭蕉〉及其他》《广东音乐文化历程》等文章，其中《广东音乐文化历程》从"循声追貌"、"各领风骚"、"功利意识"、"深层思索"四个方面对"广东音乐"的文化现象进行剖析，① 部分内容涉及典雅派作品风格及文化功能的阐述，很有见地。除此之外还有黎田、黄家齐《粤乐》（广东人民出版社2003年版）、卢庆文《广东音乐》（"岭南文化十大名片"丛书，广东省出版集团，广东教育出版社2010年12月版）等。

3. 期刊发行

20世纪80年代时期，由广东省民间音乐研究室、星海音乐学院、广州市文艺创作研究所分别创办的《民族民间音乐研究》《星海音乐学院学报》《音乐创作与研究》三大期刊，刊载不少研究成果，具体内容涉及典雅派作品的历史流变、技术性研究（作曲技法及演奏技术）、社会影响及功能等方面。但遗憾的是，《民族民间音乐研究》自1981年第一期创刊后，1993年苦于经费短缺的原因停刊，总共发行43期（含一期增刊）；《音乐创作与研究》（后改名为《广州音乐研究》）至今未获准公开刊号，只能办成一年出一期的内部年刊。② 进入21世纪后，《星海音乐学院学报》与广东省音乐家协会主办的《岭南音乐》成为期刊论文发表的主要平台。

4. 学位论文

专门探讨何氏典雅派音乐风格、文化功能的论文数量较少，主要参见于陶诚《"广东音乐"文化研究》（福建师范大学2003年博士学位论文，王耀华教授指导）。阮弘《江南丝竹与广东音乐在上海的嬗变同异概观》（上海音乐学院2006年博士学位论文，陈聆群教授指导）属于跨界研究，从音乐地理学、民俗学、社会学等研究角度，论述了江南丝竹和广东音乐（包括何氏典雅派音乐）在发展过程中的相互交流与影响，探究城市文化对中国传统音乐向近现代化转型的影响以及传统音乐在现代化城市中以其

---

①陶诚：《"广东音乐"文化研究》，18页，福建师范大学2003年学位论文。
②黎田，黄家齐：《粤乐》，99页，广州，广东人民出版社，2003。

自身方式生存的深厚内涵和价值。

5. 媒体资料

随着报纸媒体、互联网资讯技术的发达，网络与报刊逐渐成为当代何氏典雅派音乐理论研究成果展示的平台。何博众、"何氏三杰"的生平介绍、艺术成就都可以在百度百科、广东文化网、沙湾之窗、中华何氏网等网站搜索了解。《番禺日报》定期刊登广州市番禺区炎黄文化研究会等民间研究团体关于典雅派音乐研究的一些最新动态等。

二、何氏典雅派音乐研究的多学科角度

学者们结合沙湾的地域文化特征，吸收文化学、地理学、民俗学等研究方法，对音乐史学、音乐美学、建筑学等多学科视野的关注与学术创新，使沙湾广东音乐（何氏典雅派）的理论研究更具立体性、生动性和完整性。

1. 何氏典雅派音乐史学研究

史学研究在何氏典雅派音乐理论研究中文章数量所占比重最大。沙湾之所以成为广东音乐的发源地，与沙湾独特的人文地理条件和特定历史背景密切相关。学界从"沙湾典雅派音乐的历史沿革"与"何氏宗族与沙湾发展的历史渊源"的研究角度出发，探讨何氏音乐发展的历史流变问题。研究成果有司徒彤《略论沙湾成为广东音乐发源地的历史成因》（《南国红豆》，2005 年第 2 期）、梁谋《沙湾广东音乐的形成与发展》（《中国文化报》，2003 年 4 月 23 日第 6 版）、李维路《沙湾广东音乐的历史渊源及保护措施》（《艺术探索》，2013 年第 2 期）等。纵观上述论文，目前学界研究在以下五个方面取得共识：

第一，沙湾镇四面环水、土地肥沃，何德明宋代迁居沙湾，购得大量田地开基创业而富甲一方，这为何氏世代族人研习音乐奠定坚实的经济基础。

第二，何氏引领沙湾当地乃至整个广东音乐文化、粤剧的发展。族内建立奖学制度鼓励子弟读书考取功名，形成庞大的知识分子阶层。族人文化素养较高，经常与乡中文人、来自全国各地的曲艺界精英雅集于三稔厅演奏、研讨及创作广东音乐，并担当起传道授业者的角色：何博众精心培养仆人何章，此人后来成为闻名的男花旦，在粤剧改革中发挥着举足轻重

的作用；何柳堂任教于香港钟声慈善社，跟他学艺的有尹自重、丘鹤俦、钱大叔、吕文成、何大傻等人，后皆成为音乐名家；何与年在广州广卫路授徒；何少霞在沙湾粤剧社青年会任教，当地的许多演奏员、演员都是他的学生；何世纪培养出一代宗师新马师曾等等。何氏的艺术实践，大大促进群众演奏粤乐活动、粤剧传统艺术的蓬勃发展，大量民间乐社、私伙局如雨后春笋般涌现在沙湾。

第三，沙湾丰富的民族文化内涵为何氏提供创作灵感之源。何氏宗祠留耕堂是一座气势恢宏、修饰工丽的古建筑，集民间工艺美术之精华；乡内民俗多姿多彩，包括飘色、赛龙船、舞鳌鱼等；沙湾的说唱文艺种类丰富，包括龙舟、木鱼、粤讴、白榄、咸水歌等。

第四，何氏家族音乐传统源远流长，其音乐活动变迁典型地代表广东音乐发展史漫长历史的音乐改革。由何博众时期的手弹、口授、耳听、心记到何柳堂的承上启下、整理提高以至何与年、何少霞富有个人特色的创作，标志着沙湾广东音乐发展的三个阶段，也代表了整个广东音乐发展的缩影。① 除了音乐的世代相传，深受儒家文化思想影响的何氏重视礼法，从宋、元、明、清至抗日战争前的每年春分、秋分、冬至和祀孔必设大祭。祭祀时众乐手持笙、箫、小鼓、大鼓等进行演奏，音韵高雅动听，祭祀主持须用官话（即普通话）宣读礼仪。② 因此，典雅派的"根"在中原。

第五，大多数何氏族人深知仕途凶险，既不从政，也不从事生产劳动，在动乱时代凭祖荫所得过着宽裕悠闲的生活。因此何氏大部分作品从中国古典诗歌书画中获取灵感，以描写大自然美景为主要内容，抒发内心舒适愉悦之情，较少涉及政治社会情绪，曲调优美动听，流传至今。

2. 何氏典雅派音乐形态学研究

何氏典雅派音乐形态学研究强调音乐本体的关注，研究范畴比较广泛，包括典雅派作品所蕴含的音乐旋律、调式关系、曲体结构、演奏手法、乐器组合等诸多因素。

如何柳堂《琵琶曲集》（1931年石印本），探讨何氏典雅派的琵琶演奏技法："直隶王君锡弹十指琵琶，传谱甚多，其手指图，左手按弦，惟

---

① 梁谋：《沙湾广东音乐的形成与发展》，载《中国文化报》第6版，2003-04-23。
② 梁谋：《广东音乐何氏典雅派的形成和发展》，见《广东音乐国际研讨会文集》（内部资料），331～332页，广州市文联，1994。

大指、禁指（小指）不用，今人多效之。然则'禁指'之用与不用，听其自便"。还有"单音的十个，双弦以上音的九个，如拂、轮、扫"。① 又如黎田、黄家齐在专著《粤乐》对典雅派何柳堂作品创作技法进行分析，他们认为强调乐曲标题与内容之间的关系是何柳堂创作风格的特色体现。书中列举三个例子：一是《七星伴月》，采用向邻调转移的变奏手法形成七段体乐曲。先从广东音乐的基调——正宫调（合尺线，即"52 线"）开始，分别向【15 线】→【41 线】→【74 线】→【37 线】→【63 线】→【26 线】→最后回到基调【52 线】。曲名中的"七星"代表七个不同的调，"月"代表正宫调，围绕正宫调为中心轮转七调，谓之"七星伴月"。二是《回文锦》，它根据古诗《回文》乐思创作而成，使用"纵向回文"及"横向回文"的表现手法，把原乐曲旋律的音列次序自终至始地顺序倒置，产生不同的音乐色彩。三是《垂杨三复》，标题中的"三复"标出乐曲的结构特点，采用以一个乐句旋律为基础，连续将其进行音程移位摸进的移位变奏创作手法。② 再如陶诚《广东音乐文化研究》一文，从何氏音律相传的历史过程、当时社会文化背景等角度出发，针对典雅派作品音调源流、作曲技法、配器组合等方面进行探讨。他的观点大致可以总结为："广东音乐（典雅派）具有开放兼容，多样融合的风格特征，既有对中原、北方、东南沿海地区和周边邻省地区音乐文化兼收并蓄、积极吸纳，同时不断吸取西方音乐文化的养分和精华，作为自己生存、发展的营养。首先，作品旋律吸收板腔、皮黄等传统戏曲成分，渗透江南民歌、中原古调和西洋音乐等多种音调的特点。其次，历代大部分何氏音乐家才艺全能，精通琵琶、二弦、南胡等乐器的演奏，凭借此优势，乐器组合从由二弦、提琴（近似板胡的中国民间乐器）、三弦、月琴、笛（或箫）'五架头'组成的'硬弓'发展到 20 世纪二三十年代的'软弓'组合③。集多种拉

---

① 陶诚：《"广东音乐"文化研究》，13 页，福建师范大学 2003 年学位论文。
② 黎田、黄家齐《粤乐》，158～161 页，广州，广东人民出版社，2003。
③ 大概在 1926 年，受江南丝竹影响，吕文成将二胡引进港、澳，并改用钢丝琴弦，移高定弦，成为发音清脆明亮的粤胡（又称高胡）。加入扬琴、秦琴，并以高胡为主奏乐器，称为"三件头"，又称"软弓"。后来又在"三件头"的基础上加入洞箫、笛子、椰胡等丝竹乐器，乐队有了扩大，大约在 1930 年乐队才定型下来。代表曲目有何柳堂的《赛龙夺锦》《鸟惊喧》《醉翁捞月》《七星伴月》；吕文成的《步步高》《平湖秋月》《醒狮》；尹自重的《华胄英雄》及易剑泉的《鸟投林》等。（以上引自百度百科"广东音乐"词条）。

弦、吹奏、弹拨、打击乐等演奏类型，演奏技法不断改良创新，在曲调中加有多种装饰音型（称作'加花'），使音响效果得到升华，音色清脆明亮，节奏活泼欢快。"

3. 何氏典雅派音乐美学研究

何氏典雅派音乐全方位渗透着大众认同的多层次、多元、兼容复合的大众审美文化特征，跨越几个历史时期而长盛不衰。纵观何氏典雅派音乐美学研究历程，从研究内容看有以下关注点：

第一类是何氏典雅派音乐命名的美学研究。见于黎田、黄家齐编写的专著《粤乐》下篇"粤乐基础结构剖析"中的第二章"粤乐的曲名、内容、表现手法"。编者总结出典雅派作品的五种分类：第一类是沿用中原词牌、曲牌及古诗词名句，如何与年使用词牌《忆王孙》、何少霞《陌头柳色》出自"忽见陌头杨柳色，悔教夫婿觅封侯"（唐代王昌龄《闺怨》）；何柳堂《柳暗花明》出自"山重水复疑无路，柳暗花明又一村"（宋代陆游《游山西村》）等。第二类是基于花、虫、鸟、鱼、兽等自然景致的命名，如何与年《珠江夜月》《松水风月》，何博众《饿马摇铃》等。第三类取材于民间故事及广府民间民俗，如何柳堂《赛龙夺锦》描绘赛龙舟的习俗，何与年《侯门弹铗》引用冯谖客孟尝君的典故等等。第四类是富有浓郁时代气息的命名，如何与年在抗日战争全面爆发的危急关头所创作的《广州青年》《长空鹤唳》《长城落日》等抗日题材曲子，表现对当时社会的忧戚和寄望。对何氏作品的社会文化功能影响，作者认为何氏作品名字通俗易懂，既集中体现我国古代审美文化的意蕴，又迎合大众文化的时代风尚。部分佳作因曲调悠扬动听、流畅易记，常常可以填词演唱以及烘托粤剧气氛，为社会各阶层喜闻乐见，彰显出较高的实用性。又如陶诚在《广东音乐文化研究》一文，以歌曲《赛龙夺锦》为例，提出"作曲家通过模拟生活中的音响，塑造出立体化的音乐形象，借此以加强听众的联想和标题的明确性"[①]的观点并进行阐述。

第二类是何氏典雅派音乐的文化属性研究。如广州大学刘瑾《广东音乐之特征与价值重描——基于休闲文化的视角》（《星海音乐学院学报》，2014年第1期）一文从物质性、直觉体验性及自由性三个角度论述广东音乐休闲文化的世俗性特征：第一，物质条件的丰足成为沙湾何氏发展休闲

---

① 陶诚：《"广东音乐"文化研究》，18页，福建师范大学2003年学位论文。

文化"典雅派音乐"的基础与动力;第二,"典雅派音乐"大多属于借景抒怀类型,凸显了凭借直觉体验而获得的世俗感性之美;第三,"典雅派音乐"在创作与表演的过程中自由吸纳西方作曲技法等各种异质因素。广东音乐诗性文化的特质正是对世俗性的超越,使人"成为人"。在休闲文化日益显示出强大生命力的今天,广东音乐所具有的休闲文化特征与价值应受到重视。又如华南师范大学万钟如《被发明的传统——广东音乐发展历程及兴衰动因探析》(《中国音乐学》,2013 年第 2 期)借用人类学家霍布斯鲍姆"传统的发明"理论对广东音乐发展历史及兴衰动因进行辨析,探讨软弓与硬弓时期的不同文化属性等等。陕西师范大学黄春蕾《广东音乐与岭南建筑》(《音乐时空》,2012 年第 11 期)从建筑学与音乐美学跨学科的角度,以沙湾为例,阐述广东音乐与岭南建筑之间丰富的文化艺术内涵的联系和对应关系。从广东音乐与岭南建筑的多样性、开放性和兼容性、题材选择上的特点、创新性等方面展现广东音乐与岭南建筑的文化特质等等。

三、何氏典雅派音乐研究的未来展望

机遇与挑战并存、复兴与衰退共生是何氏典雅派音乐文化生存状态的学理逻辑和现实境遇。广东典雅派音乐理论研究独立成篇的文章数量比较少,大部分内容主要散见于各类广东研究的专著、学位论文及期刊论文内,多数文章着重从音乐地理学、史学层面研究典雅派音乐事象外部结构理论的本质联系,而且这类型文章的研究逐渐向多学科融合的方向发展。在笔者看来,典雅派音乐研究具有较大的潜力,具体从三个方面拓展内涵:

第一,关注典雅派音乐的学校教育研究。学校作为传统音乐教育传播的主要阵地,通过梳理、整合和开发典雅派音乐文化来促进沙湾乃至广府地区中小学乃至高等音乐教育的探索和改革,无论是从社会意义、学术价值,还是教学改革等方面都有重要意义。

第二,尝试走典雅派音乐跨界研究的道路。20 世纪 30 年代,唱片业的兴盛、私伙局的繁荣发展,使得典雅派音乐有广泛的群众基础。随着粤语华人移民热潮的出现,典雅派音乐与粤剧一样,从广州、香港、上海、天津等地奏响到新加坡、马来西亚等世界各地。境外的音乐传播与国内相比是否发生变化,背后反映的社会文化意义又是什么?这些都有待学界日后研究。

第三，加强典雅派音乐研究方法论的研究。典雅派音乐研究隶属于岭南区域音乐研究的范畴，其研究方法论的研究对于规范岭南区域音乐研究的理念及操作程序等方面有着积极意义。

典雅派音乐理论研究的学科进展和学理扩展是历史的、现实的，立足田野、多元创新是研究的未来发展趋势和基本立足点。从方法论、研究视角和学术建设的立场看，沙湾广东音乐研究正迈向新的起点，相信不久的将来，在各位学者共同努力下能够涌现出更多更优秀的研究成果，渐行渐壮。

（黄卉：广州大学音乐舞蹈学院2011级音乐课程与教学论研究生）

（指导教师：广州大学音乐舞蹈学院马达教授）

文化生态与文化变迁

——20 世纪二三十年代广东音乐在上海的兴盛现象考察

刘 瑾

引 言

关于广东音乐的兴盛期,广东音乐大家余其伟曾指出:"20 世纪 20 年代中期起,至 40 年代中期……是广东音乐创作和演奏的兴盛阶段。"① 与此兴盛期的时间描述相似,陶诚在其《广东音乐文化研究》中将广东音乐的发展分为 5 个时期,并明确将 20 世纪 20 年代初至 30 年代末这段时间称为广东音乐进入全面繁荣的"成熟期"。广东音乐"受到广泛欢迎,并迅速风靡大江南北,发展成为一种新的艺术风格,全面步入一个新的境界。这一时期的'广东音乐'的发展表现为:创作全面繁荣、乐队组合进一步变化、演奏技巧进一步提高、独特的音乐风格形成、名家和民间乐社如云"。②

为什么广东音乐在 20 世纪二三十年代得以迅速发展?是怎样的文化生态环境促成了广东音乐的兴盛?在对此问题进行回答的过程中,我们绝不能忽视 20 世纪二三十年代的上海。因为,广东音乐的诸多创新——如西洋乐器的加入、高胡(粤胡)的产生、软弓组合的形成等——都与上海有着密切的关系。有学者明确指出,广东音乐"虽然被定位为'地方文化',但其'地方性格',却在许多方面是由一群寄寓上海,为追求'中国性'而吸取诸多外来元素的艺人和玩家塑造而成的"。③ 从文化生态的角度来看,正是当时活跃于上海的广东籍音乐家们实践了这一系列的创新。实际上,广东音乐的创新及广泛传播离不开上海这个"十里洋场"的繁华舞台,离不开旅沪广帮在上海的巨大影响力,也离不开当时上海红红火火地探索"国乐"的背景。换言之,广东音乐在上海的兴盛与当时的文化生态

---

①余其伟:《广东音乐述要》,载《中国音乐》,1998 年第 2 期。
②陶诚:《"广东音乐"文化研究》,102 页,福建师范大学 2003 年学位论文。
③程美宝:《近代地方文化的跨地域性——20 世纪二三十年代粤剧、粤乐和粤曲》,载《近代史研究》,2007 年第 2 期。

息息相关,正是特定的文化生态环境促成了广东音乐文化的发展与变迁。

一、关于文化生态与文化变迁

对文化生态的明确研究始于1955年。文化人类学家朱利安·斯图尔德(Julian Steward,1902—1972)首次提出了文化生态学的概念,他倡导建立专门的学科以"解释那些具有不同地方特色的独特的文化形貌和模式的起源"。[①] 他认识到,环境与文化是不可分离的,二者之间包含着"或为反馈或为因果的辩证的相互作用"。他之所以认为环境与文化之间可能具有因果关系,理由如下:"一是环境与文化皆非'既定的',而是互相界定的;二是环境在人类事物中的作用是积极的,而不仅仅是限制或选择。"[②] 中山大学人类学系教授容观夐在《关于文化和文化变迁的研究——人类学方法论研究之四》中指出,对文化的三个层面——物质层面、制度层面及精神层面——各自的变迁及其相互影响进行研究,才能从整体上把握住文化变迁的规律。[③] 虽然二位学者分别属于文化生态学与人类学两个不同的学科,但他们的观点却有着相似之处。他们都强调了环境对文化现象变化的重要作用,倡导研究者注重对文化环境的观照与剖析,以求对文化现象的深度解读。本文正是通过对20世纪二三十年代上海的文化生态以及广东音乐此时在上海发生的文化变迁的分析,试图找出二者之间有着怎样千丝万缕的联系,在对广东音乐的发展历程有更为深入的认识的同时,也实践一种以文化生态学理念为支撑的研究途径。

二、文化生态剖析

1. 20世纪二三十年代上海的文化概况

上海是个开放性极强的城市,早在1843年11月17日,根据《南京条约》和《五口通商章程》的规定,上海便正式开埠。国外及国内其它省份的商人纷纷涌入上海,开设行栈、设立码头、划定租界、开办银行。一时间,上海成为"洋楼耸峙,高入云霄,八面窗棂,玻璃五色,铁栏铅瓦,

---

[①②] [美] 唐纳德·L·哈迪斯蒂著:《生态人类学》,郭凡,邹和译,8页,北京,文物出版社,2002。
[③] 容观夐:《关于文化和文化变迁的研究——人类学方法论研究之四》,载《关系民族学院学报(哲学社会科学版)》,1999年第1期,28~33页,转38页。

玉扇铜环,其中街衢弄巷,纵横交错"的国际大都市①。上海这"一弹丸黑子地,萃外洋五大洲、中国十八行省之菁华,举凡显宦富绅豪商巨贾以及亚欧墨阿四洲之人,莫不拥资千百万金,远涉重洋来斯贸易"。② 在外来因素的冲击下,上海的经济状况发生了巨大的变化。"那中国人的产业、商业、工业全面发展起来,南京路上的四大公司超过了外国人的百货店,四处灯红酒绿、欣欣向荣、大兴土木,上海在那个年代成为世界级的城市"。③

作为中国接触西方文明最早最大的窗口之一,上海对西方物质文明的接受走在了全国的前列。从吃穿到用度,各式各样的"舶来品"令上海人"初则惊,继则异,再继则羡,后继则效"。④ 甚至早在19世纪二三十年代,"上海已和世界最先进的都市在都市生活设施上同步了"。⑤ 即使在1929年世界经济危机爆发的影响下几经波折,但较之其他城市而言,上海始终显露出较强的经济发展水平。针对在上海很普遍的崇洋心理及对"舶来品"的消费热情,上海市曾于1933年公布《上海市政府公务人员服用国货办法施行细则》,规定"公务人员无论制服、礼服、常服均应购用国货",甚至鼓励公务人员对违反的行为相互检举。⑥ 但是实际情况证明,上海市政府公务人员对外来货品的热情并未因此种《细则》的规定而冷淡下去。有学者指出,直到"1947年,上海的奢靡风气仍未有根本的改变,从而产生了'中国饥饿,上海跳舞'的现象"。⑦ 在日常的穿着用度中,生活于上海的人们对各种"舶来品"可谓司空见惯,如此,我们或许可以推断出上海会对西方文化采取怎样的态度。

20世纪二三十年代的上海,不可避免地展现出中西并存、新旧兼容、多元杂陈的文化风貌。有学者通过对1933年《申报》副刊《申报自由谈》的分析发现,在20世纪30年代的上海,文化娱乐活动十分丰富,"既可以

---

①上海研究中心编:《上海700年》,138页,上海人民出版社,1991。
②《论上海糊口之难》,载《申报》,1885-11-12。
③陈丹燕:《上海的风花雪月》,14页,台北,尔雅出版社,1999。
④转引自唐振常:《市民意识与上海社会》,载《上海社会科学学院季刊》,1993年第1期,146~155页。
⑤唐振常:《近代上海繁华录》,240页,香港,商务印书馆,1993。
⑥《上海市政府公务人员服用国货办法实施细则》,载《上海市政府公报》,1933-04-21。
⑦忻平,丰箫:《20世纪30年代上海人的消费观——以〈申报〉检讨为中心》,载《上海大学学报(社会科学版)》,2012年第3期,96~103页。

看传统的戏剧也可以欣赏到现代的新歌剧、舞剧，既可以去舞厅跳舞也可以去影院看电影，还可以到一些娱乐场所自娱自乐"。① 的确，在蓬勃发展的工商业的支持下，上海的文化娱乐事业得到巨大的发展。而且，京、扬、宁、粤、徽等各帮云集于沪②，外国的乐师到沪上以求发展的多达五六百人。③ 甚至外国的爵士乐师已然将上海视为"亚洲爵士乐之都"。④ 于是"五洲之人，俨若一家。四海之物，几同土产。轮舶往还，冠盖相接。富商大贾，荟萃于斯。酒肆则有京馆、津馆、宁馆、番菜、消夜等名，戏园则有京腔、西腔、弋腔、昆腔、广东清客、猫儿之目"。⑤

2. 上海：广东音乐发展的沃土

20世纪二三十年代，旅居于沪的粤人为数众多。广东商人素以精明能干、善掌先机而闻名，自上海开埠始，便有大批广东商人迁入上海，形成了颇具影响力的"广帮"。广帮原主要指"原先生活在广州、肇庆两府，包括珠江三角洲地区的商人"。⑥ 随着广东籍人士迁入上海人数的增加，广帮便不再仅仅限于经商的范围。旅居于沪的客帮为数不少，而广帮，因其规模与影响力之巨大，成为旅沪客帮中的第一大帮。据统计，清末的旅沪粤商达17～18万人，上海曾一度被称为"小广东"。⑦ 到了20世纪30年代，根据《广东旅沪同乡会月刊》记载，在沪的粤人"大约有三十万余人之多"。⑧《1929年至1936年上海华界市民籍贯统计表》显示的数字更为

---

① 池丽君：《20世纪30年代上海社会生活的缩影——析1933年〈申报〉副刊〈申报自由谈〉上的广告》，载《莆田学院学报》，2010年第3期，46～49页。
② 姜斌：《旧时上海商业中的帮口》，见张遇、王娟主编：《老上海写照》，78页，合肥，安徽文艺出版社，1999。
③ 郑德仁：《上海——中国流行音乐的摇篮》，见载陈钢：《上海老歌名典》，396页，上海辞书出版社，2002。
④ Buck Clayton, with Nancy Miller Elliot. *Buck Clayton's Jazz World*, P70, New York, Oxford University Press, 1987.
⑤《论近今风尚之奢》，载《申报》1895-09-08。
⑥ 李吉奎：《近代买办群体中的广帮（1845—1912）——以上海地区为中心》，载《学术研究》，1999年第12期，103～110页。
⑦ 朱英：《商业革命中的文化变迁——近代上海商人与"海派"文化》，13页，武汉，华中理工大学出版社，1996。
⑧ 转引自林辉峰：《广帮与潮帮：晚清旅沪粤商管窥》，载《中山大学学报》，2004年第5期，95～99页。

确切:"1929 年在上海华界的粤籍移民有 36947 人,至 1936 年增至 55255 人。"① 旅居于沪的广帮不仅人数众多,而且生意做得风生水起,一时间,广帮"在沪上尤首屈一指。居沪之人亦推广帮为多,生意之本惟广帮为富"。② 广帮在沪的重要地位与影响力便可想而知。

由于粤人在上海的大量聚集,作为粤人之乡音的广东音乐得以在上海传播与发展。粤人在沪陆续建立起的各种同乡、同业组织(如 1872 年成立的广肇公所、1933 年成立的广东全省旅沪同乡会等)不仅为粤人提供了互帮互助的平台,还凭借其赞助举办的大量音乐活动,为广东音乐的成长与传播提供了绝佳的机会,使上海成为广东音乐发展的沃土。据《广州日报》载:"粤商在上海既资源丰厚,其赞助的文娱活动,亦有声有色。据称,早在同治十一年,就有一个叫'童伶上元班'的广东戏班来上海演出。"③ 清末民初,在上海的广东音乐活动已经十分丰富,这些广东音乐活动多以商人组织为依托,进行各种各样的创作和演出活动。

专门的广东音乐社团的出现进一步推动了广东音乐的传播与发展。1918 年,第一个广东音乐组织"上海粤侨工界协进会音乐部"在上海成立。之后,为数众多的广东音乐社团继之出现。如:"松柏丝竹会""中华音乐会""精武体育会粤乐组""俭德储蓄会粤乐组",还有广东籍商人经营的大新、先施、永安等百货公司,以及红光大戏院、广东大戏院等,均设有广东音乐小组。上海一些著名的广东餐厅酒楼,如"新雅""杏花楼""大三元""康乐""美心""味心"等,也都设有广东乐队。时至 30 年代中期,在上海的"广东音乐"乐社已多达 30 余个④。其中影响较大的有:上海粤侨工界协进会粤乐部⑤、中华音乐会(由上海粤侨工界协进会音乐部发展而成)、上海精武体育会粤乐组、中华音乐社等。

这些广东音乐组织举办了一系列丰富多彩的广东音乐演奏活动。比如,1920 年 11 月粤人主导的上海粤侨工界协进会举办同乐会活动演奏了广东音乐《合奏凤凰台谱》、《闺怨》(黄忠可扬琴)、《到春雷》(琵琶扬

---

① 忻平:《从上海发现历史——现代化进程中的上海人及其社会生活 1927—1937》,53 页,上海人民出版社,1996。
② 王俞现:《中国商帮 600 年 1370～1956》,174 页,北京,中信出版社,2011。
③ 姜斌:《旧上海的广东戏》,见广州市政协文史资料研究委员会、粤剧研究中心合编:《粤剧春秋》(《广州文史资料》第 42 辑),107～108 页,1990。原载 1988 年 12 月 19 日的《广州日报》。
④ 陶诚:《"广东音乐"文化研究》,116～118 页,福建师范大学 2003 年学位论文。
⑤ 上海粤侨工界协会粤乐部建于民国 7 年,是上海第一个广东音乐乐社。

琴合奏，音乐大家严老烈谱）。1923年4月8日以粤人为主的中华音乐会举办春季同乐会，节目中也有"合奏粤乐"。肇阅书报社在经常举办的演讲活动中，也会安排广东音乐的演奏。如1920年1月25日："本星期日晚（廿五日下午八时）主讲者乃温钦甫、罗伯夔二君，并有粤乐助兴，表演者多工界协进会会员。"① 表演项目有"黄忠可君之《桃柳思》，吕文成君之《仕林祭塔》，刘北连君之三弦，黄桂辰君之提琴，杨贵熙君之二弦，杨藻荣君、鲍公勉君之月琴合奏，数君皆工界协进会会员"。②

欣赏广东音乐的人群并非仅局限于粤人，而是得到了其他省市听众的认可。据上海精武体育会的官方刊物《中央》报道，在中华音乐会的活动中③，"山东人江苏人，差不多占三分之一，亦无一不满意者，只听得那些非广东人说道：我们虽非广东人，然亦觉得殊为动听云云"④。陈铁笙在《听歌杂记》中提及："从前上海人，不知我们广东音乐为何物，自甘时雨、吕文成、陈慧卿辈出，奏于精武各会场后，而非广东人乃知广州音乐之价值。"⑤

3. "百花齐放"与"国乐改进"：广东音乐之音乐文化背景

虽然广帮与广东音乐在沪有着巨大的影响力，但广帮毕竟属于外帮。如前文所述，20世纪二三十年代的上海，呈现出来自不同文化背景的各类音乐"百花齐放"的态势。从当时一些音乐会的节目单上，便可见古今中外各种音乐风格混呈的现象。比如，1920年6月上海青年会举办音乐会"锣鼓喇吹笙箫管笛，无不齐全，集古今中外音乐于一堂，开海上从古未有之创举"。其节目内容包括：（1）汪昱廷君琵琶独奏《淮阴平楚》《夕

---

① 佚名：《广肇阅书报社演讲记》，载《广肇周报》，第43期，9页，1920-01-25。
② 佚名：《广肇阅书报社演讲记》，载《广肇周报》，第44期，7～8页，1920-02-01。
③ 中华音乐会的主导者实际上是上海精武体育会的成员，因此其音乐活动由精武会的官方刊物予以报道。
④ 陈铁笙：《听歌杂记》，载《中央》第36期，1924年1月1日，第3部40，42页，上海市档案馆藏，上海精武体育会档案。
⑤ 陈铁笙：《听歌杂记》，载《中央》第36期，1924年1月1日，"纪事"，42页，上海市档案馆藏，上海精武体育会档案。转引自程美宝：《近代地方文化的跨地域性——20世纪二三十年代粤剧、粤乐和粤曲在上海》，载《近代文史研究》，2007年第2期。

阳箫鼓》二大折,(2)著名歌曲家豪立夫女士唱新歌,(3)工部局乐队32音具(乐器)合奏《春游乐》《好事近》《闺中怨》《生别离》《望夫归》《相思引》,(4)福建榕庐乐社闽乐十锦,(5)郑觐文君琴瑟合奏《鸥鹭忘机》,琴操《平沙落雁》共六段,琵琶《新龙舟》,梅特铃用西洋乐器弹中国曲调,(6)昆曲《絮阁》,(7)广东群贤乐部粤乐《柳如金》,(8)少年宣讲团游艺部合奏新薰风。①

即使是以粤人为主的上海工界协进会,也并非限于广东音乐活动。该协进会"鉴于多数工人向少高尚完善之娱乐方法,因特自行筹款组织"了专门的音乐部,"置有西乐、鼓乐、京乐、沪乐、粤乐种种"。1920年11月,该会举办同乐会活动的次序为:(1)摇铃开会,(2)西乐(精武军乐队),(3)宣布开会理由,(4)粤乐(合奏凤凰台谱),(5)演说,(6)粤乐(《闺怨》,黄忠可扬琴并唱),(7)滑稽演讲,(8)琵琶扬琴合奏(《到春雷》,音乐大家严老烈遗谱),(9)演说,(10)沪乐,(11)京乐,(12)演说,(13)粤乐,(14)致谢来宾,(15)茶会。②在这次的活动中,所有的音乐表演节目共7首,其中以西洋军乐1首,用于开场;粤乐共4首,置于宣布开会理由之后(1首)、场中(2首)及最后的压轴位置(1首);另外2首乐曲分别为沪乐与京乐,足见粤乐之重要地位以及西乐、沪乐、京乐、粤乐同台共呈的多彩风格。

同样,在粤人为主导的中华音乐会与上海精武体育会的演出活动中,也不拘泥于粤乐。1923年4月8日,该会举办春季同乐会,节目便包括"合奏粤乐""京曲""丝竹""古调""梵唱""胡琴合奏""弹筝""铜线琴""粤曲"等。③同年12月15、16日上海精武体育会举办的游艺会,15日晚的节目便有:(1)铜乐,(2)报告,(3)粤曲《山东响马》,(4)古乐《梅花三弄》,(5)《滑稽跳舞》,(6)大同乐《三级浪》,(7)国技,(8)优秀舞,(9)粤曲《闺怨》,(10)韩江丝竹(由潮州音乐会演出),(11)西调《野玫瑰》,(12)《剑舞》(调拍《到春来》),(13)滑稽歌舞,(14)粤曲《潇湘琴怨》,(15)京剧《拾黄金》。这里的《三级浪》后来被改编为著名的广东音乐《旱天雷》,此处则被视为"大同乐"。应该与"大同乐会"旨在"天下大同",致力于传统乐器的继承与改良,并依

---

①佚名:《青年会音乐大会秩序》,载《申报》第11版,1920-06-12。
②佚名:《工界音乐部之同乐会》,载《广肇周报》,第53期,9页,1920-11-28。
③佚名:《中华音乐会同乐会纪》,载《申报》第18版,1923-04-10。

此发展国乐的理念有关。

20世纪二三十年代，国乐改进活动如火如荼。早在20世纪之初，随着留学日本、德国、法国的学者的陆续归来，西方文化开始大规模地传入，我国的音乐领域便受到了西方音乐文化的强烈冲击。西方音乐理论的体系化、乐器制造工艺的精良、学校教育组织的严密，都给我国留学海外的学者留下了极为深刻的印象。在"五四运动"批判传统文化、倡导新文化的大潮中，音乐界对传统音乐进行改革的呼声与实践更是日渐高涨。蔡元培于1928年明确提出了国乐改进的理念："吾国音乐家有鉴于此，一方面输入西方之乐器、曲谱，以与吾固有之音乐相比较。一方面参考西人关于音乐之理论以印证与吾国之音乐，而考其违合。循此以往，不特可以促吾国音乐之改进，抑亦将有新发见之材料与理致，以供世界音乐之采取。"[①] 肖友梅认为中国音乐与西方音乐较之而言相差甚远，曾于1929年指出："人有良好的榜样给我看，我们拿来督励自己，不把望尘不及来灰自己的心，更不应该设种种幻妄的虚想来自欺欺人。"[②] 郑训寅对此种国乐改进的氛围进行了描述："今年西乐之在吾国，已初形萌芽，改进国乐之运动，亦已风起云涌，是皆吾国音乐界之绝好现象。"[③]

广东音乐的文化变迁正是在这种"百花齐放"的音乐文化舞台，在"国乐改进"的浪潮中发生的。

三、广东音乐在上海发生的变迁

20世纪二三十年代，广东音乐在上海发生了重大的文化变迁，甚至是重塑了广东音乐的新风格。主要体现在以下两个方面：

1. 中西文化碰撞中的意义重构：作为头架的小提琴

如今，小提琴作为广东音乐乐器组合中的头架（相当于乐队首席）已经得到了普遍的认可——吕文成曾录制用小提琴演奏的广东音乐唱片《午夜琴音》和《夜深沉》；尹自重以小提琴演奏过粤乐《柳青娘》《柳摇金》《小桃红》；骆津录制了用小提琴领奏的广东音乐集《月影寒梅》——然

---

① 蔡元培：《发刊词》，国乐改进社《音乐杂志》，第1卷第1期，1928年1月。
② 肖友梅：《乐艺》季刊发刊词，1929。
③ 郑训寅：《国乐复兴与西乐之介绍》，载《新乐潮》，1928年第2期。

而，最早对此进行探索与实践的正是当时居于上海的司徒梦岩①。司徒梦岩用小提琴演奏广东音乐时，"并不将乐曲改编，而是完全将乐曲的旋律移植到小提琴上来演奏，纯粹将西方的小提琴当作演奏粤乐的工具，无论是走指运弓的技巧，还是旖旎的南国乐风，完全是粤式的……（司徒梦岩）是将小提琴用来演奏粤乐的第一人……也可以称为将西洋乐器小提琴在我国民族化的先驱了"。②

有着留学美国经历又擅长演奏小提琴的司徒梦岩自小喜爱广东音乐，中西文化的影响均在其身上留下了浓重的痕迹。固然，司徒梦岩喜爱小提琴及广东音乐，但若仅仅以"喜爱"来解释司徒梦岩用小提琴演奏广东音乐的做法，显然是不够的。这种做法实际上是中西文化冲突与碰撞之后进行选择的一种结果。司徒梦岩表示了对小提琴音色的偏爱，他"认为小提琴的噪音少，音色美，音域广，技术性能好"；但是，他并没有仅仅停留于对小提琴的赞叹与爱好，而是直接将其置入了广东音乐的风格体系中，真正实践了"洋为中用"的理念。因为他认为"只要认真把握住广东音乐的风格是可以借用的"。③之后，司徒梦岩的高徒、同样居于上海并曾任职于上海精武体育会及中华音乐社的尹自重④进而将小提琴的定弦移低大二度，以与广东音乐以 C、D 居多的调式特征相适应，同时运用广东音乐中二弦的演奏方法在小提琴上，使小提琴这件西洋乐器彻底绽放出了"民族音乐"的光辉。

于是，小提琴这样一件源自西方音乐文化土壤的乐器，在中西方音乐文化冲撞的过程中，竟然被广东音乐所用，并就此形成了一种风格独特的广东音乐演奏形式。而且，一经成为广东音乐的主奏乐器之一，小提琴原本所具有的器乐化语言、炫技性演奏方式，都被一一解构，其文化属性便也通过广东音乐特殊的风格而得以重构。胡斌在《中国小提琴民族化发展

---

① 司徒梦岩（1888—1954），音乐家、造船工程师。祖籍广东开平，出生于上海。自少年时代便喜爱音乐、粤曲，是我国最早接触小提琴和西洋音乐的人之一。
②③ 吴赣伯：《司徒梦岩与粤乐》，见《国乐随笔》，9 页，北京，文化教育出版社，1996。
④ 尹自重（1903—1985），广东东莞人。自幼随父旅居香港。与吕文成、何大傻、程岳威被合称为广东音乐"四大天王"。

的两种模式》① 中提及了"司徒梦岩模式",认为此种模式是"在中国传统音乐的'母体'中、在中国传统音乐的生存环境中发展起来的'民族化'模式"。② 在面临中西音乐文化碰撞之时,双方或消或涨不断产生着对彼此的作用,而西方文化如何与中国音乐的民族传统得到平衡,是我们每个人都无法回避的问题。此时,"司徒梦岩模式"显然是一种十分独特又具有代表性的民族音乐发展路径。而对于广东音乐而言,它凭借强大的包容性,对来自异域的乐器采取敞开的姿态,并借此成就了自身的品质与特征。

实际上,广东音乐对西洋乐器的使用并没有仅仅局限于小提琴,萨克斯、爵士鼓、木琴、大提琴等西洋乐器也被用于广东音乐的演奏。这类做法或许可以映射出两方面的事实:一是乐器所具有的文化属性可以通过语境的改变而得以改写,因为文化属性会随着其追求的审美品格的变化而变化;二是面对西方音乐文化的传入及中西文化的碰撞,我们不必以牺牲自我为代价换取审美趣味的曲意迎合,而是可以大胆的借用并给予意义的重构,以求在接受他者的同时也成全自我。

2. 国乐改进背景中的乐器改革:高胡与"软弓"组合

吕文成是司徒梦岩的学生,他对高胡③的制作与演奏艺术做出了重要的贡献。如今,高胡几乎已经成为广东音乐之灵魂。正如前文所述,此时有大量的音乐家认为西洋音乐的诸多要素均优于我国,乐器制作的精良便是其一。在20世纪20年代之前的粤剧与粤乐中,并没有今日所见的高胡。当时,司徒梦岩和吕文成都深切地感觉到,当时广东音乐中的胡琴有着音量小、噪音多等问题,应该予以改进。司徒梦岩在美国修读造船专业时便跟随小提琴制作家戈斯④学习过小提琴制作,此时,他凭借制作小提琴的才干,与吕文成一起,几经试制,将二胡的外弦改革为钢弦,终于研制出

---

① 胡斌:《中国小提琴民族化发展的两种模式》,河南大学2003年硕士学位论文。胡斌在论文中提出了"马思聪模式"和"司徒梦岩模式"这两种中国小提琴"民族化"发展的模式;并认为这两种模式的差异在于:前者的探索是在"新音乐环境"中进行的,而后者则是在中国传统音乐的生存环境中发展起来的"民族化"模式。
② 胡斌:《中国小提琴民族化发展的两种模式》,42页,河南大学2003年硕士学位论文。
③ 高胡原称粤胡或广胡,新中国成立后逐渐被称为高胡。
④ 华特·沙朗·戈斯(Walter Solon Goss,1853—1925),美国籍波兰人、小提琴制造家。

比常用二胡高出四度甚至五度的胡琴，专门用于粤剧和粤乐的演奏。在演奏技法上，高胡增加了二、三把位（中盘线与下盘线）的技法，运指灵活，并加强音色、力度的控制和扩大对比幅度。又创造了双腿夹琴筒的持琴方式，以去其沙音，使音色柔美，适应了广东音乐演奏风格表现的需要。这种新创制出的新乐器，便是高胡；其音色可谓别具一格，令人耳目一新，并迅速得到广泛的认可与接受。时至今日，高胡已成为广东音乐中重要的主奏乐器，广东音乐也因为高胡独特的音色而更加成为一种颇具特色的乐种。①

通过吕文成的演奏，高胡不仅逐渐成为粤乐中的主奏乐器，而且形成了极具个性风格的演奏艺术。高胡与扬琴、秦琴、椰胡、洞箫等形成了所谓的"软弓"组合，以此区别于早期二弦领奏的"硬弓"组合。高胡和扬琴结合的领奏，不仅在音色上实践了一条新的途径，同时还大大加强了即兴支声与和声手法的小合奏的表现力，从而大获成功。吕文成又以自己创作的新曲目发挥这种组合的演奏功能，使广东音乐得到了迅猛的发展。在评价吕文成用高胡演奏的代表作《平湖秋月》时，项祖华这样说道："吕先生创作的代表作品《平湖秋月》，取材于杭州西湖的著名景观而命名，受益于江南丝竹乐曲《中花六板》的启发，借鉴了该曲的内在元素，加以变化发展而成，取得异曲同工之妙，成为粤乐高胡的经典杰作。"②

广东音乐在上海获得了这一系列的创新与机会，推动广东音乐更快地脱胎为享誉海内外的地方乐种，其生命之花得以华丽地绽放。

结　　语

在20世纪二三十年代的上海，为数众多的旅沪粤人、多元杂陈的文化

---

① 关于高胡的产生有多种不同的说法。一说是吕文成由上海到广州演出，因所携带之江南二胡受潮蛇皮脱落，临时蒙上了较紧的蛇皮，因此需要双腿夹住演奏以去沙声；还有一说是吕文成受其师司徒梦岩小提琴制作的启发，使用了小提琴钢弦；另外一说是吕文成为了演奏出有别于江南二胡的独特风格，而琢磨出了以中盘线（第二把位）及下盘线（第三把位）做主音，改变了原有的演奏风格。其实这些说法完全不矛盾，而是从各个角度——音筒的蛇皮、演奏姿势、改用小提琴琴弦、把位变化等——将高胡的产生梳理得更为清晰了。关于诸多观点的描述可参见余其伟：《高胡的制作及其他》，载《乐器》，2000年第2期。

② 项祖华：《国乐瑰宝，星空灿烁——纪念吕文成诞辰105周年》，见广东炎黄文化研究会编：《粤韵香飘——吕文成与广东音乐论集》，185页，澳门出版社，2004。

种类、百花齐放的音乐舞台、追求国乐的理想目标,勾勒出一幅生动鲜活的文化生态图景。广东音乐在此文化生态中得到了飞速的传播并产生了巨大的变化。这不仅仅是广东音乐得以在上海的文化舞台上展露身姿,并在上海受到认可与欢迎那么简单,而是在其流传的过程中深深受到了上海当时文化生态的影响,甚至在一定程度上塑造了广东音乐的新风格。因此,广东音乐与上海的关系,并非演员与舞台的关系,而是类似于生长物与土壤之间的关系。由此也足以可见,文化生态与文化变迁之间的关系是何等的密切。

(刘瑾:广州大学音乐舞蹈学院副院长,教授;广府文化研究中心研究员)

文化随笔

屈大均的岭南"山海经"

王美怡

岭南远离中土,以五岭为界,自成一格。这片内蕴奇气的广袤大地,沐浴海风,山川青峻,终年湿热,万物葱茏。其赤云惊雷,山风海浪,村陌街墟,草木虫鱼,都通天地灵气,别有清健之气。这样的水土养育出的男儿往往元气充沛,生机盎然;不愿拘于一时之功、一己之利,不愿在锱铢必较的小天地里耍弄拳脚。

屈大均,这位明末清初的"岭南第一才子",怀复明之志纵横江湖,于笔墨纸砚之中挥洒才情,他的一生就是一部岭南奇书。

顺治四年(1647),清兵攻陷广州,屈大均的恩师陈邦彦因起兵抗清,被清兵杀害。顺治七年(1650),清兵再围广州,背负国难师仇的屈大均为了避祸,在番禺县雷峰海云寺削发为僧,法名今种,名其所居为"死庵",以示誓不为清廷所用之意。

顺治十三年(1656),屈大均以化缘为名云游四海,奔走吴越、幽燕、齐鲁、荆楚、秦晋大地,北游关中、山西,入会稽至南京谒明孝陵,又上北京,登景山寻得崇祯死所哭拜,与顾炎武、李因笃、朱彝尊等人交往甚深。屈大均又东出山海关,留意山川险阻,暗图复明大业。返回关内后,积极游走于齐、鲁、吴、越之间,在会稽与魏畊、祁班孙等人秘密联络郑成功起兵反清。顺治十六年(1659)十月事败。顺治十七年(1660)秋,屈大均访南京,与朱彝尊同游山阴,参加祁氏兄弟的抗清活动。

清康熙十二年(1673),平西王吴三桂在昆明起兵,屈大均赴桂,上书纵论兵事,被委为广西按察司副司监督孙延龄军。不久知吴只想划江称王,遂托病辞归。康熙二十二年(1683),郑成功的孙子郑克塽降清,屈大均大失所望,即由南京携家归番禺沙亭乡,终不复出,专事著述。

隐居乡野的屈大均依然不改游侠本色。只是这一回的游走,不在庙堂之上,却在天地之间。

他一袭布衣,一履芒鞋,穿行在村野巷陌、山河湖海之间,不亦乐乎。此地山川肥沃,草木繁茂,男人耕田贩鱼,女人种菜养蚕,田间地头海面,到处是山农渔民忙碌的身影。日出日落,照见山川大地一派宁和景象。潮涨潮衰，一任渔郎江海纵横。春天的时候，天地间朗润如洗，处处草长莺飞，海面上浪腾鱼跃，无数风帆正起。

他站在岭南的山海之间，忍不住长啸一声——端的是重整河山，海阔天空。

他铺开纸笔，开始写《广东新语》。他写他走过的山川，莳弄过的草木，还有乡野里那些好玩的、让人忘不了的事。岭南的山川万物如画卷般，在他的笔下徐徐展开……

山水行吟

屈大均回到家乡沙亭乡的时候，真的很累了。纵横江湖，为反清复明远走塞外；游侠江南，屡败屡战；眼见复明大业无望，爱妻华姜又猝然早逝。数十年奔波劳碌，他的生命消耗得快干枯了，他想歇歇。

屈大均家住覆船山脚下。山上遍布古松，风来时，松涛与风涛相舂，响震陋室四壁。屈大均顺势把山称为"春山"，在宅前悬一匾额："春山草堂"。

给书斋取这样一个名字，屈大均费了一点心思。屈大均字翁山，"春"音与"翁"音相近，故名"春山"。屈大均知商朝隐士傅说"春于深岩以自给"，东汉隐士梁鸿隐居灞陵山中，为人赁春。而他历经丧乱，思以耕稼终其身，高春而作，下春而息，在"春山草堂"度此余生。

屈大均每日里安坐春山草堂，或临窗静读，或伏案著述。窗外几竿修竹，映得纱窗亮绿，自朝至夕，皆可望见烟光日影露气浮动于竹叶之上。他一天天平静下来。

在家久了，屈大均偶尔也出门远游。他一袭布衣，一履芒鞋，在岭南的山川中恣意行走。他想在岭南的山海之间再做一回游侠。这一回，不在人间，却在天地之间。

岭南群山，自大庾岭蜿蜒而来，一路崇山叠嶂，从广州府到茭塘，横亘百余里。如瓜蔓相缠，或合或离，一脉相承。山至虎门，奇峰陡起，直达海口。山海相连之处，从春至冬云蒸霞蔚，山风海浪瞬息万变，气象万千。

在屈大均看来，岭南大地以五岭为屏障，向着大海一路延伸，自有中原大地无可比拟的开阔磅礴气势。静观山水日月，渐渐成了这位布衣诗人的家常乐事。山气清明，他知夜晚必月色如水；水气朗润，他知白昼必风日妍丽。

西樵山离广州不远，是屈大均常去的地方。山里面多平地，遍种山茶，茶田中依稀可见村户人家，鸡鸣犬吠，若近若远。春天快来的时节，山林里寒气缭绕。山路两旁的山兰野梅都开花了，冷香在山野的杂草树木中一路穿行，和溪流的泠泠声交融在一起，宛若仙境。

屈大均一直往前走，一直走到山重水复，云深不知处。

他来到英德。从南山寺沿城向西北前行，路皆青石砌成。村户人家，各傍小山而居。茅屋周围，古木长松遮阴蔽日，偶有风过，松涛杂沓而起，树影斑驳乱舞。屈大均歇息时坐在溪边，看砍柴的村女赤脚从水中蹚过，溅起阵阵水花。一路看山观水，不觉之间就到了洸口，屈大均抬头见一巨石，上有米芾手书"宝藏"二字。

翩翩贵胄发配岭南为尉，米芾在这里发现了什么宝藏？屈大均心领神会。他知这山水之间，确有宝藏无数。

岭南山峦，自大庾岭一路绵延，分为两支。一脉南行，自南雄至广州。一脉东下惠州至罗浮，末干直至潮州。山峦之间，总有一水蜿蜒，山青水润，自成天然之机。

岭南山间多峡谷。西自德庆至高要，有大湘、小湘、羚羊三峡，称"西三峡"。北自英德至清远，有浈阳、香炉、中宿三峡，称"北三峡"。屈大均闭眼都能看见在群山之间萦回的一带绿水。水面上日光铺金缀玉。古木苍藤从两崖之上把盘旋虬结的枝藤茂叶倒垂下来，在水上搭成天然的凉棚。舟行其下，可见树影迷离，波光潋滟，水色蘸草则绿，蕴石则青。两岸岩壁上遍生各色花木，与石色青白红紫相间，灿若锦屏。偶有瀑布横穿而出，水流纷披四注，飞珠溅玉。

岭南多山，山水相依。山色千变万化，天阴时笼烟雨，天晴时罩云霞，过午满目空绿，薄暮渐呈靛青。暮色初起，屈大均坐在舟中，看两岸青山由亮绿变暗，直至转成暗影。四周很静，只听见篙落水中的泠泠声。一轮明月自山顶升起，江空月静。

这样的夜晚，屈大均唯有静默，与山水相融。

屈大均最爱罗浮山。罗浮山由罗山和浮山两山相合而成。雨时二山相合，晴时二山相离，乍合乍离，玄妙无穷。骤雨初歇，屈大均登上山巅，见白云汹涌而出，浩浩无际，诸峰如浮汪洋之上，顿觉此身如不系之舟，浮于云海之上，直入太虚幻境。

罗浮山口有梅花村，村人广植梅花，冬春季节，落梅满地，牛羊蹄踏之处，皆有冷香。梅花盛开时节，村人用落梅醅酒，在村南麻姑酒田当垆卖酒。屈大均每下山来，都在酒田与村民对饮。卖酒的村姑要屈大均以诗换酒，诗人哈哈大笑，下笔疾挥，且饮且写，动辄千言。梅花香似美人来，引得诗人酒兴诗兴如狂。他索性给自己取了一个别号为"花田酒田之农"，作《罗浮对酒歌》："为农只是种花田，花换春醪不用钱。更向梅花村里住，梅花持去酒如泉。"

走的次数多了，屈大均方知罗浮山是一座香山。山上老树成片，树皮斑驳如鳞甲，剥下一块嗅之，幽香沁人，就算是外皮枯朽的残枝折干，木心仍香。罗浮山民皆为香农，终年采香木置于溪中，以水车舂之，制成香饼香条，沿溪而下，售往惠州、广州。屈大均把水车上舂香的石碓称为"香碓"，溪水则名"香溪"，并作《香溪曲》记之：

罗浮自是一香山，香使山人不得闲。

一棹香溪贩香去，香如尘土满人间。

行走山中，屈大均见百姓人家皆在日月山川里，自己沐晨曦风露，也沾了一身山川奇气，从此悠然坦然。

渔歌坐忘

屈大均每日里走在山海之间，接足了地气。南地的山和海，吸足了阳光，看起来朴素安宁，却是元气充沛，气象万千，自有一种蓬蓬勃勃的力量。他愿意从此在野地里活着，和山农海民一起，听潮起潮落，看万物生长。

野地里的日子，让他欢喜自在。

沙亭村靠近海边。从春山草堂出发，经南海神庙，站在扶胥港口，只见海面上船帆星星点点，都是邻村渔民出海捕鱼的小船。渔民们每日随潮涨潮落，撒网捕鱼，抬眼眺望远方海天相接的地平线，低头瞅见满船的海鱼在阳光下扑腾。黄昏时上岸归家，径直拎两条新鲜活鱼剖开洗净扔进锅里，不一会儿就可闻见满屋子鱼香。

屈大均喜欢去茭塘走动。茭塘在广州东郊，早晚都有墟市。一到茭塘，迎面就会碰见刚从海里上岸的渔夫渔妇，抬着一筐筐形色各异的海鲜大步而来。鱼还在筐里蹦跳着，鳞片在太阳下闪得刺眼。渔夫渔妇都光着膀子，皮肤被太阳晒得黝黑，汗珠子直滴。墟市里满是海鱼的腥味，新鲜潮润，生机勃勃。讲价交易声此起彼伏，买卖或以钱币交易，也可以米易鱼。

一天辛苦下来，渔民们就在沙洲上生火煮鱼。柴火冒出的白烟和砂锅里鱼汤的热气融在一起，在傍晚的天色中升腾。屈大均和渔人们席地而坐，围着砂锅吃鱼。太阳在海面上慢慢移动，把整个天边映得火红。晚霞散尽，天边一片清明。

屈大均端起酒碗，把村人新酿的米酒一饮而尽。这时候，他只想用大白话写渔歌："船公上樯望鱼，船姥下水牵网。满篮白饭黄花，换酒洲边相饷。"

他又写:"鳝多乌耳,蟹尽黄膏,香粳换取,下尔春醪。"

渔人不懂他的诗,可他懂渔人。

茭塘河豚最美。自虎门至茭塘,六七十里海面所产河豚个小少毒,色黄而味甘,量多而价贱。渔人把它当作平常菜肴,随意大啖。一到秋天,茭塘海滨日日都有河豚之会。渔人用火燔河豚之刺,用滚汤淋洗再三,再加肥肉烹至皮骨尽脱,大锅端上,临海饕餮,真人生至乐也。

岭南之地,素有食鱼生之俗。岭海鱼生,以鲈鱼、黄鱼、青鲚、白鲩为上。泼刺刺新鲜出水的海鱼,去其皮骨,洗尽血腥,细剑为片。鱼生放入瓷盘,片片红肌白理,轻可吹起,薄如蝉翼;和以老酒食之,入口冰融。屈大均叹惋岭外之人"不知此味",实为人间至品。

每到春天,南海海目山下海水澄澈如洗,屈大均短衣赤脚,荡舟而至山脚。此地鲥鱼最美,捕上来的鲥鱼可即时剖为鱼生。海水为邻,老酒佐餐,屈大均在舟中饱食鱼生,看一江春水东去,随口赋诗:"刮镬鸣时春雪消,鲥鱼争上九江潮。自携脍具过渔父,双桨如飞不用招。"在沙亭村,每有亲朋登门,家人不具鸡黍,用鱼生饷客,佐以家酿蜜酒,宾主皆两颊酡红,尽欢而散。

屈大均有时也和渔人出海,跟着他们认识了好多种鱼。他知道渔人是随季候捕鱼的,有"寒鲚热鲈"之说。说的是鲚鱼喜寒,至冬始肥;而鲈鱼畏寒,初冬从江入海,夏初又从海入江,一路奔向暖水,"热鲈"之名由此而来。九月时节,海面上和风习习,渔人告诉他,这刮的是"银鱼风",银鱼正肥呢。网上来的小银鱼肉乎乎的,光滑无鳞,盛在白瓷盆里,和清水无异。唯见两目黑亮如漆,煞是可爱,其肉鲜甜无刺,为海中佳品。

夏天的夜晚,他和渔人出海去捕鹅毛鱼。渔人有经验,不用网罟,只在小艇上点一盏渔灯,鹅毛鱼如扑火的飞蛾,见光就跳上艇,俄顷之间,满艇皆是上当的鹅毛鱼。"骗子"渔夫赶紧把渔灯熄灭,以免更多天真的鹅毛鱼扑过来,压沉小艇。鹅毛鱼气味绝香,也称"香鱼"。

屈大均处江湖之远,临海放歌,观潮起潮落,跟渔人一路漂到天涯海角,到夜晚枕臂躺在船头,叹一声:明朝事天自安排。

耕莘钓渭

除了偶尔在山海间行走,屈大均常年在沙亭村里过着平淡的日子。他观节气,知农事,每日里的生息劳作都依天时地气而定。

岭南常年暖热,只有初春时节有几天极冷,冬天寒不过两三天又暖和了。春夏时节,风自南来,催万物生长。一年四季,岭南大地风云变幻,与农事息息相关。夏秋之交,看天边红霞暮染,屈大均知飓风将至。腊月间南风骤起,原来是"送年南"驾到。

风乍起,雨随之而来。天晴时暴雨忽作,雨不避日,日不避雨,点大而疏,乡人称为"白雨"。白雨为炎热之气所蒸,岭南酷热,夏日白雨尤多,往往滂沱而至。但乡人喜白雨,因"早禾壮,须白撞",稻谷吸足了雨水,长势喜人。乡人最怕黄雨。日色微黄时下雨,其气溽热,最伤禾苗。夏天农事最忙,天晴天雨,都是老天恩赐,村民皆在田间地头忙碌,唯恐错失了天时。到了秋天,一切皆瓜熟蒂落,村民依旧小心翼翼,牢记世代相传的农谚,比如,"七夕有雨则八月无雨,处暑无雨则白露有雨"。村民忌白露雨,因为这个节气所下的雨是苦的,稻谷沾了易成空壳,果木沾了长虫,蔬菜也会变苦。原来,雨也有甘有苦,春雨甘甜,秋雨苦涩。

立春之日,村民尤为看重。这一天,大地如同新生,一股气流从地底涌上来,万物都觉生机勃勃,村子里喜气洋洋。岭南以春寒为祥,一春之寒暖,依立春时节卜之。立春之日微寒,则一春皆暖,所谓"春寒春暖,春暖春寒"。天虽寒,天地间却是亮堂堂的,寒气也化作缕缕清明之气,在天地之间回旋。村民们又说:"春晴一春晴,春阴一春阴。"这些话在屈大均听来,都是天成的好诗,就像立春之时在草木之上缭绕的寒气,吸天地精华,妙不可言。

每到四五月间,岭南山中处处可见山民畲田。天气晴霁之日,山间白影浮动,皆为白衣山民悬于斜崖陡壁上,砍去横生杂木,自下而上燔烧山土,待土脂熟透,山民再翻转积灰肥田播种。岭南山土得天时地利,不加灌溉,稻谷自然秀实,甘香养人。山溪自山顶灌注而下,一水养百亩之田。

屈大均所住的沙亭村,有村民千户,皆以耕渔为业。村子距南海神庙不远。庙在扶胥江北岸,庙左的山峰上立有浴日亭,与庙遥遥相对的是一座叫烟管冈的山峰。草堂倚烟管冈为屏,与南海为邻,近可眺望扶胥日出,远可遥想罗浮晚青,海色山光尽收眼底。

屈大均住在村子里,日出而作,日落而息。田间稻谷、地里蔬菜、屋前果木,在他眼里,都是知冷暖、感天时的灵物。闲坐书斋的时候,他总会抬头望望窗外的日色天时,雨疏风骤、云蒸霞蔚,都会牵动他的神经。二十四个节气,他烂熟于胸,每到时序更替之时,他总是静静地站在田间地头,感知天地万物的每一点细微变化。

屈大均年年耕田,渐识南粤稻种。广州之稻,到每年十月即起土犁晒，立春后十日浸种，至小暑前五日稻谷尽熟。五月中即有新米可食，稻农称为"吊犁早"；稍迟者叫"百日早"，或"夏至白"；又有西风早、光早、乌早，都是早稻。早稻收获过后，稻农开始种晚稻。自夏及秋，稻田无时不获，无谷不备。稻农虽辛苦，常有新米可吃，亦知足矣。

岭南多产黏米，青黏、赤黏、白黏、黄黏、花黏、银黏、油黏、薯粱黏、鹧鸪黏、深水黏，串起来就是一首色香俱美的叙事诗。糯米呢，有安南糯、斑鱼糯、白糯、黄糯、蕉糯、油糯、翻生糯、荔枝糯、金包银糯。凡种异品，皆生长于岭南田野之中，村人以黏为饭，以糯为酒，各得其所。

荔枝是岭南一绝。岭南的山间地头，矶围堤岸，到处都种着荔枝树。夏天刚到，满树挂枝的绿果仿佛在一夜之间被太阳染成一片火红。山上产"山枝"，水边长"水枝"。山枝水枝，皆如一片红霞。

在屈大均的记忆中，每年的荔枝盛宴要从夏初扰攘到秋初。他看着荔枝挂在枝头，从青黄渐渐红透。村子里的水枝先熟，水面红波荡漾，接下来山枝也结果了。村子里渐渐热闹起来，亲友登门啖荔，商贩议价收货，像过节一样。从各处来的荔枝商贩，用栲箱把刚摘下的荔枝装好，捆上黄白藤条，运到扶胥江边。从扶胥坐船到沙贝村，一路上舟船不绝，两岸绿枝红荔堆得像小山一样高，直向韶关驶去，过梅关而销往中原。

荔熟时节，屈大均常常会接到邻村邻县亲友的品荔邀约，隔不了几日，他就要坐船出门去赴荔枝宴。邻村沙贝距沙亭村仅五十里。此地泥土黄润多沙，所产荔枝风味绝佳。屈大均或乘一叶扁舟，沿扶胥江顺流而下，半日即抵村口；或渡江先到南海神庙，从祠外东行三十里即至。一路触目所及，皆是红荔映水映日，野香扑鼻，令屈大均深享野民之乐。

屈大均一袭布衣，或乘舟，或走路，穿行在村野巷陌、山河湖海之间，不亦乐乎。此地山川肥沃，草木繁茂，男人耕田贩鱼，女人种菜养蚕，田间地头海面，到处是山农渔民忙碌的身影。日出日落，照见山川大地一派宁和景象。潮涨潮衰，一任渔郎江海纵横。春天的时候，天地间朗润如洗，处处草长莺飞，海面上浪腾鱼跃，无数风帆正起。

屈大均站在岭南的山海之间，长啸一声——端的是重整河山，海阔天空。

归去来兮

安住草堂，每日耕田劳作，那些庙堂之上的壮怀激烈似乎离屈大均越来越远了。屋旁的老木棉在春天开花了，满树缀满红花，每一朵都像盛满红酒的酒杯。草木有灵，屈大均想：老木棉是在替他向天地感恩吧？

有时候，屈大均也为贫穷烦恼。看着满屋子的旧书，他忍不住给远在安徽的老友汪扶晨写信："甚苦家贫，欲扁舟载所刻书，亲作吴越书估，半年跋涉，书售即还。"可是，谁会买他的那些旧书呢？他好像没有想过。

好在岭南地气旺，好种菜。从春到冬，菜园里各色菜蔬轮番生长，绿葵白薤，沙姜胡葱，都是饭桌上的好菜。有时候灶下柴火正旺，屈大均临时叫小儿明洪快快从菜地里扯几把芥薹洗净下锅，几铲翻动，满屋子菜香。端上饭桌，看起来油绿，吃下去清甜，真是本色佳肴。

冬天，屈大均种葱。葱分木葱、丝葱。丝葱春种冬收，极香，属葱中贵品。屈大均种的是木葱，也就是胡葱，冬天种下，常年不萎。春天刚下过雨，屈大均会去菜地里割葱、割韭菜。雨水和着葱韭渗出的绿汁，加上一点泥味，很香。

春天，屈大均种芋。这时节种的是早芋。南地芋种很多，有黄芋、白芋、银芋、红芽芋。春种夏收的是早芋，夏种秋收的是晚芋，都长在岭南膏腴之土中。早芋有长长的紫茎，紫绿相间的枝叶，在炎阳下伸展，与土中的芋芶遥相呼应，占的是天时地利。

岭南河汊纵横，村口地头，到处都有水塘。夏天满塘青绿，茨菰莲菱次第生长，长势喜人。水面上绿叶亭亭，淤泥里白玉暗藏。草木皆知五色五行奥妙，该开花时开花，该结果时结果，顺风顺水，一派安然。莲藕、茨菰、菱角，内里皆粉白甜脆，吃下去养人。傍晚的时候，风凉水冷，村民们喜欢坐在池塘边的榕树下歇凉。莲叶田田，蜻蜓也飞累了，停在红莲之上。屈大均忍不住诗兴大发：

  池塘风静水微波，野客朝朝负汲过。
  菡萏东西花叶满，茨菰十二子孙多。
  团团芋叶包青鲤，曲曲藤枝赶白鹅。
  更向浮田亲摘菜，不辞寒雨湿渔蓑。

屈大均每日里在菜园浇水施肥，给果木剪枝除虫，应和着岭南风土的内在节奏，播种、锄地、栽培、收获。春天地暖荒生，夏天蝉鸣稻熟，秋天果香满园，冬天叶落花枯。他发现大自然什么时候都是兴致勃勃的，一年四季都在给山川草木换各色衣裳，红橙黄绿青蓝紫，园子里从没寂寞过。屈大均心领神会地接受了这份馈赠，自足又自在。

屈大均闲时酿酒。岭南山间多甘泉，四季花果不断，气香色红，正是酿酒的好原料。他在罗浮山上听村人说起，当年东坡就常常站在溪边，赤脚踩着水车舂米，磨成白面，用面、米、泉水相合，酿成美酒。这酒有个好听的名字，叫"罗浮春"。东坡把它送给好友邓守安饮用，说是"一杯罗浮春，远饷采薇客"。屈大均在村里酿酒，也是就地取材，他取山间地头次第成熟的花果，酿成各色美酒。春天的仙茅酒，夏天的荔枝酒，秋天的桂花酒，冬天的蒲桃酒，都在屋角的酒瓮里飘香。他还酿百花酒，把各色鲜花投入酒缸，封缸两月，加沉香四两，以发群芳之气。开缸之日，满室山野醇香，邀三五友人聚于草堂，山茶花酒饷客，不亦乐乎。

说到山茶，屈大均也有自己的独创。距春山草堂不远处有老井一口，井水甘洌，他处不及。井边有梨树一棵，树根得清泉滋沃，所产雪梨清甜异常。这棵老树，每年结两次果，二月开花则八月结果，九月开花则正月结果。可屈大均要的是叶子。树上的叶子也落两回，七月的落叶呈深红色，正月的落叶却微紫。他和孩子们在树下捡起落叶，洗净晾干，用来煮茶。水也是从老井中汲来的。腊月里天正寒，屈大均独坐书斋，煮水烹茶；偶尔从书窗望出去，看到那棵老梨树，满树紫红的叶子，夹着簇簇梨花，老枝直伸向天空，很洒脱的样子。

春去秋来，日子就这样过去了。屈大均还在书斋里写着，随写随放进桌旁的竹匣里，书笺堆得越来越高。

康熙二十六年，屈大均的生活有了新变化。这年春天，他从高要的布水村娶回了墨西。布水村距端州不远，村中常年造墨。墨西未出阁时就闻惯了墨香，还跟着母亲长斋绣佛。嫁到屈家，她每日里站在书案前为夫君研墨，看他文思泉涌，挥毫不止，自己也忍不住要来笔墨，在一旁学写小楷。

其实，墨西还像个孩子，灵巧俏皮。不在书房，她就去园子里摘指甲花，把十个手指都涂得红红的。墨西来后，在园子里新种了香花菜，一丛丛的，开着细如米粒的紫色小花。墨西摘下花枝，在太阳下晾干，再采些翠绿的香茅叶，夹杂着卷好，去送给邻村的好姐妹。一路走过去的时候，空气都是香的。

墨西新嫁，屈大均在院子里种了一株花。岭南之土，适宜嫁接花木。他亲手把辛夷和木兰嫁接在一起。过不了多久，树就开花了，一白一紫，煞是好看。

这一年，春山草堂的竹篱之上，开满了鲜红鲜红的木槿花。太阳一出来，数百朵木槿花一起开放，艳若红绸，在亮绿亮绿的枝叶间，像火焰一样蔓延。中间还夹杂着各色扶桑花，粉红、水红、黄的、紫的，灿若云霞。

从朝到暮，从仲春至仲冬，山间地头，各色草木依时依序本色开放，朝吸露，暮迎风，应和着大地的起伏节奏，兴兴头头地生长着。屈大均和墨西,每日里吃着粗茶淡饭,忙时耕田,闲时种花,日子就像流水一样淌过去了。

(王美怡:广州市社会科学院历史研究所,所长)

广州，那些渐次呈现的历史文化景深

肖 木

我喜欢居住在这样的城市：既现代又能给人历史感的，现代为的是比较便利的生活条件，历史感为的是心灵有一个逃逸的去处。但历史的分量也不要厚重到压抑人的程度。广州正是这样现实与历史的比重配置恰好适合于我的城市。假如给我一个机会，我可以在北京、深圳和广州这三个城市之间重新作出居住地的选择，我无疑会再次选择广州。北京和深圳各有自己的优越性，但对于我，北京太巨大、太厚重，一进入其中，就觉得自己有被吞没的危险；而深圳则完全没有历史，仿佛过于明亮的强光，明晃晃的没一个躲藏处。

从1991年来广州求学算起，一晃眼，我在广州已经居住了24年，四分之一个世纪。刚来广州的时候，我几乎感觉不到广州是一个有历史的城市。或许因为我当时年轻的眼睛，也不怎么能看见历史。刚来广州的时候，我首先看见了广州的早茶、晚茶、大排档，这是你瞥一眼就随处可见的茶楼酒肆。广州仿佛是一场川流不息的筵宴，从早到晚，又从晚到早。那些点心里当是包含着周作人所说的"历史的精致与颓废"的，但我也看不见，我看见的是地区差——广州人的确吃得比内地人讲究，他们花在吃上的时间和金钱也显然比内地人多得多。那时，五星级宾馆也是我们会特意跑去参观的"景点"，还带亲人、朋友们去，把它们当作广州的"形象符号"介绍给他们。白天鹅宾馆里的山水景观、自动冲水的水龙头都确曾令我们惊叹。那时，广州是作为一个现代化的前沿城市得到感受的，我们也的确亲眼看到了它与内地城市之间的"时间差"。作为一个新广州人，我当时最大的遗憾是看到了广州不那么光鲜和现代的一面。比如那些乱七八糟的"城中村"，那些挤挤密密的"握手楼"，就像猴子穿上西装后一转身会露出它的红屁股一样，广州让我们遗憾它还有那么多来不及现代化的地方。

广州的历史文化景深对我是渐次打开的。这一方面可能是因为随着年岁的增长，我看事物的眼光有了变化；另一方面是广州市政府对历史文旧迹逐渐增强的保护意识,广州的历史文化景观在逐渐的、一点一点的得到呈现和恢复。我很感激广州在这个进程上某种从容的、不急不慢的速度,也很感激它没有在某一天突然造出一大片的假古迹来——我们在很多城市都看到迅速长出的大片仿古街区。广州古迹和旧迹的恢复是星星点点的,有根有据的,和现在居民的生活达成某种妥协的。比如民国时期的文明路可能比现在更漂亮,更有书香气息,但现在的广州市政建设也没有激进到立刻要恢复过去的老样子。我们这个民族在近百年以来总是表现出某种激进的姿态,破是大破,立是大立,恨不得一夜之间打破原样或立刻恢复到某种样子。相比之下,广州倒显出比较从容沉静的一面来。即使是"文革"时期,它也没有把一切旧物破掉。我忘了是在哪一本红卫兵的回忆录里看到,北京的红卫兵学生到广州来之后,发现广州完全是一座辛亥革命时期的历史博物馆,充满了资产阶级革命时期的遗物,这和别的城市的气息全然不同。当然,这种沉静只能是相对的,也是很多历史因素所造成的。"文革"时期的广州对历史文物的破坏也是有目共睹的,比如对寺庙和教堂。改革开放三十年,现在回想起来,广州和所有的城市一样,也令人心疼地拆毁了多少有价值的旧建筑。甚至在相当晚近的2013年的某个深夜,位于诗书路与观绿路交界处的两栋文物级建筑"金陵台"和"妙高台"也被某开发商拆毁,这是建于1946年的带有现代主义风格的西式建筑。

尽管如此,广州在近二十年来依然让我渐渐看见了它的历史文化面容,并深深地为之迷恋。最早让我感觉到这一点的竟然是1996—2001年间,我住在荔湾区的丛桂路,离恩宁路、上下九路只有数步之遥。我几乎每天都会带着孩子下楼来散散步,一散步就走到上下九步行街。上下九是典型的广州骑楼街,某一天,我发现它开始"穿衣戴帽"了。我对"穿衣戴帽"并不是特别感兴趣,我觉得街面外墙的颜色涂得有点太粉太嫩了;但喜欢它整条街的二楼都装上了彩色玻璃,叫"满洲窗"的。我感觉它很像教堂的玻璃,但为什么叫"满洲窗"呢,很有点中西合璧的味道。后来看到百年老店"陶陶居"酒楼也在重新装修。我确实更喜欢重新装修后的"陶陶居"。在之前,我只是知道它百年老店的名声,但完全感知不到它的古老魅力了。新中国成立后"陶陶居"一度改为"东风楼",虽然也市场经营了多年,但依然留有公私合营时期大饭店的简陋气息。我甚至不知道"陶陶居"三个字还与康有为相关,尽管每天都会带孩子去它的二楼上厕所——广州的公共厕所不多,陶陶居提供了这种便利。大概在2000年前后它重新装修之后,我才看到一个古雅、精致,有楹联、有木栅窗格、藏在回廊假山里面的陶陶居。通过它的某些宣传文字，才知道它与康有为、鲁迅、刘海粟等文化名人及粤剧名流之间还有那么一点关系，日常生活之中似乎也就渗透了那么点历史文化的气息。

在上下九开始做复旧工作的时候，我们也可以看到东山署前路、寺贝通津一带也在同步进行。相对来说，东山一带的旧建筑保存得更好，面积更大。这样我们就看见了大面积的广州历史正从尘封的岁月中走上前台，或者说它只要稍加妆容，抹去尘灰，就显得比那些浮薄的新建筑耐看一百倍。当然内里的现代化改造，使它适合今天的居住依然是必要的。记得我曾经对住在恩宁路附近那些摇摇欲坠的老民居里的街坊深表同情，那些晦暗和拥挤的老房子，住在里面怎么会舒服呢？但广州的街坊似乎是惜旧爱旧的，宁可不舒服，也绝不允许政府或开发商简单粗暴地拆迁。广州民间的这种文化保护力量绝不应低估。久已不去恩宁路，不知现在的恩宁路是何面目了？从网上得知，詹天佑纪念馆已经落成开放，是一栋青砖建筑的、有"趟栊"门的比较简朴的"西关大屋"。从前我家楼下的那座麻雀小学"十二甫西小学"也已更名为"詹天佑小学"。而我确乎在当时，在我住詹天佑故居隔壁的时候，我是并不知道詹天佑是我的老邻居的。

大约在十年以前，我们看到了北京路的"宋元明清民"时期的几层路面，罩在玻璃里供展览，昭示着北京路"千年古道"和永久的城市中轴线的身份。后来又看到了千年古寺大佛寺的重见天日，再后来竟然又看到中山四路赫然出现一个城隍庙，又看到其毗邻的南越王宫博物馆。某一天，去惠福路的省人民医院看病，看到旁边出现很大的一个五仙观广场。这种感觉是什么呢？跟从前广州给人的感觉似乎有点反方向。从前是什么呢？一段时间不经过某地，你会突然看到一些地方拆了。新的高楼拔地而起，让你感叹没有什么东西是可以永久的。正所谓"世界上所有坚固的东西都烟消云散了"。现在的感觉是，一段时间不经过那里，你竟然可能在寸土寸金的地方看到一个新的广场，或者是一栋半新半旧的低层建筑，其建筑风格或西或古。总之，你过去不曾注意的广州的某个历史表情突然比较醒目地出现在你的眼前，使你不能不为之驻足或想：下次有时间一定来看看。

我喜欢目前的广州给我的这种感觉。我觉得它在变成一座越来越沉静和有内涵的城市，或者说它慢慢地唤醒了居住在其中的人的一种历史感。想起来，我应该很早就接触到广州历史文化的一面的。比如我所求学的中山大学，就是一座很有历史意味的大学，很好地保存着岭南大学时期的建筑群。每次路过中大校医院，看到"护养院"三个字，都觉得它很有人情味。看到"荣光堂",当时的感觉也是很有基督教的味道,后来才知道是为纪念岭大校长钟荣光而建。特别喜欢小礼堂和树木掩映中的中西合璧风格的别墅群。但我当时很少将中大的历史与广州的历史联系起来,仿佛中大是中大,是跟广州的整体形象不挂钩的。我曾去参观过六榕寺、光孝寺、镇海楼等,是并不入心的参观:每个城市不都有那么几处名胜古迹嘛,有什么了不起的呢。直到近年我才能慢慢地把它们安插到广州城市文化的整体结构中去理解和想象。广州城市历史和文化的一面也才慢慢地像南越王宫博物馆里的"地层柱"一样,一层一层地呈现在你的眼前。在越来越多的历史实物让你觉得广州城的历史可感可触之后,我发现我看广州的眼光有时越来越虚了。比如看到北京路,我可能会想起它曾经叫过"双门底",是在一座牌坊的双门下面的意思。它在清朝叫作"永清路",在民国以后叫过"永汉路","北京路"是在"文革"时期才改叫的,地名中的文化政治就让你产生无限感慨。在北京路不远处,大小马站之间,是清代的书院一条街。目前还剩下几座摇摇晃晃的建筑,正在做着艰难的修复工作,而越秀山下的学海堂却是再也没有踪影了。常常有另一个广州,某个历史时期的广州,在现实的景观上面若有若无地浮现,令我进入到某种多重时空的恍惚状态。

  广州的历史虽然漫长并且延续,但由于没有大的王朝在这里建都,它留下的历史文化景观从规模上来说都不算巨大。它因各种原因毁去,因各种因缘存留。它们像一些星星点点的密语,像历史遗落的珠子,在说着各个时期的故事。我喜欢这样的广州,它有历史但并不压人,正好满足于我某个出神的瞬间。它也时常能带给我发现的惊喜。由于它的足够悠久和丰富,还有一些我所知道的"遗珠"至今没有去拜访,但有时会撞见。比如某一天无意中走到已变成少儿图书馆的孙中山文献馆,在一侧的小山包上看到广州旧城标志的"番山亭"。我喜欢这座会有不期然的"撞见"、会有小小惊喜发现的城市。喜欢这座只要你喜欢,你还可以去做无尽发现和想象重构的城市。这些渐次呈现或依然尘埋的历史文化景观,是亚热带阳光下的文化荫凉,带给你心灵的小憩,也不期然地拓展着你的生命体验的景深。